명곡의 선율과
함께 걷는
산티아고
순례길

명곡의 선율과 함께 걷는 산티아고 순례길

2025년 9월 25일 초판 인쇄
2025년 9월 30일 초판 발행

글 | 박진석
그림 | 박진경
펴낸이 | 이찬규
펴낸곳 | 북코리아
등록번호 | 제03-01240호
전화 | 02-704-7840
팩스 | 02-704-7848
이메일 | ibookorea@naver.com
홈페이지 | www.북코리아.kr
주소 | 13209 경기도 성남시 중원구 사기막골로 45번길 14
　　　우림2차 A동 1007호
ISBN | 979-11-94299-61-5 (03810)

값 25,000원

* 본서의 무단복제를 금하며, 잘못된 책은 구입처에서 바꾸어 드립니다.

명곡의 선율과 함께 걷는 산티아고 순례길

Desperado에서 Imagine까지

글 박진석 · 그림 박진경

북코리아

추천사: 삶의 플레이리스트가 흐르는 까미노

이 책은 저자가 779km의 산티아고 순례길을 걸으며 경험한 내면의 변화와 깨달음을 담은 순례 기행문이다. 순례의 첫 발걸음을 디딜 때는 무사히 완주하는 육체적 여정이 목표가 된다. 저자는 이를 넘어, 계속되는 여정 속에서 묻혀 잊힌 자신의 내면을 찾고, 까미노에서 조우한 사람들의 삶의 흔적을 통해 삶의 본질을 잘 다루고 있다.

우리가 살아가는 인생의 길은 산티아고 순례길처럼 장거리 종주의 길이다. 지나온 길과 시간 속의 수많은 사연을 품으며, 기쁨과 슬픔, 환희와 절망을 떠올리기도 하고, 스스로를 발견하는 과정이 되기도 한다. 때로는 회한, 감탄 그리고 감사와 함께 걸어갈 내일의 길을 생각하기도 한다. 저자는 까미노의 여정을 자신의 내면과 삶의 본질과 연계시켜 생동감 있게 잘 전하면서, 산티아고의 길을 걷고 싶은 충동을 준다.

저자는 순례길에서의 사색, 다양한 순간들의 감동을 음악과 함께 풀어내고 있다. 〈I Will Survive〉, 〈Like a Rolling Stone〉 등 롤링스톤지가 선정한 팝 명곡은 삶의 순간순간에 스며든 시가 되어 저자의 감정을 더욱 생생하게 전달하며, 독자로 하여금 자신만의 '삶의 플레이리스트'를 떠올리게 한다.

    이 책의 이러한 특별한 구성은 단순한 여행이 아니라 삶의 의미를 찾고 싶은 이들에게 따뜻한 위로와 깊은 사유를 선물한다. 까미노의 여정을 통해 저자가 깨달은 '매일매일의 순례의 길'의 힘은 독자들에게도 공감과 영감을 줄 것이다.

前 성균관대학교 경영대학장 겸 경영전문대학원장
장영광

추천사: 779km, 삶의 방정식을 다시 쓰다

저자는 금융의 중심지인 여의도에서 그 누구보다도 바쁜 하루하루를 숨막히고 치열하게 살아가는 금융 전문가다. 이 책은 그가 산티아고 길 779km를 37일간의 여정으로 하루하루 걸으며 몸으로, 마음으로 겪은 경험을 8개월 동안 차곡차곡 정리한 글이다.

이 책의 첫인상은 누군가의 일기장을 보는 듯한 느낌이다. 자신의 마음과 감성, 그리고 자신의 과거와 현재, 미래의 삶을 냉철하고도 섬세하게 담아낸다. 하루하루 길을 걸으며 자연과 함께 어우러져 자연스레 느껴지는 자기의 삶, 내면의 자신과 나누는 오랜 대화인 듯하다.

또한 독자가 마치 직접 까미노를 걷는 듯한 느낌을 준다. 노무라 소지로의 〈대황하〉에서 멋진 오카리나 연주를 들으며 황하강을 떠다니고 있는 듯한 기분 좋은 착각.

보이는 풍경, 자신의 생각 그리고 삶에 대한 마음을 저자의 생생한 감성과 섬세함으로 껍질 없이 속을 보여주는 듯한 느낌으로 잘 표현했고, 적절한 타이밍에 그때 그때 등장하는 멋진 음악, 동행한 누님의 멋진 삽화 등…. 남매가 오솔길을 같이 걸으며 다정스레 이야기를 속삭이는 듯한 친근함을 전해준다.

살아갈수록 삶은 변수가 많아져서 복잡한 방정식이 되어간다. 이 책은 그 방정식에 대한 해답은 아니지만 삶을 더 간단한 방정식으로 대하도록 독자들의 마음에 격려와 힘을 주는 듯하다.

삼정KPMG 부회장
정대길

머리말: 졸고를 위한 변명

　산티아고로 향한 순례를 마친 지도 어느덧 두 해가 다 되어간다. 어쩌면 지금쯤 까미노 블루*가 찾아와야 할지도 모르지만, 아직 기별은 없다. 다시 그 길을 걸을 거라는 확신이 너무 뚜렷해서일까. 언젠가 분명 돌아가리란 생각이 마음 한편을 비우지 않는다. 순례길이 상업화됐다는 말도, 오버투어리즘이 문제라는 우려도 들려온다. 이국에서 온 순례자들을 대하는 주민들의 시선이 예전 같지 않다는 이야기에 마음이 서늘해지지만, 그래도 나는 언젠가 까미노에 설 것이다. 다만 그날이 언제일지 알 수 없을 뿐.

　정직하게 고백하자면, 내 글은 내가 봐도 재미가 없다. 따분한 사람이 쓴 지루한 이야기. 유머나 위트는 좀처럼 내게 오지 않았다. 같은 말을 해도 누군가는 웃음을 끌어내는데, 나는 분위기를 싸하게 만드는 재주가 있다. 이 경구警句가 마음에 걸리는 분들께는 이쯤에서 책을 덮으시기를 조심스레 권한다. 그럼에도 불구하고 이 길고 단조로운 글을

---

* 산티아고 순례를 마치고 일상으로 돌아온 후에 느끼는 우울감, 상실감 같은 공허한 감정

묵묵히 따라와주실 독자들께는 미리 깊이 감사드린다.

사람은 글을 통해 스스로를 드러낸다. 문장 속 단어 선택에는 그 사람의 사유와 취향, 세계관이 배어난다. 말의 결은 습관처럼 묻어나고, 문장의 리듬에는 사고와 행동의 기질이 녹아든다. 아무리 감추려 해도 향기는 드러나기 마련이다. 그 향기를 억지로 감추기보다 나름 진솔하게 드러내고 싶었다. 그게 비록 협소한 어휘와 투박한 문장으로 남았더라도 그 안에는 분명 내 삶의 체취가 깃들어 있다.

문체는 지문이나 홍채처럼 각자의 고유한 흔적이다. 내가 쓴 문장은 육화된 나 자신이다. 젊은 날의 글은 염세와 나르시시즘이 뒤엉켜 어딘가 냉소적이었다. 세월이 여러 번 흘렀건만, 여전히 그 그림자를 다 걷어내지 못했으니 민망한 일이다. 유머라곤 없는 말투는 독자들의 미소를 앗아갈 것이고, 어릴 적 읽었던 이문열의 어투는 아직도 무의식중에 드러났다. 잘난 척하는 문장들이 혹여 누군가에게 불편을 준다면 너그러이 혜량해주시기를 바란다.

한때 막걸리잔을 기울이며 울던 시절이 있었다. 쌀뜨물 같은 하얀 눈물이 맺히기를 기대하면서. 깊숙한 폐부에서 담배 연기를 토해내며 내가 숨 쉬고 있음을, 그리하여 살아 있음을 확인하려 했던 청춘의 밤들. 그때는 내가 맞이할 세상이 어둡고 그로테스크할 거라고 믿었지만, 까미노를 걸으며 깨달았다. 세상은 예상보다 덜 절망적이었으며, 인생은 생각보다 더 살아볼 만한 길이었다는 것을.

🎧
〈겁쟁이 사자〉

게오르그 루카치 Georg Lukacs 가 말한 "자아를 찾아가는 여정으로서의 소설"에 비견할 바는 아니지만, 내게 글을 쓰는 일은 마음 깊이 가

라앉아 있던 자신을 조심스럽게 끌어올리는 과정이었다. 까미노에서 걸음으로 체득한 삶의 지혜, 그리고 여덟 달 가까이 이어진 고된 집필의 여정은 앞으로 살아가는 데 단단한 거름이 되어줄 것이다. 나로선 그저 과분하고도 감사한 일이었다.

    이 글의 마흔 편, 그 모든 삽화는 순례길을 함께한 친누나의 작품이다. 하루하루의 이야기를 정성껏 그림으로 옮긴 누나의 손길이 있었기에 부족한 문장이 그나마 단정한 옷을 입을 수 있었다. 순례의 풍경을 고요하게 담아낸 누나의 삽화는 독자들에게도 잠시 숨 고를 여백을 선물할 것이다. 그림 그리는 수고를 아끼지 않은 누나에게 마음 깊이 고개 숙인다.

    또한 이 글을 엮는 데 참고가 된 여러 통로들이 있었다. 팝송에 대한 이해가 얕았던 나로서는 명곡의 사연과 배경을 채우기 위해 많은 자료를 참고할 수밖에 없었다. 그중에서도 블로그 '시간의 틈 사이로 우리는 영원 같은 한 순간을 스치고'(https://hyunjiwoon.tistory.com)는 국내외 명곡을 촘촘하게 소개해주는 귀한 지도와 같았다. '챗GPT'와 '퍼플렉시티' 같은 AI 플랫폼도 말 그대로 명곡의 동행자가 되어주었다. 단순한 정보 검색을 넘어 생각을 가다듬고 방향을 제시해준 또 다른 '이정표'였다.

    순례의 길을 걷는 동안, 미리 준비해간 선율들은 일상의 기억을 물속 그림자처럼 비추며 오래전 감정의 결을 어루만졌다. 그중에서도 유난히 가슴을 건드린 명곡들을 본문 곳곳에 QR코드로 심어두었다. 에피소드와 함께 그 노래를 마주한다면, 글의 여운이 음악과 더 깊이 어우러지지 않을까 은근히 기대해본다.

    이 낯 부끄러운 졸고가 세상에 나올 수 있었던 것은 전적으로 많은 분들의 응원과 격려 덕분이다. 브런치 — 아마추어 작가를 위한 큐

레이션 기반 창작 플랫폼 — 에 순례 기행문을 연재하던 시절, 글을 책으로 엮어보라는 지인들의 덕담과 권유가 없었다면, 감히 출간을 시도할 엄두조차 내지 못했을 것이다. 그리고 수많은 망설임 끝에 용기 내서 보낸 투고 메일을 단숨에 읽고, 주저 없이 기회를 내주신 북코리아의 이찬규 대표님께 깊은 감사의 마음을 전한다. 이 책에 온기를 불어넣어주신 소중한 창조자이자 동반자이시다.

삶의 모든 순간을 너그러이 품어주신 아흔을 넘기신 어머니, 부족한 나를 늘 가족의 자리에서 감싸주신 형제자매들, 그리고 평생 삶의 귀감이 되어주신 장영광 은사님과 내 청춘의 방황과 일탈을 너그러이 품어준 정대길 선배님께도 이 자리를 빌려 감사드린다. 또한 순례의 결심이 현실이 되도록 안식 휴가를 기꺼이 허락해주신 케이원지주㈜ 권남학 대표님, 나를 믿고 지지해준 모든 분들께 깊은 고마움을 전한다.

무엇보다, 이 모든 여정의 시작이 되어준 사람, 글을 쓰라는 그 한마디로 내 삶의 한편을 밝혀준 사람, 어설픈 남편을 묵묵히 이해하며 지금 이 순간에도 내 곁을 지켜주는 단 한 사람, 사랑하는 아내에게 모든 공을 돌린다.

박진석

사랑하는 아내에게

    2012년 초가을,
책을 읽고 있던 나에게 당신이 불현듯 말했다.
"오빠도 책을 써보면 좋겠어."
    그 말은 어느 날의 바람처럼 갑자기 다가와 내 마음에 오래 머물렀다. 나는 얼떨결에 그러겠노라 대답했지만, 속으로는 자신이 없었다. 글을 쓴다는 것이 나 같은 사람에게 과연 어울리는 일인지 몇 번이고 망설였다. 그럼에도 당신의 말은 내게 단순한 권유가 아니라 어딘가 도덕적 무게가 실린 명령처럼 들렸다. 나는 그 자리에서 조건 하나를 걸었다.
"10년 안에."
    그 약속을 나는 오래 붙들고 있었다. 정해진 시간이 훌쩍 지나도록 무던히 미루다가, 마침내 더는 외면할 수 없었다. 당신에게 건넨 말이었지만, 실은 내 삶을 향한 약속이기도 했다는 걸 나중에서야 깨달았다.
    이제 또 하나의 약속을 지킬 차례가 되었다. 수 년 전, 당신은 또 다른 청을 내게 건넸다. 나는 여전히 더딘 걸음으로 준비 중이지만, 이 책이 그 기다림의 증표가 되기를 바란다.
    긴 시간 동안 말없이 곁을 지켜준 당신에게, 고맙고 미안하고 무엇보다 사랑한다는 말을 이 한 권에 담는다. 나보다 내 시간을 더 믿어준 당신에게, 이 책을 바칩니다.

                                    2025년 9월 마지막 날에

머리말: 감사의 말씀

잠이 안 와 뒤척이던 어느 여름 밤, 책이나 읽자며 집어들고선 밤을 꼴딱 세우며 단숨에 읽었던 책, 서영은 작가의 『노란 화살표 방향을 따라 걸었다』(2019).

"아, 이거 뭐지? 이런 길이 있었다고?"

이후로 산티아고 순례길 관련 도서를 꽤나 많이 찾아 읽게 되었고, 나도 갈 수 있을까라는 생각을 하게 되었다.

순례길 관련 책을 찾아 읽으면 읽을수록 산티아고에 대한 소망은 어느새 나의 버킷 리스트가 되었고, 노란 화살표는 내 카톡 프사가 된 후 한참이나 바뀌질 않았다.

그러던 어느 해 TV 예능 프로그램 〈스페인 하숙〉이 방영되었다.

"나도 저기 가고 싶어~"

"누나, 같이 가요."

"그럼 나야 좋지~"

그때부터 그저 막연했던 꿈이 조금씩 구체화되기 시작했고 마침내 우리는 그 길을 다녀왔다!

길을 걷게 되면 간단히 그림 일기라도 그려볼까 하여 1일 1 드로잉을 시도했다. 하루에 하나씩 따라 그리기를 시작하여 책 한 권 따라 그리기를 다 마칠 즈음, 동생은 서서히 걷는 연습도 하라며 권했다. 마음만 먹고 차일피일 미루던 중 슬슬 준비해야 하지 않나 싶어 시작했던 것이 2020년 6월. 그때부터 나의 산티아고는 시작되었다.

코로나가 한창이던 때라 마스크를 착용한 채 집 주변 둘레길을 걷기 시작했고 날마다 같은 길을 걸으면서도 좋았다. 언젠가는 날마다 다른 길을 걷게 될 즐거운 상상을 하며….

돌이켜보면 산티아고를 준비하던 그때가 나에겐 힐링의 시간들이었다. 날마다 걷고, 그림 일기 그리기…. 그렇게 시작했던 그림이 순례길의 기록이 되고 동생의 글에 얹혀 책으로 출간된다니 너무나 기쁘고 감사한 일이다.

항공권 구입과 숙소, TGV 예약, 필수 준비물로 채울 배낭 목록 등…. 동생과 자주 연락을 주고받으며 많은 일들이 진행되었다. 이 모든 일들은 모두 동생 혼자 준비했고 나는 그저 "좋아", "고마워"라는 말만 보탰다…. 막연했던 꿈이 현실이 되게 해준 이 여정은 동생이 내게 준 가장 큰 환갑 선물이었다.

많은 이들의 지지와 응원 속에 우리 두 남매의 순례길은 시작되었고, 이 글을 통해 감사의 말씀을 전한다.

편찮으신 중에도 먼 길 떠나는 며느리에게 괘념치 말고 건강히 잘 다녀오란 말씀으로 발걸음 가볍게 해주시며 마음을 보태주셨던 시부모님, 그런 부모님 곁을 지키고 챙기면서 긴 시간 묵묵히 응원해준 남편과 언제나 엄마를 지지하며 늘 내 편이 되어주는 예쁜 딸, 둘이서만 어딜 그렇게 멀리 가느냐며 싸우지 말고 잘 다녀오라고 배웅해주시던 우리 엄마와 막냇동생, 염려와 걱정을 놓지 않으면서도 물심양면 지원을 아끼지 않고 떠나던 날까지 우리 형제들의 소울 푸드인 엄마표 만두로 환송식을 해주었던 여동생, 바다 건너 멀리서 길 위에 있는 동생들을 위해 기도해주었던 언니와 오빠, 기도로 늘 함께했던 친구들과 지인들, 그리고 이 모든 걸 다 이루게 해주셨던 하느님!

저희 남매가 긴 여정을 무사히, 건강하게 잘 다녀온 것은 모두의 덕분입니다.

브런치에 올렸던 글들이 이렇게 책으로 엮어져 누군가의 마음을 꿈틀거리게 할 수 있다면 또 얼마나 좋을까요^^

감사합니다♡

2025년 9월 마지막 날에
박진경

차례

추천사: 삶의 플레이리스트가 흐르는 까미노   5
추천사: 779km, 삶의 방정식을 다시 쓰다   7
머리말: 졸고를 위한 변명   9
머리말: 감사의 말씀   14
프롤로그: 섭리와 계시 사이   21

1부 용기 없는 사자

지레 겁먹은 피레네 산행   33
멀고 먼 순례길을 찾은 까닭   43
순례자의 먹거리   53
용서의 전제   63
회자정리   75
예정대로 흐르는 순탄한 인생은 없다   87
동키가 던져준 꼬꼬사   97
폭풍우 가득했던 젊음의 심연   107
까미노의 두 얼굴   119
No Slowness, Only Regret   133
정규직 전환을 꿈꾸는 기간제 천사   147

2부 메세타, 그 광야에 서서

오 자유여! 그 기쁨이여	163
패션 오브 크라이스트	177
청춘열정	191
부조리의 미학	203
시대는 불행 없이 넘을 수 없는가?	215
돌아보니 과분했던 인생	227
까미노의 오아시스	239
어떤 죽음(1)	251
여기서 네 할 일을 하라	263
2857번 버스	275
한 스푼의 욕망	287
어떤 죽음(2)	299
아! 대한국민	309

3부 카이로스를 기다리며

크로노스에서 카이로스로	323
시련의 철십자가	331
오프라인	343
나무의 심재가 되어	355
집이 곧 국가다	367
명곡의 향연	379
위아의 자기 증식	391
예수님은 어디서 시작하셨나?	401
박무가 빚어낸 미경	413
욕화중생후성랑	423
다가온 백화요란의 종막	433
차안의 인베이전	445
이 또한 지나가리라	455
무시아: 길이 끝나자 여행이 시작되는 곳	467
에필로그: 바람과 불꽃, 그리고 실	483

프롤로그: 섭리와 계시 사이

빗물을 타고 시작한 산티아고 순례길

나는 신을 믿지 않는다. 종교도 없다. 그러나 믿음을 가진 이들을 외면하거나 그 신앙을 함부로 평가한 적은 없다. 생소한 전통과 교단도 열린 마음으로 바라보려 노력해왔다. 단 하나, 교회를 사유하거나 세습적 권위와 배타적 원리주의를 앞세운 종교만은 받아들이기 어려웠다. 까미노에 대한 관심도 그런 열린 태도에서 비롯되었다.

하지만 이보다 더 직접적인 이유가 있다. 바로 광활한 메세타 Meseta 초원의 부름이었다. 거부할 수 없는 이끌림, 설명할 수 없는 소명의식. 그 유혹이 내 안에 자리잡은 건 오래전이었다. 언젠가 그 길 위에 서리라 다짐했을 때, 이미 순례는 시작된 셈이었다.

도대체 사람들은 왜 순례를 할까. 신성한 장소를 찾아 여행하는 순례자Pilgrim란, 원래 '이방인'을 뜻하는 라틴어 'Peregrinum'에서 비롯된 말이다. 로마 시민이 아닌 이들, 경계 밖의 존재들. 중세에는 삶 자체가 천국을 향한 여정이었기에, 신의 은총을 좇는 이들은 스스로를 '순례자'라 불렀다. 이들에게 산티아고에 잠든 성인의 발자취를 따라 걷는 그 여정은 곧 신앙의 실천이었고, 세속에서 벗어나 영원으로 다가가는 헌신의 길이었다.

그러나 신앙 없는 나에게 이 길은 경배의 행렬이 아니었다. 이국의 황금 들판, 지평선 끝까지 이어진 밀밭의 풍경이 먼저 다가왔다. 특히 메세타. 누렇게 물든 들녘, 절반은 하늘이고 절반은 대지인 그곳은 마치 피안의 이미지처럼 느껴졌다. 영화 〈글래디에이터〉(2000)의 마지막 장면처럼 — 막시무스가 누런 밀밭 위를 천천히 쓰다듬으며 저승으로 향하던 — 그 순간이 내 안에 오래도록 남았다. 메세타 언덕에 선다는 건, 그 장면 속으로 들어가는 일 같았다.

막시무스에게 그 들판은 이승과 저승을 잇는 다리였다. 까미노의 메세타는 과연 어떤 세계를 이어주는가. 순례자는 저마다의 이유로 길 위에 오른다. 누군가는 기도를 위해, 누군가는 자기를 위해. 혹시 그 길은 이쪽 세계와 저쪽 세계를 잇는 불교의 '바라밀다'Paramita가 아닐까. 우리가 사는 이쪽 언덕, 차안此岸은 삼독三毒 — 탐욕貪慾과 분노瞋恚와 어리석음愚癡 — 의 탐진치가 가득한 번뇌의 땅, 고통이 그치지 않는 사바세계다. 반면 부처님이 계신 저쪽 언덕, 피안彼岸은 고통이 그치고, 삼업三業 — 몸과 말과 마음의 행위 — 이 정화된 청정한 세계, 곧 깨달음의 땅이다. 어쩌면 까미노는 차안을 떠나 피안으로 건너가는 바라밀다의 다리. 걷는 행위 자체가 수행이자 깨달음이겠다.

내가 까미노에 발을 디딜 때는 이미 차안을 떠난 것이다. 그 여정 끝에서 얼마나 피안에 가까워질 수 있을지는 나 자신에게 달려 있다.

물론 까미노는 아름답다. 순례자의 눈에는 그 길이 이국적이고 목가적인 전원의 풍경으로 다가온다. 그러나 매일 그 길을 살아내는 이들의 삶은 결코 낭만만으로 그려지지 않는다. 그 고단함을 짧은 여정으로 완전히 헤아릴 수는 없지만, 나는 그 779킬로미터 위에서 기쁨과 슬픔, 환희와 절망을 내 삶처럼 겪어보고 싶었다.

그래서 길을 나섰다. 프랑스 루트. 단순한 이름 안에 오랜 울림이 깃든 그 길을 따라.

순례를 꿈꾼 건 오래전부터였다. 마음은 이미 정해졌지만, 현실에서 40일 넘는 시간을 통째로 비우기란 결코 쉽지 않았다. 까미노를 처음 마음에 품은 지 어느덧 20년. 그러다 운 좋게도 지난해, 두 달간의 안식휴가를 얻게 되었다. 연차조차 다 쓰지 못하던 내게는 뜻밖의 큰 쉼이었다. 나는 주저 없이 준비에 돌입했다. 원래 계획은 프랑스 길 완주 후 누나를 귀국시키고, 홀로 포르투갈 길까지 덧붙이는 것. 하지만 누나는 "같이 시작했으니, 같이 마치자"고 했다. 잠깐 고민하다 그 말에 따르기로 했다.

출발일은 2023년 4월 10일. 그전 가을부터 차근차근 준비를 시작했다. 항공권과 기차표, 파리 숙소는 물론, 피레네산맥의 보르다 산장 2인실도 어렵사리 예약했다. 엑셀로 만든 일정표에는 현지 정보와 플랜 B까지 담아 프랑스 루트의 GPX 내비게이션과 함께 핸드폰에 저장했고, 배낭 무게는 수차례 조정을 거쳐 8kg대로 맞췄다. 준비는 완벽했다. 이제 출발만 남았다고 믿었다.

하지만 예기치 않은 변수가 찾아왔다. 그해 2월 말, 위장 출혈 증상으로 서울대병원 응급실을 찾았고, 나흘간 입원 끝에 세 팩의 수혈까지 받았다. 20년 전 수술 부위의 재출혈. 과도한 스트레스, 음주, 불규칙한 식사 습관이 빚은 결과였다. 아이러니하게도, 불과 한 달 전까지만 해도 나는 주치의에게서 "이제 약을 끊어도 된다"는 완치 판정을 받았고, 그 말에 안도하며 술과 커피를 다시 입에 대기 시작했다. 탈이 날 법도 했다.

퇴원 후 외래를 찾은 날, 주치의는 단호히 말했다. 약은 평생 복용해야 하고, 술은 절대 금물이라고. 달라진 처방에도 크게 낙담하지는 않았다. 중요한 건 순례였다. 조심스럽게 여쭸다.

"교수님, 다음 달에 산티아고 순례길을 걸을 예정인데…. 괜찮을까요?"

주치의는 고개를 갸웃하더니, 너무 무리하지 말고 약만 잘 챙기라고 했다. 그 한마디에 가장 큰 장벽을 넘어선 기분이었다.

출발까지 남은 날은 채 마흔. 회복만 순조롭다면 가능하리라 믿었다. 하지만 회복은 더뎠고, 발걸음엔 쉽게 힘이 실리지 않았다. 마음이 급해졌다. 출발 한 달을 앞둔 어느 날, 여의도를 반 바퀴 돌고, 집까지 걸어 12km를 채웠다. 이튿날엔 반포 한강공원까지 이어 걷고 나서야 비로소 숨을 돌릴 수 있었다. 그러나 진짜 시련은 집 안에 있었다. 퇴원하자마자 배낭부터 꺼낸 내게, 아내는 그동안 눌러왔던 말을 쏟아냈다.

"나는 반대야. 겨우 퇴원한 사람이, 한 달 만에 그렇게 먼 길을 간다는 게 말이 돼? 40일 내내 걱정할 내 입장은 생각해봤어? 또 출혈이 나면 어쩌려고? 지인들한테 물어봐. 다들 제정신 아니라고 할걸?"

아내의 꾸지람을 듣고서야 그간 애써 외면해온 갈등이 불쑥 수면 위로 떠올랐다. 과연 이 몸으로 산티아고까지 무사히 완주할 수 있을까? 예전의 체력을 온전히 회복할 수 있을까? 지금 떠나지 않으면 누나와의 약속도, 내 시간도 다시 오기 힘들 텐데 이대로 미뤄야 할까?

한쪽에서는 "지금은 때가 아니야, 무리하지 말고 다음을 기다려"라며 속삭이는 천사의 음성이 들려왔고, 다른 한편에서는 "괜찮아, 주치의도 허락했잖아. 다들 말리지도 않는데 뭘 걱정해"라며 유혹하는 악마의 목소리가 귀를 간질였다. 마음은 뫼비우스의 띠를 따라 빙빙 맴돌 뿐이었다.

게다가 순례를 코앞에 둔 시점에서, 출혈 직전에 겪은 코로나 감염까지 떠올랐다. 그땐 그저 "현지에선 감염 걱정 없겠구나" 하고 가볍게 넘겼는데, 이처럼 연이어 터지는 악재들을 어찌 받아들여야 할까. 마치 하늘이 내게 두 개의 길을 내밀고, 하나를 선택하라 재촉하는 듯했다.

'섭리'란 단어에는 '정해진 뜻'이라는 의미 외에도, 몸을 아끼라는 암묵적인 당부가 담겨 있다. 코로나 감염과 위장 출혈이 연달아 찾아온 것도 어쩌면 신이 보내는 경고는 아니었는지. 병약한 몸을 돌보는 것이 순응이라는 생각이 스쳤다. 그러나 이내 또 다른 '계시'의 목소리가 들렸다.

"지금 겪는 시련도 순례의 일부다. 고통을 통해 진정한 의미에 다가설 것이다."

섭리와 계시, 그 사이에서 마음은 끝없이 맴돌았다.

고민 끝에 A4 용지를 펼쳐 세 가지 선택지를 나열했다. 무기한 연기, 출발일 조정, 기존 일정 강행. 주치의의 소견과 지인들의 충고를 곱씹으며 장단점을 비교하는 와중에 잊고 지내던 것이 있었다. 내 곁에는 나를 걱정해주는 이들이 많다는 사실. 그들의 염려를 외면한 채 길을 나서는 건 무책임하다는 자각이 들었다. 그렇다고 지금을 포기하는 것도 선뜻 내키지 않았다. 다음이라는 기회가 과연 찾아올 수 있을지 의심스러웠다.

그래서 택한 건 절충안. 한 달 출발을 미루기로 했다. 섭리와 계시 사이에서 내린 나름의 균형이었다. 더 여유를 두는 게 좋았겠지만, 6월 스페인의 폭염을 감안해 5월 8일로 일정을 조정했다. 가장 아쉬웠던 건 어렵사리 예약해둔 보르다 산장을 포기해야 했다는 점. 밤하늘의 은하수를 품은 산장, 그 하룻밤은 그렇게 멀어져갔다.

김영하 작가는 『여행의 이유』(2019)에서, 여행자란 이유와 목적을 지닌 존재라고 말한다. 그 이유는 사람마다 다르지만, 공통된 바람은 하나 있다. 무언가를 보고, 찾고, 깨닫고 싶다는 것. 순례길도 마찬가지다. 걷는 이들은 저마다의 사연을 품고 있지만, 누구든 마음속으로 한 가지는 바란다. 무사히, 끝까지, 완주하는 것. 산티아고 데 콤포스텔라 Santiago de Compostela까지 도달하는 일.

그러나 순탄한 여정만으론 오래 기억되지 않는다. 예측 가능한 하루하루는 별다른 인상 없이 스쳐 지나가기 쉽다. 많은 이들이 고프로와 드론으로 매 순간을 기록하는 이유도 여기에 있다. 너무 평범해서 기억에 남기 어려울까 봐. 그런 의미에서 '무탈한 순례'는 어쩌면 '여상한 여행'에 다름 아니다.

나 역시 예기치 못한 실패를 피하고 싶어, 출발 전 꼼꼼한 일정표를 작성하고 짐을 정리했다. 하지만 준비가 완벽해도 언젠가 일어날 일은 일어나기 마련이다. 미래는 애초에 예측 불가한 법. 그래서 필요한 것만 챙기고 나머진 과감히 내려놓기로 했다. 하루하루 마주할 상황을 그대로 받아들이기로. 그것이 기쁨이든 난처함이든 시간이 지나면 모두 추억이 될 테니까.

사람들은 내게 물었다.

"왜 가는 거냐?"

"그 먼 길을, 자신을 찾으러 가는 거냐?"

나는 그 물음에 답하지 못했다. 아니, 어쩌면 찾아야 할 '무엇'을 모른다는 사실만은 알고 있었다.

한라산, 지리산, 설악산. 어느 산이든 장거리 종주는 결코 쉽지 않다. 서울을 떠날 때는 '이번엔 재밌겠지'라며 기대에 부풀지만, 막상 산행이 시작되면 '내가 왜 왔을까' 싶은 현타가 밀려온다. 산티아고 순례길도 다르지 않다. 무언가를 깨닫고 얻겠다는 마음마저 때로는 사치처럼 느껴진다.

여의도 한복판에서 걱정의 무게에 눌려 살던 나는, 그 복잡한 생각들을 잠시라도 밀쳐두고 싶었다. 무아지경. 말 그대로 '나'라는 껍질을 벗고 맨몸으로 서고 싶었다. 하루에도 수차례 오르내리는 주가, 시시각각 바뀌는 시장 컨센서스와 투자심리, 알면서도 모르는 척해야 했던 수많은 상황들. 그 복잡한 관계망을 뒤로한 채 한순간이나마 멈춰 서고 싶었다. 그러면 비로소 무언가를 비우고, 잊고, 나를 마주할 수 있을 거라 믿었다.

별들이 흐르는 들판을 걷는 건 외면적 순례의 목표였다. 하지만 돌이켜 생각해보니 진짜 이유는 따로 있었다. 나를 비워냄으로써, 한때 분명히 존재했지만 어디론가 묻혀 잊힌 '내면의 나'를 초대하고 싶었던 것이다. 오래전 흙먼지 속에 묻혀버린, 내가 나였던 그 시간의 심연을.

남매의 순례는 파리에서 빗물을 타고 그렇게 시작됐다. 스산한 비가 내리던 그날, 〈Singing in the Rain〉(1952)의 멜로디를 흥얼대며 젖은 길을 걸었다. 북부 스페인의 5월, 우기의 끝자락. 첫날부터 빗속을 걷던 우리는, 며칠을 내리고 그치기를 반복하는 비에 씻기듯 침잠해갔다. 마음 한편에 남아 있던 티끌이 천천히 내려앉았다. 그 시간은 말 없는 고백이었고, 순례의 의미는 조금씩 그 빗속에서 떠올랐다.

많은 이들이 길을 마치면 그 여정을 기록한다. 문체도 다르고 감상도 제각각이라, 같은 길 위에서 완전히 다른 책이 나온다. 그러나 순서대로 적은 틀에 박힌 기행문은 자칫 지루하기 쉽다. 반복된 풍경과 경험 속에서 특별한 인상을 남기기 어렵기 때문이다. 나 역시 그 틀에서 벗어나고 싶었다. 괜히 '조금은 달라야 한다'는 강박도 있었다.

그러다 괜찮은 아이디어가 번쩍였다. 롤링스톤지가 선정한 "역사상 가장 위대한 팝송 500곡"(2004). 바쁘단 핑계로 서랍에 묻어두었던 명곡의 음원들. 순례길에서 하루 10여 곡씩 듣기로 마음먹었다. 음악은 그날의 길 위에서 떠오른 단상들을 이끌어내는 훌륭한 안내자였다. 인상 깊은 두 곡을 따로 골라 소개하며 순례의 결을 조금 더 풍성하게 하고 싶었다.

우리 남매의 까미노는 그렇게 빗물 위에서 시작됐고, 먼지길을 지나며, 바라밀다의 숨결을 따라 위대한 명곡의 선율 위에 조용히 흐르기 시작했다.

생장 피에드 포트 순례자 사무실 가는 길

언덕 위 성채에서 바라본 생장 피에드 포트 전경

1부
용기 없는 사자

지레 겁먹은 피레네 산행

Desperado: 마음의 벽을 허물고 문을 열자

생장 피에드 포트Saint Jean Pied de Port ~ 론세스바예스Roncesvalles 24.2km

어제 순례자 사무실에서 만난 봉사자가 조심스레 귀띔했다. 오늘 정상 부근에 눈이 내릴 거라고. 우리가 묵은 알베르게 '지트 비데안'Gite Bidean의 주인장도 거들었다. 해발 1,430m 뢰푀데르 피크Lepoeder Peak 의 기온이 영하 2도까지 떨어질 거라 경고했다. 우기 끝자락에 눈이라니, 선뜻 믿기가 어려웠다. 인적 드문 초행길에 눈까지 더해진다는 사실이 우리를 사뭇 긴장시켰다.

인천공항에서부터 같은 비행기를 타고 온 한국인 순례자가 있었다. 앞으로 '김 선배'라 부르기로 한다. 우연히 같은 숙소를 잡게 됐고, 아침 여섯 시에 일어나 짐을 꾸린 뒤, 함께 식사를 했다. 출발 무렵부터 비가 똑똑 떨어졌다. 궂은 날씨에 조난이라도 당할까 싶어 우비와 스패츠로 단단히 무장했다. 영하의 날씨에 손이 젖으면 큰일이니 등산 장갑에 라텍스 장갑까지 덧끼었다.

나폴레옹Napoleon 코스와 우회길인 발카를로스Valcarlos 코스의 분기점 즈음, 언덕에 이르자 이마에 송글송글 땀이 맺혔다. 몸이 충분히 데워졌다는 신호. 겉옷을 벗을 겸 도로 변 가정집 차고에서 거세진 빗줄기를 피해 숨을 고르고, 우비 속에 껴입었던 경량 패딩을 배낭에 넣은 뒤 재차 길을 나섰다.

누나는 트레킹 스틱이 낯설어 사용하는 본새가 어딘가 어색했다. 아직 노르딕 워킹 자세에 익숙지 않아 스틱을 내딛는 리듬이 어긋나 보여, 발걸음을 늦추어 사용법을 다시금 일러주었다. 물안개가 짙게 낀 언덕길은 끝이 보이지 않았고, 거센 비바람에 이따금 몸이 휘청였다. 피레네 초원의 생기 넘치는 풍광은 안개에 가려 눈에 담을 수 없었

나폴레옹 루트 초입

다. 걷는 내내 유람은커녕, 물에 빠진 생쥐꼴이었다. 그럼에도 나폴레옹 루트를 걸을 수 있다는 사실에 작은 위안을 얻었다.

    순례를 준비할 때만 해도 피레네의 절경을 걷는 로망에 한껏 부풀어 있었다. 산중에서 우유빛깔 은하수 가득한 밤하늘을 상상하며 설렜지만, 출발부터 어긋난 일정 탓에 그 희망은 신기루처럼 흩어졌고 악천후까지 겹쳤으니 유려한 풍광을 감상하지 못하게 된 것은 불가항력이었다. 기대만큼 아쉬움이 짙었지만, 어쩌랴. 오늘의 길은 오늘 걸을 뿐이다.

거짓말처럼 물러난 비구름과 운무

그때 기적처럼 하늘이 열렸다. 빗줄기가 멎고, 사방을 감싸던 운무가 순식간에 걷혔다. 맑고 푸른 하늘 아래, 물기 머금은 초록 언덕이 생생하게 펼쳐졌고, 들판 아래 옹기종기 모인 마을들이 파노라마처럼 시야에 담겼다. 파산 직전에 로또를 맞은 기분이 이런 걸까? 오래 품은 소망 하나를 간신히 건져낸 듯 안도감이 밀려왔다. '레퓨지 오리손'Refuge Orisson으로 오르는 길, 가벼운 발걸음에 마음은 날고 있었다.

오리손에 도착할 때까지 햇살은 완연했다. 비가 완전히 그치길 바라는 욕심이 들었다. 일정이 조금씩 지체되고 있어 조바심이 났기 때문이다. 아무래도 론세스바예스에는 오후 세 시를 넘겨 도착할 듯했다. 찜찜해진 기분을 스스로 다독이던 찰나, 오리손에서 만난 한국인 순례자가 뜻밖의 말을 했다.

"3시 전에 도착하지 않으면 예약이 노쇼 처리 된대요."

금시초문이었다. 반신반의하면서도 왠지 불안해졌다. 알베르게에 전화를 수차례 걸었지만 연결되지 않았다. 예약이 취소되면 다음 마을인 부르게테Burguete나 에스피날Espinal까지 더 걸어야 했다. 초행길, 피로가 누적된 누나에게는 무리였다. 물어볼 데가 없어 순례자 단톡방 '까.친.연.'에 도움을 청했다. 이내, "선결제 예약했으니 늦게 도착해도 괜찮다"는 답변이 돌아왔다.

그제야 마음이 놓였다. 익숙지 않은 첫 여정에서 까.친.연. 순례자들의 조언은 큰 힘이 되었다. 늦게나마 감사 인사를 전한다.

첫날의 모든 관심은 누나에게 쏠려 있었다. 산행 경험이 거의 없는 누나가 비바람 몰아치는 피레네를 무사히 넘을 수 있을지 걱정이 컸다. 다행히 누나는 순례 전 매일 꾸준히 걸으며 준비한 덕을 톡톡히 보았다. 속도는 조금 느릴 망정, 한결같이 꾸준한 걸음이었다.

정작 문제는 내게서 터졌다. 날씨와 누나 걱정에 신경이 곤두선 탓일까. 오리손을 지나자마자 종아리에 경련이 일었다. 다시 빗방울이 굵어진 터라 불안감이 밀려왔다. 론세스바예스까지 17km 이상 남은 상황. 이 상태로 걷다 조난이라도 당하면 어쩌나 머릿속이 하얘졌다. 그간 순례를 준비하며 공들였던 시간들이 주마등처럼 스쳤다. 그렇게 훈련했는데 첫날부터 무너지다니. 그러나 바로 그 예측 불가함이야말로 순례의 본질일지 모른다. 숨어 있던 내 자신의 빈낯을 마주하는.

이내 경직은 허벅지로 번져 불편해진 걸음걸이에 뒤따르던 순례객들이 내 안색을 살폈다. 웃으며 괜찮다 손짓하며 그들을 보냈지만, 대둔근까지 쥐가 올라 할 수 없이 수풀에 주저앉고 말았다. 앞서가던 누나는 내 사정을 모르는지 멀어져갔다. 에라 모르겠다, 급한 대로 어정쩡한 자세로 다리를 주무르는 사이에 누나가 되돌아왔다. 내 상태를 살피며 걱정스레 말했다. 늦어도 괜찮으니 천천히 가자고. 따뜻한 그 한마디에 어쩐지 가슴이 뭉클했다. 한 시간이 흐른 뒤에야 감각이 돌아오기 시작해 원래대로 움직일 수 있었다.

산을 제법 탄다고 자부했던 내게는 충격이었다. 악천후와 조난은 나와는 무관한, 언제나 뉴스 속 이야기인 줄 알았다. 그런데 그 '달갑지 않은' 현실이 내게 닥친 것이다. 그것도 죽음의 기운을 동반한 채로. 삶의 마지막 순간에 지나온 일생이 파노라마처럼 흘러간다는 말, 그 진실을 절절히 실감했다. 그 순간 영화 〈The Way〉(2010)의 한 장면이 떠올랐다. 오래전 아들과 절연했던 주인공 마틴 쉰은 프랑스 루트 순례 중 악천후로 조난당한 아들의 부음을 듣고 생장 피에드 포트로 향한다. 아들이 남긴 산티아고 순례 안내서를 발견한 주인공은 그 뜻을 헤아리고자 아들의 배낭을 메고 길을 대신 걷기 시작한다.

나 역시 조난의 공포 앞에 가족 얼굴이 떠올랐다. 순례를 반대했던 아내, 날마다 안부를 챙기던 어머니. 이곳에서 무슨 일이 생긴다면…. 가슴이 먹먹했다. 자책감이 공포를 억누르니 오히려 정신이 맑아졌다. '죽을 수도 있겠다'는 생각이 스칠 때, 별안간 입에서 노래가 흘러나왔다. 글로리아 게이너Gloria Gaynor의 〈I Will Survive〉(489위)였다.

사실 이 노래는 조난이나 죽음과는 거리가 있다. 연인과의 이별, 상실 그리고 그 뒤의 자각과 회복을 다룬다. 연인에게 버림받아 두려움에 떨던 화자가 자신을 되찾아 외친다. "나는 살아남을 거야." 힘찬 가사와 경쾌한 리듬이 듣는 이에게 기운을 북돋운다. 실직해 빈곤에 시달리던 작곡가 디노 페카리스Dino Fekaris는, 우연히 자신이 작곡한 영화 음악이 TV에서 흘러나오는 순간 '다시 잘될 거야'라는 확신을 얻었다고 한다. 그 감동이 〈I Will Survive〉의 뿌리가 되었다. 그 후일담이 떠올라 낯선 산중에서 노래를 흥얼거리며 힘을 낼 수 있었다. 나도 잘 걸을 수 있을 거란 믿음이 피어났다. 살아 있는 자만이 계속 걸을 수 있다는 단순한 진실을 되새기며, 나는 힘을 내기로 했다.

Gloria Gaynor, 〈I Will Survive〉(1978, 489위)

극단적 상황에 처해 나도 모르게 되뇐 노래의 후렴구. "I will survive." 살아남을 수 있다고, 반드시 괜찮아질 거라고. 스스로를 다독였다. 그 단순한 반복이 용기를 북돋았고, 그 덕분인지 몸 상태도 빠르게 회복됐다. 공포에서 벗어나니, 그토록 두려웠던 순례길이 의외로 평이하게 느껴졌다. 근육 경련을 겪던 당시에는 과도한 상상과 기우에 겁먹었지만, 돌이켜보건대 나폴레옹 루트는 그리 힘든 길이 아니었다. 북한산이나 청계산 능선을 오른 경험이 있다면 누구든 무난히 걸을 수 있을 난이도다. 이 길은 해발 1,270m를 약 21km에 걸쳐 완만히 오르는, 가파르기보다 지루한 오르막의 연속이다. 한라산 성판악 코스 초반의 완경사를 떠올리면 된다.

정상인 뢰푀데르 언덕에 도착해 하산 경로를 확인했다. 대부분의 순례자들이 오른쪽 샛길로 향했고, 미국인 커플만이 왼편 포장도로를 고집했다. 나는 사전에 숙지한 길이 안전하다는 생각에 오른쪽 오솔길을 택했다. 순례자들과 앞서거니 뒤서거니 무리를 지어 내려갔다. 산을 서의 내려왔을 즈음, 언덕 아래로 성당터가 보이기 시작했다. 언뜻 보아도 경사진 풀밭 사이로 지름길이 눈에 띄었지만 아무도 그쪽으로 가지 않았다. 갑자기 한 순례자가 방향을 틀어 포장도로로 들어서자 모두가 그를 따라 나섰다. 나 역시 이유 없이 그 흐름을 따랐다. 그 순간 돌연, 나는 레밍즈가 아닐까 하는 생각이 스쳤다. 분명 지름길을 알면서도 무작정 무리를 따르는 나 자신이 이해되지 않았다. 성당터에 도착할 무렵 앞서 걸어가는 미국인 남녀를 마주쳤다.

인생도 어쩌면 까미노와 닮았다. 우회해도, 느리게 걸어도 괜찮다. 중요한 건 자기 페이스를 지키는 일. 리듬만 잃지 않으면 뒤쳐져도 차근차근 따라잡을 수 있다. 단, 중요한 국면에선 결단이 필요하다는 걸 반드시 기억해야 한다. 왼쪽 길을 택한 미국인들처럼, 성당터 앞의 지름길처럼, 때로는 과감히 승부수를 꺼내야 할 순간이 온다. 그 카드, 그 선택은 오직 진짜 게임이 걸린 때만 의미가 있다. 그렇지 않다면, 지금 손에 쥔 패를 믿어야 한다. 불확실한 한 장을 위해 이미 가진 패를 버려선 안 된다. 그 한 장 한 장이 실은 인생 최고의 카드일 수 있으니까.

미국 록 밴드 이글스The Eagles의 〈Desperado〉(494위)는 내가 가장 사랑하는 곡 중 하나다. 〈Hotel California〉(1976)가 몽환적 기타 리프로 귀를 사로잡는다면, 이 곡은 절절한 가사와 잔잔한 멜로디로 마음 깊숙한 곳을 두드린다.

The Eagles, 〈Desperado〉(1973, 494위)

절망 속 방황하던 이에게 이 노래는 말한다. 이제는 자포자기의 끝에서, 제자리로 돌아와 사랑을 찾으라고. 데스페라도에게 묻는다. 언제까지 그 허허로운 길 위에 머물 거냐고. 노래의 운율은 바람 끝에 흔들리는 마음을 어루만지듯, 어느새 내면의 고요를 되찾게 한다. 그리고 경고한다. 다이아몬드 퀸, 곧 물질과 성공에 집착하지 말라고. 혹시 우리를 배신할 그것들에 너무 많은 것을 걸지 말라고. 대신 연민과 사랑의 하트 퀸을 붙들라고 속삭인다. 끝까지 우리가 진정 쥐어야 할 패는 그것 하나뿐이라고.

노래를 들으며, 나는 감정의 결을 무시한 채 성취감와 과시욕만 좇아온 지난 시간을 돌아봤다. 내 손엔 이미 괜찮은 패들이 있었어도 늘 스페이드 에이스, 그 한 장의 결정적 승부수를 기다리며 시간을 흘려보냈다. 막상 패를 모두 펼쳐놓고 나면 되돌릴 수 없는 게 인생이다. 멈췄어야 했다. 접었어야 했다. 하지만 그런 후회는 언제나 너무 늦게 찾아온다. 채워지지 않는 욕망의 끝에는 공허와 좌절이 기다리고 있었다.

젊은 날의 나는 탐貪, 진瞋, 치癡 — 탐욕과 분노, 어리석음 — 라는 삼독에 사로잡혀 흔들렸다. 지천명을 훌쩍 넘긴 지금도, 나는 여전히 과욕 앞에서 자주 무너진다. 이제라도 마음속에 쌓은 벽을 허물고 싶다. 자기애와 불신, 상처와 욕망으로 빚어진 그 벽. 그 안에서 나는 얼마나 오랫동안 스스로를 가두고 있었을까. 소나기 지나간 뒤 피어오르는 무지개처럼, 이제는 내 안의 빗줄기 속에서도 단단한 빛을 마주하고 싶다, 너무 늦기 전에.

까미노가 내게 가르쳐준 가장 큰 지혜는 이것이었다. 끝나지 않았다면, 아무리 늦어도 늦은 게 아니라는 것. 단 한 걸음이라도 진심으로 내디딘다면, 인생은 언제든 다시 시작될 수 있다는 것.

유튜브에 올라온 순례자 영상들을 보면, 첫날 촬영 분량 대부분이 생장에서 티바울트 십자가상Cruz de Thibault까지에 집중돼 있다. 이후 여정은 대개 대충 흘러간다. 전엔 그 이유를 몰랐다. 하지만 직접 걸어보니 알겠다. 생장에서 그 분기점까지 15km를 오르며 체력이 상당히 소진되기 때문이다. 이후 남은 6~7km 오르막에서는 영상이고 뭐고 귀찮아졌을 것이다. 하지만 초반 페이스만 잘 조절하면, 티바울트 십자가상에서 뢰푀데르 언덕까지는 무리 없이 닿을 수 있다. 우리 남매는 정상에서 눈을 맞지 않았다. 일정이 늦어진 덕이었다. 먼저 도착한 이들은 진눈깨비를 맞았다며 진저리를 냈다. 역시 인생은 새옹지마. 빠르다고 늘 좋은 것은 아니다.

론세스바예스에서 맞은 저녁은 기대만큼은 아니었지만, 하루의 허기를 달래기엔 충분했다. 식탁 옆에 앉은 프랑스인 순례자들과 나눈 짧은 대화가 식사의 온기를 더했다. 별것 아닌 말들이었지만, 하루의 끝자락을 따뜻하게 감싸주는 온기였다.

티바울트 십자가상 분기점 근처 안개낀 비석

멀고 먼 순례길을 찾은 까닭

I Want to Know What Love Is: 진에에서 벗어나기

노란 화살표를 따라 걸었던
몇년동안 내 뜻사 제목체럼

5.12

론세스바예스Roncesvalles ~ 수비리Zubiri 21.4km

아침 공기가 아직 쌀쌀하다. 배낭을 메고 출발하려는 찰나, 어김없이 이슬비가 흩뿌린다. 전날처럼 우비를 꺼내 입고 라텍스 장갑까지 챙겨 착용한 뒤 길을 나섰다. '페레그리노스 알베르게'Albergue de Peregrinos 앞 광장 표지판에는 산티아고 데 콤포스텔라까지 790km가 남았다고 적혀 있다. 프랑스 루트의 공식 거리는 779km. 어제 24km를 걸었으니 대략 755km가 남아야 하건만, 수치가 맞지 않았다. 고개를 갸웃거리다가 자동차 도로 기준이려니 하며 넘겨짚었다. 출발 준비에 분주한 순례자들 뒤편, 넓은 풀밭엔 어미 말과 망아지가 한가로이 풀을 뜯고 있었다. 떠나는 사람들의 부산함과는 거리가 먼, 딴 세상처럼 여유로운 풍경. 초원을 노니는 말, 내가 순례길을 상상할 때 떠올리던 목가적인 장면 그대로였다.

이번 여정은 해발 952m의 론세스바예스를 출발해 528m의 수비리에 이른다. 간간이 짧은 오르막이 나오지만, 전반적으로는 피레네산맥을 완만히 내려가는 코스다. 하지만 이른 비로 인해 생긴 진창길은 밑창에 진흙이 달라붙고 미끄러워 걷기가 쉽지 않았다. 특히 마지막 고개인 에로 고개Puerto de Erro에서 수비리로 이어지는 내리막 암반길은, 맑은 날에도 미끄럽기로 악명 높은 구간. 발을 헛디딜지 몰라 한순간도 긴장의 끈을 풀 수 없었다.

이 구간을 빼면, 수비리로 향하는 길은 앙꼬 없는 찐빵처럼 꽤나 심심했다. 순례의 모든 날이 인상적일 수는 없다. 어떤 길은 선명한 스냅숏처럼 오랜 시간이 지나도 또렷한 장면으로 남는가 하면, 양념이 잘 배지 않은 음식처럼 흐릿하고 어중간한 구간이 있다. 개중엔 아무리 기억을 되짚으려 해도 도무지 떠오르지 않은 날들도 부지기수다. 오늘이 바로 그런 날 중 하나였다. 피레네를 넘던 어제의 긴장감이 사라지며 밀려온 허탈함과, 내일이면 순례 중에 맞이하는 첫 번째 대도시, 팜플로나Pamplona에 도착한다는 셀렘도 이 여정을 덜 특별하게 만들었다. 체감 난이도로 따지자면 5점 만점에 3점. 나폴레옹 루트나 오세브레이로O Cebreiro를 오르는 구간에 비하면 마치 구름 위를 걷는 기분이었다.

그렇다고 무색무취한 구간이라 해서 순례하는 의미까지 퇴색되지는 않았다. 첫 번째로 지나친 부르게테에는 헤밍웨이가 머물렀던 호텔이 있다. 대작가는 이곳에 머물며 『무기여 잘 있거라』(1929)를 집필했다. 걷는 길 옆으로는 목장 울타리가 끝도 없이 이어진다. 어제는 짙은 운무에 가려 잘 보이지 않던 양 떼와 말들이, 바로 코앞에서 느긋하

이른 아침 초지에서 풀을 뜯는 말들

호젓하고 싱그러운 숲길

게 풀을 뜯는다. 숲길로 접어들면, 사람 발자국도 드문 고즈넉한 풍경이 펼쳐졌다. 피톤치드 가득한 공기 속을 걷는 것만으로도 충분히 운치 있는 하루였다.

론세스바예스에는 알베르게가 하나뿐이라 모두 같은 숙소에서 시차를 두고 출발했을 터. 순례자들이 제각기 무리를 이루어 띄엄띄엄 줄지어 걷는 모습이 눈에 들어왔다. 그 풍경을 보는 순간, 비로소 '아, 까미노에 왔구나' 하고 실감이 났다. 그중 유독 내 시선을 붙드는 이들은 연세 지긋한 분들과 장년의 부부다. 순례길에 나이가 무슨 대수랴만, 두 손 맞잡고 느린 걸음으로 다정히 걷는 노부부의 모습은 묘한 감동을 줬다. 서로를 챙기는 손길엔 삶의 연륜이 배어 있었다.

문득 지난날을 돌이켜보았다. 예전엔 아내와 손을 맞잡고 걷는 일이 익숙했는데, 요즘은 나도 모르게 앞서 걷는 경우가 많아졌다. 반

발자국 앞서는 나 자신을 인식하곤, 미안한 마음에 슬그머니 손을 내민다. 내가 무심해진 걸까. 아내는 본래 긴 시골길을 즐기지 않는다. 함께 가자고 몇 번 제안하다가 결국 혼자 길을 나섰다. 무사히 여정을 마치고 돌아가면 예전처럼 손을 꼭 잡고 산책해야지. 나란히 걸으며 두런두런 이야기 나눌 따뜻한 그 모습을, 마음속에 그려본다.

7km를 걸어 에스피날Espinal 마을에 도착했다. 첫 번째 카페에서 잠시 쉬어갔다. 커피를 마시지 않는 나로선 순례길 내내 오렌지 주스나 콜라가 단골 메뉴였다. 이곳, 까미노의 노변 카페들은 대부분 오렌지를 즉석에서 짜준다. 신선한 오렌지 생과즙이 겨우 2~3유로라니. 나름 합리적인 가격에 절로 머리를 끄덕인다.

에스피날에서 대략 7km 떨어진 린초아인Lintzoain 초입, 카페 하나를 지나쳤다. '또 있겠지' 싶어 넘겼는데, 이후엔 카페가 없었다. 결국 언덕길이 시작되는 주택가 앞 기다란 벤치에 앉았다. 그곳에는 젊은 연인과 대형견 두 마리가 자리를 잡고 있었다. 개를 무서워하는 우리 남매는 망설였지만, 이왕이면 지금 쉬는 게 낫겠다 싶어 용기를 냈다. 만약 개들이 달려들면 옆에 있는 청년에게 의지하자는 잔꾀도 있었다.

가까이서 보니 개들은 순한 눈빛으로 애교를 부렸다. 평소에도 마을을 지나가는 순례자들에게 간식을 얻어먹으며 지내는 듯했다. 바게트를 조금 떼어 던져주자 게눈 감추듯 삼켰고, 곧 다른 순례자들에게 꼬리를 흔들며 달려갔다. 그제야 안심하고 남은 바게트와 사과를 꺼내어 입에 넣었다.

허기를 대충 달랜 뒤, 조금만 더 쉬자며 시간을 보내던 때였다. 물탱크 뒤에서 길냥이 한 마리가 어슬렁 나왔다. 녀석에게 줄 만한 것이 마땅치 않아 안타까웠다. 길냥이는 우리와 눈을 한 번 마주친 뒤 적당한 거리에서 식빵 자세를 취하다 흥미를 잃었는지 이내 사라졌다. 까

에로 고개 앞에서 쉴 때

미노에서 길냥이를 자주 마주쳤다. 대부분 건강해 보였지만, 드물게 병색 짙은 아이들도 있었다. 그 작은 생명들에게도 주님의 평화와 부처님의 자비가 함께하길 바랐다.

    반려묘 하쿠와 타타, 그리고 순례를 마치고 귀국 후 구조한 새끼 고양이 이브는 우리 부부에게 말할 수 없이 소중한 존재다. 누군가는 정성이 지나치다 말하지만, 집사로서 그 사랑은 자연스럽다. 하지만 그만큼, 아니 어쩌면 더 깊이 생각해야 할 것이 있다. 요즘 세상은 양극화가 심화되고, 경제는 전반적으로 성장이 둔화되고 있다. 출산율 저하까지 겹치며, MZ 세대의 좌절과 불신은 갈수록 깊어진다. 이런 현실에서 미래를 잃어가는 청년 세대, 희망이 사라진 사회적 약자들에 대한 책임을 잊어선 안 된다. 다음 세대와 소외된 이들의 인권을 등한시한 채 외치는 동물권은, 공허할 수밖에 없다.

이런 맥락에서, 한때 좌절과 혼란에 빠졌던 미국 청소년들의 심정을 담아낸 록 그룹 앨리스 쿠퍼Alice Cooper의 〈I'm Eighteen〉(482위)에 눈길이 간다. 투표도 못 하고 술도 마시지 못하는 열여덟의 나이에 징집돼 베트남 전선으로 끌려간 젊은이들은 어떤 심정이었을까. 우리 사회는 인구 절벽을 향해 빠르게 달려가고 있다. 2%대 성장률에 감지덕지하는 현실. 청춘들은 하늘 높은 줄 모르고 치솟는 집값과 천문학적인 사교육비에 짓눌려 결혼과 출산을 미룬다. 그 결과는 다시 저성장과 불평등으로 돌아와 청년들의 삶을 더욱 옥죄는 뫼비우스의 띠처럼 얽히고설켜 있다. 이제라도 정부는 진심 어린, 장기적인 국가전략을 수립해야 한다. 그 첫걸음은 시민들의 몫이다. 성숙한 시민들이 깨어 있는 의식으로, 민주적 절차를 통해 중앙정부에 끊임없이 목소리를 내야 한다. 청년이 살아야 사회가 살고, 희망이 살아야 나라가 산다.

Alice Cooper, 〈I'm Eighteen〉(1970, 482위)

수비리에 가까워질수록 날씨가 점점 맑아졌다. 언덕길을 다 내려와 수비리 초입의 다리가 눈에 들어올 즈음, 하얀 뭉게구름 사이로 드러난 하늘이 제법 파랗고 환했다. 마을 어귀에 자리한 '리오 아르가 알베르게'Albergue Rio Arga에 짐을 푼 뒤, 늦은 점심을 먹기 위해 '발렌틴 바'Bar Valentín로 향했다. 구글 평점이 높은 동네 맛집으로 이름난 곳이다. 이곳을 택한 이유는 하나, 한국식 양념치킨과 비슷하다고 소문난 닭봉 튀김을 맛보기 위해서였다. 순례 초반, 기운을 북돋아줄 메뉴로 안성맞춤일 것 같았다.

하지만 아쉽게도 며칠간 닭봉 튀김은 제공하지 않는다고 했다. 대신 로스트 치킨과 폭립을 주문했다. 기대가 너무 컸던 탓인지 맛은 그냥저냥 평범했다. 그래도 음식은 남기고 싶지 않았다. 누나에게 "가급적 남기지 말자"고 은근히 권했고, 그 말이 화근이었다. 식사를 마친 누나의 컨디션이 급격히 나빠졌다. 피로한 몸에 낯선 음식을 억지로 들이부은 탓이었으리라. 저녁은 생략하기로 했다. 미안한 마음에 누나더러 침대에서 쉬라 하고, 맡겨둔 빨래를 찾아 정리했다. 모든 수고를 동생에게 미룬 게 마음 쓰였는지, 누나는 끝내 불편한 기색을 감추지 못했다. 나 역시 괜히 눈치 보이게 하기 싫어 이른 잠자리에 들었다.

식사를 마치고 가게를 나서던 찰나, 작은 마찰이 있었다. 가게 안으로 들어오는 네 명의 여성 순례자들이 눈에 띄었다. 일반적인 순례자 차림새와는 달리, 모델처럼 화려한 드레스로 치장한 모습이었다. 자리가 모두 찬 상황이라, 그녀들은 입구 바깥쪽에 비치된 오크통 주위에 둘러서서 주문한 맥주와 와인을 즐기며 왁자지껄 대화를 나누고 있었다. 식사를 마치고 입구를 나서던 중, 그중 동양계 혼혈로 보이는 여성과 살짝 부딪혔다. 그녀가 얘기에 심취한 나머지, 몸을 홱 돌리는 순간 문을 열고 나오는 나와 부딪친 것이다. 피하려 했지만 어깨가 스치고 말았다.

나는 자연스레 가벼운 사과를 기대했다. 하지만 그녀는 마치 내가 일부러 부딪힌 것처럼 불쾌한 눈길로 나를 노려봤다. 순간 당황해 말문이 막혔다. 아무 말도 하지 못한 채, 굳은 표정으로 잠깐 마주보다가 어처구니가 없어 그냥 지나쳤다. 서로 "미안하다"는 말 한마디 없이 남겨진 찜찜한 감정만이 가슴에 맺혔다. 정체 모를 사총사와의 악연이라면, 그건 그 순간부터였을 것이다.

생각해보면, 괜한 업은 쌓지 않는 게 좋다. 그때 내가 먼저 실례했다고 말했다면, 그 자리에서 오해가 풀렸을지도 모른다. 스페인 북부, 이 머나먼 산골 마을까지 와서 순례길을 걷는 이유는 무언가. 미국의 록 밴드 포리너Foreigner의 대표곡 〈I Want to Know What Love Is〉(476위)의 가사가 떠올랐다. 그 노래는 마치 그날의 나를 향한 메시지 같았다.

🎧
Foreigner, 〈I Want to Know What Love Is〉(1984, 476위)

사람들은 어제 올랐던 피레네산처럼, 무겁게 어깨를 짓누르는 삶의 무게에서 벗어나고 싶어 순례를 떠난다. 외로움과 상처, 상실과 고통으로 가득한 현실에서 한 줄기 희망을 찾기 위해 이 먼 길을 나선다. 그런 길 위에서, 상대방의 사소한 실수를 못마땅해하며 진에를 퍼부을 필요가 있었을까. 내가 먼저 따뜻한 눈빛, 부드러운 사과 한마디를 건넸다면, 모두가 조금은 덜 상처받고 오해를 풀었을 텐데. 이제 와서야 드는 후회는 너무도 뒤늦다.

하드록에서 더 이상의 발전을 보여주지 못한 포리너는 돌파구를 찾아 소프트록으로 노선을 바꿨다. 그리고 고심 끝에 만든 이 노래는 단숨에 그들을 대표하는 곡이 되었다. 국내에서도 큰 인기를 끌었고, 서구에서도 폭발적인 반응을 얻으며 1980년대를 대표하는 명곡이 되었다. 1985년 그래미 어워드 '올해의 노래' 부문의 후보곡으로 유력했으나, 티나 터너Tina Turner의 〈What's Love Got to Do with It〉(1984)과 같은 쟁쟁한 곡들에 밀려 노미네이트되지 못했다. 포리너로선 아쉬운 결과였을 것이다.

그러나 진심은 전해지는 법이다. 이 노래는 여전히 수많은 이들의 삶 한편에서 사랑과 용서, 이해와 화해의 언어로 울려 퍼지고 있다. 나 역시 그 가사처럼, 인간에 대한 사랑이 무엇인지 알고 싶다. 마음을 여는 법을, 따뜻한 사람이 되는 법을.

수비리 초입

순례자의 먹거리

On the Road Again: 일상에 복귀하면 다시 길을 나서자

수비리 Zubiri ~ 팜플로나 Pamplona 20.4km

　해외여행을 나설 때면 사람들은 저마다의 입맛에 맞는 식재료를 챙긴다. 볶은 고추장, 김치, 김처럼 고국의 맛을 떠올리게 해주는 것들은 대개 빠지지 않는다. 그러나 긴 여정을 걸어야 하는 우리에게는 짐이 곧 무게여서 욕심을 낼 여유가 없었다. 최종적으로 우리가 선택한 대안은 라면스프와 동결건조 블록 국 몇 봉. 작지만 효율적인 이 식량은 흐린 날씨나 비를 맞아 컨디션이 떨어졌을 때 금세 속을 데우기 좋은 친구였다. 현지에서 구한 면에 스프만 넣고 끓이면 되니 간편하며, 무엇보다 가볍고 부피도 작은 장점을 지녔다.

　아침거리는 스파게티 면으로 만든 라면을 택했다. 알베르게의 주방에서 간단한 조리가 가능해 뜨끈한 국물로 하루를 열고 싶었다. 짐을 챙긴 뒤 2층 주방으로 올라가니, 한국에서 온 두 팀의 순례자가 먼저 식사하고 있었다. 한 팀은 부부였고, 다른 팀은 친구 사이로 보이는 여성 둘. 순례를 시작한 지 사흘째, 한국인 순례자들만 있는 생소한 공간을 접한 우리는 반갑고도 멋쩍은 인사를 나눴다. 우기가 끝나지 않아서인지 제법 쌀쌀한 아침, 국물을 한 숟갈 삼키자 몸이 금세 따뜻해졌다. 다만 면발이 아쉬웠다. 설익은 듯한 식감에, 누나에게 몇 분 끓였는지 묻자 4분 정도라 했다. 포장지에는 알 덴테 9분이라 적혀 있었는데, 조금 더 끓였다면 어땠을까. 그래도 첫 끼니치고는 충분히 만족스러웠다.

　라면은 흔히 정크푸드라 불린다. 그럼에도 피곤한 몸과 잃어버린 입맛을 단번에 끌어올리는 묘한 힘이 있다. 그래서 순례를 준비하면서 한국 라면을 구할 수 있는 곳들을 미리 찾아두었다. 여덟, 아홉 끼

정도는 라면으로 해결할 작정이었다. 준비한 라면스프 외에도, 프랑스 루트 곳곳엔 한국 라면을 파는 가게들이 여럿 있었다. 이쯤 되면 까미노는 라면 기행이라 불러도 어색하지 않다. 수비리에서는 어설프게 흉내만 냈지만, 팜플로나에서는 아시안 마트에서 진짜 한국 라면을 손에 넣을 수 있다. 게다가 숙소에서 조리도 가능하니, 궂은 날씨를 핑계 삼아 기분까지 들떴다.

걷는 순례길에 한 끼 식사가 이토록 설레는 일이라니. 순례와 먹거리는 떼려야 뗄 수 없다. 한 달 동안 매일 반나절 넘게 땀 흘리며 걷는 고행자에게 세 끼 식사만큼 중요한 일이 또 있을까. 순례자들은 도심의 탈주자들이다. 까미노를 걷는 이들은 도시의 분주함에서 벗어나 마음을 비우고 자연과 동화되길 바란다. 오욕칠정을 벗어나려 애쓰지만, 식욕과 수면욕만큼은 놓기 어려운 원초적 본능이라 버리기 힘들다.

외국인으로서 걷는 이 순례길은 동시에 스페인 식도락의 여정이기도 했다. 점심은 현지의 대표 길거리 음식인 보카디요Bocadillo와 토르티야Tortilla를 골랐다. 스페인어로 된 정식 메뉴 주문은 아직 버겁지만, 이 두 음식은 워낙 널리 알려진 간편식이라 부담 없었다.

수비리에서 라라소아냐Larrasoaña까지, 초반 5~6km 구간은 전날과 비슷한 풍경이 이어졌다. 특별한 감흥은 없었지만, 에스키로츠Ezkirotz를 지나며 만난 창고 벽에 그려진 그래피티가 인상적이었다. '문화를 느낌'이라는 한글 문구가 바스크 지역 방문을 환영하는 그림 한가운데 적혀 있었다. 이역만리에서 우리 글자를 만난 기쁨에 어깨가 으쓱해진다. 이로츠Irotz를 지나 사발디카Zabaldika에 이르자 풍경이 확 달라졌다. 새빨간 꽃양귀비가 만개한 두렁길 옆으로 밀밭이 펼쳐졌다. 바스크 바비큐장을 지나 아를레타Arleta 산허리에 들어서니, 왼편으

아를레타 산에서 바라본 비야바 전경

로 계곡과 숲이 이어졌다. 흐린 날씨가 물러나자 뭉게구름 사이로 파란 하늘이 드러났다. 아롱지는 햇살이 도화꽃처럼 흩날리니, 청아한 한 폭의 산수화가 눈앞에 서려 있었다. 뙤약볕 아래 산길을 오르내리다 짧게 숨을 고른 후 조금만 더 힘을 내 점심을 예정한 비야바Villava에 도착했다.

비야바. 북부 스페인에서 처음 만난 도시 인근 마을이다. 거리에 나온 주민들은 주말 오후의 여유를 즐긴다. 해맑은 어린이들이 자주색 보도블록 위를 정신없이 뛰논다. 열 살 남짓한 아이들이 서로 꼬리를 물고 달리는 술래잡기에 열중이다. 그 천진한 웃음에 절로 미소가 지어진다. 그 얼굴 어디에도 공부에 찌든 기색은 없다. 우리는 초등학생이 사춘기를 겪고, 중학생이 되면 부모의 말을 흘려듣는 모습을 당연하게 여긴다. 이제 더는 놀랍지 않다.

부모 세대에 대한 반항은 세계 어디에나 있다. 미국의 전성기인 1960년대를 이끈 위대한 세대와 그들의 자녀인 베이비붐 세대 간의 갈등은 우리 사회와도 닮았다. 칩 트릭Cheap Trick의 〈Surrender〉(465위)는 그런 갈등 속 청소년에게 말한다. 자신과 너무 다르고 때론 이상하게 느껴지는 부모를 굳이 설득하려 하지 말고 그냥 져주라고.

더 나아가 기성세대의 권위에 저항하는 젊음을 노래한 곡도 있다. 스투지스The Stooges의 〈Search and Destroy〉(468위)는 군사용어에서 제목을 따왔다. 작전에서 철수할 때 주변을 탐색해 모두 파괴하며 후퇴하는 현대판 청야 전술. 이 노래는 전쟁과 권력의 위선을 날카롭게 풍자한다. 네이팜탄, 핵, 방사선 같은 무기를 나열하며 베트남전을 비꼬고, 진정한 음악보다 독선과 위선에 빠져 상업성을 좇는 엔터테인먼트 산업의 리더들을 비판한다.

점심을 위해 적당한 식당을 찾다 한산한 바에 들렀다. 손님은 드물었고, 우리는 보카디요와 토르티야를 주문했다. 보카디요는 바게트 같은 길쭉한 빵을 반으로 갈라 고기, 하몽, 야채, 치즈 등을 넣은 스페인식 샌드위치다. 서브마린 샌드위치와 모양새가 비슷하다. 나는 평소에 단맛 나는 빵이나 스낵을 별로 좋아하지 않는데, 마침 보카디요는 빵이 달지 않고, 적당히 딱딱한 질감이 생각보다 좋았다. 올리브유와 발사믹이 곁들여져 입맛을 돋웠다. 토르티야는 감자, 양파를 넣은 오믈렛으로, 한 입 먹자마자 "딱 내 스타일인데?"라는 감탄사가 절로 나왔다. 두 메뉴 모두 이후 우리 남매가 즐겨 찾는 브런치 식단으로 자리 잡았다.

안락했던 캡슐형 알베르게, '카사 이바롤라'

비야바를 지나며 도심 분위기가 짙어진다. 주말 오후, 가족 단위의 나들이객들이 드문드문 지나간다. 팜플로나의 신시가지 아레스Ares에서 구시가지로 향하는 성문이 가까워졌다. 마른 해자가 성을 감싸고 있듯, 중세풍의 성곽은 나바라주Navarra의 주도, 팜플로나가 간직한 천년 역사의 영욕을 말없이 품고 있다. 그 옆을 자전거 순례자가 유유히 지나가는 모습이 이채롭다. 성문에 다가섰다. 구글 내비게이션에는 200m 앞이 숙소라 나오지만, 주변 어디에도 도무지 숙소가 있을 만한 곳이 눈에 띄지 않는다. 수차례 지도를 확인한 뒤 반신반의했는데 성문에 인접한 건물 1층 현관문 앞에 적힌 숙소명을 보고서야 내비게이션이 맞았다는 걸 확인할 수 있었다.

또다시 내 고질적인 의심병을 탓하게 된다. 새뮤얼 존슨Samuel Johnson은 의심을 '무용한 고통'이라 했고, 토머스 오트웨이Thomas Otway는 '겁쟁이의 미덕'이라 했다. 실재하지 않는 일에 대한 망상으로 스스로를 제약하고 가능성을 꺾는 것. 그간 불필요한 의심으로 얼마나 많은 불안과 좌절, 그리고 심적인 위축을 겪었던가. 남은 여정에서는 보이는 것을 믿기로 다짐했다. 팜플로나에서 묵을 숙소는 캡슐형 알베르게, '카사 이바롤라'Albergue Casa Ibarrola. 전체적으로 깔끔한 것이 아늑하고 편안한 잠자리다. 저녁은 예정한 대로 아시안 마트에서 산 라면과 볶음밥, 과일로 푸짐하게 마무리했다.

오늘 들은 음악들 대부분은 처음 듣는 곡들이었다. 그러나 하나같이 곱씹을 만한 노래들이었다. 특히 스테이플 싱어스The Staple Singers가 부른 〈Respect Yourself〉(462위)는 억압받은 흑인들의 자의식을 북돋우며, 경쟁과 도태가 당연시되는 사회를 돌아보게 했다. 포 탑스The Four Tops의 〈Standing in the Shadows of Love〉(464위)는 이별을 고하는 연인을 회유, 설득하다가 끝내 이별이 불러온 차가운 고독에 휩싸인 화자를 그린다. 내 젊은 시절의 추억을 회상했다. 그때는 이별이 너무 쓰라리고 아파 외면했지만, 지금은 차라리 실연의 상처를 직면하는 지혜가 필요했음을 안다.

순례길과 닿아 있는 노래도 있었다. 조니 미첼Joni Mitchell의 미성이 돋보이는 〈Free Man in Paris〉(470위)는 파리에서 자유인이 되어 살아 있음을 느끼는 화자의 이야기다. 누구에게도 초대받지 않았지만, 그만큼 얽매이지 않는 삶. 일만 없다면 내일 파리로 가고 싶다는 희망을 피력한다. 내 인터넷 닉네임 중 하나가 'Freeman'이라 더 와닿았다. 파리를 까미노로 바꿔도 같은 울림이었다.

고심 끝에 두 곡을 골랐다. 500대 명곡이 갖는 음악사적 지식이 짧아 익숙한 멜로디 덕에 마음이 더 끌린, 델 섀넌Del Shannon의 〈Runaway〉(466위). 빗속에서 떠나는 여인에게 헤어지는 이유를 묻는 가사에서 내 곁을 떠나려는 친구에게 이유도 묻지 않고 돌아섰던 오래전 그 순간이 떠올랐다.

🎧
Del Shannon, 〈Runaway〉(1961, 466위)

또 한 곡은 순례자에게 더없이 어울리는 윌리 넬슨Willie Nelson의 〈On the Road Again〉(471위)이다. 순례에 나선 지 이제 겨우 사흘째. 아직 갈 길은 멀지만, 결국은 산티아고에 닿을 것이다. 노란 화살표가 끝나는 곳에서 여정을 마무리하면, 바로 서울로 돌아가야 한다. 그땐 피안을 향하던 바라밀다의 순례는 일장춘몽으로 사라지고 또다시 현실의 이 언덕으로 되돌아올 것이다. 하지만 그 여정 또한 나만의 까미노다. 투자와 포트폴리오 운용이라는 길 위에서 사람들과 투자에 대한 생각을 나누고 함께 걸어가는 삶, 그것 또한 내 길이다.

🎧
Willie Nelson, 〈On the Road Again〉(1980, 471위)

팜플로나 성으로 들어가는 다리

팜플로나 성문 앞에서

용서의 전제

All Apologies: 과오를 낱낱이 자백하는 반성

팜플로나Pamplona ~ 푸엔테 라 레이나Puente La Reina 23.9km

쏟아지는 빗줄기를 뚫고 예정된 시간에 숙소를 나섰다. 밤새 흥청댔던 취객들의 흔적이 거리 곳곳에 어지러이 남아 있었다. 토요일 밤의 여운이 채 가시지 않은 듯, 인도에는 빈 캔과 일회용 컵, 먹다 버린 안주가 너저분하게 널려 있었다. 우리는 그 사이를 조심스레 피해 걸으며 구도심을 빠져나왔다. 팜플로나 시내에서는 간혹 까미노의 가리비 표식이나 노란 화살표를 놓치기 쉽다는 얘기를 들었기에, 앞서 걷는 순례자들의 발걸음을 살피며 따라갔다. 이윽고 그리 어렵지 않게 시 외곽으로 접어들 수 있었다.

빗속을 한 시간가량 걷자 시수르 메노르Cizur Menor 마을에 닿았다. 비를 피하고 요기도 할 겸 바를 찾았으나, 아뿔싸. 주일 아침이라 그런지 용케 찾은 동네 초입의 유일한 카페가 영업을 하지 않았다. 어쩔 수 없이 근처 버스 정류장으로 몸을 옮겨 비를 피했다. 벤치에 앉아 배낭에서 꺼낸 빵과 사과로 간단한 아침을 대신했다. 추적추적 떨어지는 빗소리를 벗 삼은 소박한 식사였다. 식사를 마치고 길을 이어갔다. 시수르 마요르Zizur Mayor를 지나자 풍경이 확 트였다. 넓게 펼쳐진 구릉지 위로 끝없이 이어지는 밀밭이 장관이었다. 비에 젖은 이방인의 발걸음은 그렇게, 익숙지 않은 풍경 속으로 조금씩 녹아들고 있었다.

까미노를 걷기 시작한 지 한 시간 반쯤 지나자, 쏟아지던 비가 조금씩 잦아들기 시작했다. 그러나 용서의 언덕Alto del Perdón에 다다르기까지, 비는 그쳤다 내리기를 반복하며 여전히 걸음을 방해했다. 이곳은 석회석이 퇴적된 토양이라 그런지, 자갈길 위로 흐르는 빗물은 뿌

팜플로나 교외로 나가는 길

옇게 흐렸다. 노랗게 익어가는 밀알을 가득 머금은 초록빛 밀대들 사이로, 연회색 빗물이 졸졸 흘러내리는 극명한 색상의 대비. 구릉과 구릉 사이, 낮게 깔린 구름과 푸른 초원 사이로 까미노의 길이 이어졌고, 그 위로 몇몇 순례자들만이 자신의 속도로 묵묵히 걸음을 옮기고 있었다. 이 얼마나 고즈넉하고 평화로운 풍경인가. 빗속을 걷는 발걸음이 느려졌지만, 그만큼 가슴은 더욱 시원하고 맑아지는 기분이었다. 나는 다시 가만히 길 위에 발을 내디뎠다.

　팜플로나에서 11km가량 떨어진 겐둘라인Guenduláin까지 완만한 오르막이 이어졌다. 도심을 벗어날 때 스치듯 지나쳤던 아주머니들과 인사를 나눴다. 프랑스에서 왔다는 파트리사 자매였다. 한국인 친구 덕분에 한국에 대해 좋은 인상을 갖고 있다는 그녀들은, 순례 초반부터 쉴 때마다 자주 마주쳐 자연스레 길동무가 되었다. 특히 파트리샤의 환한 미소는 지금도 선명하게 기억에 남는다.

　캐나다에서 온 노부부 순례자와 길을 걸으며 이야기를 나눴다. 복잡한 도시 생활을 싫어해 밴쿠버 아일랜드에 머문다 했다. 조카들이 밴쿠버에서 유학했던 터라 괜히 반가운 마음에 말을 더 붙였다. 그런데 할아버지가 다짜고짜 김정은을 증오한다며 말을 꺼냈다. 이유를 묻자, 핵무기에 올인하는 태도가 도저히 용납되지 않는단다. 트럼프, 푸틴과 함께 '최악의 배드 가이'라며 단호하게 선을 긋는다. 그의 인물 평가에 동의했다. 나 역시 북한 지도부를 지지하지 않는다. 80년 가까이 이어진 전제정치는 같은 민족으로서도 낯 부끄러운 일이다.

　하지만 생면부지의 외국인이 면전에다 대고 쏟아내는 원색적 비난이 썩 유쾌하지는 않았다. 당신에게는 남과 북이 서로 다른 나라일지 모르지만, 내게는 그렇지 않다. 북한 주민들이 떠올라 마음이 복잡하다고, 그래서 북한을 단순히 미움으로만 받아들일 수 없다고 조심스레 내 입장을 전했다. 내 반응에 당황했는지 할아버지는 더 이상 말을 잇지 않았다. 대화가 끊긴 자리에는 어색함만이 감돌았고, 우리는 말없이 몇 걸음을 더 함께 걸었다. 그러다 "Buen Camino(부엔 까미노)" 하고 인사를 나눈 뒤, 나는 앞서 걸음을 옮겼다.

　평화로운 밀밭 길을 걷는 중에, 화제가 어느새 북한과 러시아의 독재자, 그리고 미국을 분열시켰던 전직 대통령에게로 옮겨갔다. 하필이면 초반 순례길의 하이라이트인 용서의 언덕을 오르는 날이 아닌가. 핵무기, 전쟁, 종교 갈등, 세계 평화를 위협하는 신냉전, 이런 단어들은 까미노의 고요한 풍경과는 너무도 어울리지 않는다. 그러나 현실은 다르다. 지금 이 순간에도 가자지구에서는 비인도적인 군사 작전이 무차별적으로 자행되고 있다. 테러와는 무관한 팔레스타인 시민들이 무고하게 희생당하고 있지만, 전 세계의 비난에도 이스라엘 정부는 눈 하나 깜빡하지 않는다. 그들 안에서 과연 예수 그리스도의 사랑을 찾아볼 수는 없는 걸까.

이 지점에서 조지 해리슨George Harrison의 〈My Sweet Lord〉(454위)가 떠오른다. 용서의 언덕을 오르는 길 위에 이 노래만큼 어울리는 곡도 드물다. 그는 노래 속에서 하느님을 찬양하며 '할렐루야'를 외치고, 동시에 힌두교의 신 크리슈나를 부르짖는다Hare Krishna. 하나의 신앙을 넘어선 신의 길로 함께 나가자는 연대의 언어다. 종교는 달라도 신을 향한 마음은 궁극적으로 하나라는 믿음이 깃들어 있다. 그는 종교적 이유로 끊임없이 분열하고, 끝내 전쟁으로 치닫는 인간의 어리석음을 질타하며, 모두가 신의 이름 아래 하나 되길 간절히 바랐다. 그 바람은 반세기가 지난 지금에도 여전히 유효하다. 아니, 한층 더 절박하게 들린다. 종교를 핑계로 국가 폭력이 정당화되고, 인간의 생명이 하찮게 여겨지는 현실 앞에서, 우리는 그 노래처럼 절실히 기도해야 할지도 모른다. 부디 전쟁과 폭력보다 평화와 자비가 먼저이기를.

🎧
George Harrison, 〈My Sweet Lord〉(1970, 454위)

드디어 용서의 언덕에 올랐다. 바람의 길과 별의 길이 교차하는 지점, 순례 초반의 상징적인 장소다. 언덕의 왼편에는 소박한 기념비가 서 있고, 오른편에는 열두 명의 순례자와 말, 나귀를 형상화한 청동 조형물이 줄지어 서 있다. 저 멀리 언덕 아래로는 드넓은 초원이 끝없이 펼쳐져 있다. 이곳에 오른 이들이라면 누구나 한 번쯤은 같은 생각을 떠올릴 것이다.

'왜 이곳을 용서의 언덕이라 부를까? 누가 누구를, 무엇을 용서하라는 걸까?'

조형물 어디에도 이 질문에 대한 설명은 없다. 다만 바람의 길과 별의 길이 이곳에서 교차한다는 문장이 조각되어 있을 뿐이다. 그 문구 앞에 서는 순간, 나도 모르게 윤동주의 「서시」(1941)를 읊조렸다. 시인은 잎새에 이는 바람조차 괴로워했고, 사위가 어둠에 잠긴 그믐밤에 더욱 빛나는 별을 노래했다. 어쩌면 그는 세상의 고통과 인간 존재의 무게를 감각적으로 받아들였던 이였으리라. 그런 섬세한 마음으로, 모든 죽어가는 생명들을 가엾게 여겼을 것이다. 윤동주는 아마도 인간이라면 마땅히 지녀야 할 양심과 상식이 무너지는 현실을 고통스러워했을 것이다. 그래서 하늘로 되돌아간 별이 된 넋들을 기리며 이 시를 남겼을지 모르겠다. 그렇게 보면, 이 언덕은 세상에서 소외된 이들, 역사에서 잊힌 이들의 흔적이 교차하는 장소다. 누구도 뚜렷하게 설명해주진 않지만, 그렇기에 더욱 '용서'라는 단어가 어울리는 곳. 그 침묵 속에서 깊은 울림이 전해진다.

용서의 언덕이라는 이름의 유래가 궁금해 숙소에 도착하자마자 서둘러 인터넷을 뒤졌다. 알아보니, 언덕 위에는 1996년까지 성모 마리아를 기리는 낡은 성당이 있었다고 한다. 아마 그 자리를 기념하기 위해 지금의 기념비가 세워졌을 것이다. 이 성당은 야고보 성인을 추모하는 산티아고 순례길이 활기를 띠면서, 순례자들에게 안식을 제공하고 아픈 이들을 돌보는 장소로 기능했다고 전해진다. 또한 유럽 각지에서 몰려든 순례자들의 죄를 용서해주는 상징적인 의미도 지녔다고 한다. 산티아고까지 이르지 못하고 도중에 쓰러지는 순례자들, 혹은 예기치 못한 이유로 발걸음을 멈춰야 했던 이들을 위해 신 앞에 마지막 회개의 기회를 제공하는 장소였다. 결국 용서의 언덕은 순례자들이 신에게서 용서를 받는 곳이다.

비바람이 몰아치는 용서의 언덕

　독실한 기독교 신자들은 종종 자신이 처한 고통스러운 상황을 하나님의 뜻이라 믿고 묵묵히 받아들인다. 불가에서는 상대의 잘못을 그저 잊거나 덮는 것을 넘어, 오히려 그 고통을 안겨준 이에게 감사하는 마음을 품는 것이 진정한 용서라 말한다. 나는 종교가 없는 사람이다. 깊은 수양에서 비롯된 성인의 인품과 거리가 멀다. 그래서일까. 나는 진정한 용서란, 스스로의 죄를 낱낱이 고백하는 데서 시작된다고 믿는다. 반성 없는 용서는 있을 수 없다. 그런데 정작 나는, 내가 저지른 잘못에 대해 진심으로 용서를 구한 적이 있었던가? 용서의 언덕을 오르는 내내, 나는 내가 누구를 용서할지, 무엇을 놓아줄지를 고민했지, 내가 무엇을 잘못했는지 돌아보지는 않았다. 그 사실을 깨닫는 순간, 불현듯 부끄러움이 복받쳐 올랐다. 무수한 죄를 지었으면서도, 용서하는 자의 자리에만 서 있던 나 자신이 창피하기 그지없었다.

용서의 언덕 정상, 조형물 앞에서 누나와 이런저런 포즈를 취하며 사진을 찍었다. 마침 비구름이 걷히고 햇살이 살짝 얼굴을 내밀었다. 목적지를 향해 발길을 돌리려는데, 언덕을 내려가는 계단길 왼편에 묘한 분위기를 풍기는 커다란 돌기둥들이 둥그렇게 둘러서 있었다. 얼핏 보면 스톤헨지나 고인돌을 닮았다. 궁금증이 일어 안내판을 읽어보았다. 이 돌기둥들은 스페인 내전 당시 프랑코 정권에 의해 학살당해 암매장된 92명의 희생자들을 추모하기 위한 기념물이었다. 프랑코 치하의 독재가 30년 동안 이어지는 와중에 20만 명이 넘는 이들이 목숨을 잃었다고 한다. 가운데 가장 큰 돌기둥은 전체 희생자를 상징하며, 주변을 둥글게 감싼 작은 돌기둥들에는 인근 마을별 희생자들의 이름이 새겨져 있다.

갑자기 생각이 스쳤다. 이 언덕을 지나는 수많은 순례자들 중 과연 몇이나 이 기념비 앞에 멈춰 설까? 내가 읽었던 꽤 많은 순례 기행문에서도 이곳을 다룬 글은 단 하나뿐이었다.[*] '용서의 언덕'이라는 이름이 붙은 이곳이라면, 당연히 이 기념비가 더 눈에 띄고 기억되도록

---

[*] 현각스님, 『산티아고, 나에게로 가는 길』(미다스북스, 2023)

배려했어야 하지 않았나. 아쉬움이 진하게 남았다. 하늘의 별이 되었을 억울한 희생자들은 과연 자신을 죽음으로 내몬 프랑코와 그 부역자들을 용서했을까?

부끄러운 과거라 해서 애써 외면하거나 부정하려 한다면, 그 끝은 분명하다. 역사를 왜곡하는 데 익숙해지고, 결국엔 날조하기에 이를 것이다. 나치의 만행을 철저히 반성한 독일과, 여전히 제국의 꿈을 미련하게 좇는 일본의 모습은 대비된다. 그러나 굳이 이웃 나라를 탓할 것도 없다. 고사성어에 이런 말이 있다. '이책인지심 책기, 이서기지심 서인 以責人之心 責己, 以恕己之心 恕人', 남을 꾸짖는 마음으로 나 자신을 꾸짖고, 나를 용서하는 마음으로 남을 용서하라는 뜻이다. 일본의 과거사 왜곡을 질타하기 전에, 우리 안에도 되돌아봐야 할 역사가 있다. 5·18 민주화운동이라는 분명한 역사적 사실조차 외면하고 부정하는 극우적 시선들 말이다. 참회 없는 반성은 어린아이 손에 쥐어진 칼과도 같다. 누구라도, 어떤 집단이라도 마찬가지다. 그것은 언제든 다시금 상처를 내고, 아픔을 되풀이할 수 있다.

이날의 여정에서 중심은 단연 용서의 언덕이었다. 천 년이 넘는 세월 동안 수많은 이들의 발길이 이어졌고, 언덕 위에는 열두 명의 순례객과 말, 나귀를 형상화한 조형물이 서 있다. 그리고 바로 그 언덕 맞은편에는, 독재에 맞서 싸우다 죽임을 당한 92명의 민주투사들이 묻혀 있다. 자기 성찰과 참회, 용서. 이 언덕이 품고 있는 주제는 분명하다.

이런 곳에 어울릴 곡으로 너바나Nirvana의 〈All Apologies〉(455위)를 빼놓을 수 없다. 밴드 이름 'Nirvana'는 고뇌와 번뇌가 사라진 상태, 곧 '열반'을 뜻하는 말에서 따온 것이다. 리더 커트 코베인Kurt Cobain은 이 곡을 아내와 딸을 위해 썼다고 한다. 그래서일까. 곡 전반에 평화와 평온, 잔잔한 행복의 기운이 감돈다. 하지만 그 안에는 양심의 가책과 고통이 겹겹이 스며 있다. 커트는 스스로의 잘못을 자각하고, 이를 깊이 반성하며 진심 어린 사과를 하고 싶었던 듯하다. 어쩌면 그는 이미 진심으로 참회했음에도, 그 고통에서 벗어나기엔 역부족이었을지도 모른다. 끝내 그는 스스로 생을 마감했다. 그 안타까움이 이 노래를 더욱 깊게 만든다.

🎧 Nirvana, 〈All Apologies〉(1993, 455위)

언덕을 내려올 때쯤 비가 그쳤다. 푸엔테 라 레이나Puente La Reina로 가까워질수록 그동안 숨었던 푸른 하늘이 제 모습을 뽐냈다. 하지만 하산길은 여전히 물기를 머금은 자갈밭이라, 발을 내딛는 데 조심스러웠다. 누나는 발이 아프다고 했다. 숙소에 도착해 살펴보니 오른발 둘째 발가락의 발톱에 염증이 심하게 올라 있었다. 병원에 가야 할지 고민하던 차에, 옆 침대에 묵던 한국인 순례자가 다가와 주저없이 항생제 연고와 밴드를 꺼내 처치해주었다. 며칠간은 더 치료해야 한다며, 소염제와 항생제까지 챙겨 건넸다. 순례길에서 만난 우리의 첫 번째 천사였다. 아니, 어쩌면 우리는 이전에도 이미 천사를 만났는데 그 존재를 알아채지 못했을지도 모른다.

예상치 못한 친절에 감사해 함께 저녁 식사를 하자고 제안했다. 그녀는 현재 파리에 거주 중이며, 두 아들과 유럽 여행을 떠나기 전, 혼자 자전거를 타고 순례에 나섰다고 했다. 전기 자전거라 도보보다는 수월하다고 했지만, 그 용기와 실행력은 결코 가볍지 않았다. 말쑥하고 시원한 인상, 누가 봐도 여장부다운 기품이 느껴졌다. 도보와 자전거는 속도 차가 크기에, 아마 이 여정에서 다시 마주치긴 어려울 것이다. 불과 반나절의 만남이었지만, 단 하루가 깊은 인연처럼 여겨졌다. 작별하며 우리는 서로를 향해 인사했다. "부엔 까미노." 그녀의 길도, 우리의 길도, 부디 평안하길.

비구름이 걷히는 초원

용서의 언덕 집단 무덤 기념비

회자정리

I Shot the Sheriff: 레게의 아버지, 밥 말리

푸엔테 라 레이나 Puente La Reina ~ 에스테야 Estella 21.6km

순례 중 비로소 화창하게 갠 하늘을 만났다. 창공에는 시퍼런 물감이 번진 듯, 눈이 시릴 정도로 푸른 빛이 가득했다. 선글라스를 벗으면 눈앞이 아찔할 정도였다. 미세먼지가 자주 낄뿐더러 청명한 하늘을 보기 어려운 서울에서는 좀처럼 느낄 수 없는 햇살이었다. 며칠 동안 우중 속을 묵묵히 걸어온 고생이 단번에 보상받는 기분이었다. 발걸음은 마치 구름 위를 걷는 듯 가벼웠다. 인생도 이처럼 변화무쌍한 날씨와 닮아 있다. 오르막이 있으면 내리막이 있고, 맑은 날이 있으면 흐린 날도 있다. 'Life goes up and down(인생은 오르락내리락한다).' 그러니 매 순간 일희일비하지 않고 마음의 평정을 지키는 것이야말로 현명하게 사는 법이라는 걸, 이 길에서 새삼 깨닫는다.

아직까지 순례길에서 좀처럼 익숙해지지 않는 것이 있다면, 바로 아침 출발 준비다. 옆 침대를 쓰던 이탈리아 장년 남성 둘과 할머니 두 분은 새벽 동이 트기 전부터 서둘러 짐을 꾸려 길을 나섰다. 어제 도움을 준 아주머니와 우리만 뒤늦게 남아 있었다. 부지런함에 있어 누구에게도 뒤지지 않을 한민족의 일원인데, 순례길에서는 늘 가장 늦은 축에 속한다. 물론 굳이 서두를 필요는 없지만, 그렇다고 느긋하게 늦을 이유도 없다.

아주머니와는 굳이 이름을 주고받지 않았다. 순례길에서 만난 인연이라 해도, 상대가 원치 않는다면 깊이 다가서지 않는 것도 하나의 배려라 여겼기 때문이다. 그녀는 종갓집의 종손 막내며느리로, 얼마 전까지 프랑스에서 여행 가이드를 했다고 소개했다. 유방암을 완치한 이후론 더 이상 일에 얽매이지 않고, 소득이 생길 때마다 돈을 모아 서울 강남에 아파트 몇 채를 마련해둔 덕분에 지금은 여유롭게 인생을 즐기는 중이라 했다. 다시 만날 가능성이 없다는 걸 알기에, 함께 기념사진을 남겼다. "부엔 까미노." 서로를 향해 힘찬 인사를 건넨 뒤, 그녀는 자전거를 타고 씩씩하게 떠났다. 누나는 '파드레스 레파라디레스 알베르게'Albergue Padres Reparadires에서 만난 그녀의 친절을 아마 오래도록 기억할 것이다.

　푸엔테 라 레이나, 곧 '여왕의 다리'에 도착한 순례자들은 하나같이 다리 위에서 사진을 남긴다. 로마네스크 양식으로 지어진 이 다리는 여섯 개의 아치로 구성된 듯 보이지만, 실제로는 일곱 개 중 하나가 매립되어 보이지 않는다. 11세기 나바라 지방의 군주 산초 3세의 왕비, 도냐 마요르 여왕이 강을 건너다 자주 희생당하던 순례자들을 위

여왕의 다리

해 이 다리를 놓았다고 전해진다. 순례자들에게는 최고의 자선이었고, 그 숭고한 사연만큼이나 다리의 외관도 아름답다.

누나와 미국 아이오와주 출신 순례자

이번 여정은 마녜루Mañeru, 시라우키Cirauqui, 로르카Lorca를 잇는 길이다. 세 고개를 넘어야 하지만, 푸엔테 라 레이나와의 고도 차는 최대 150m 남짓. 누적해도 해발 400m 수준이라 크게 어렵지는 않다. 마녜루로 향하는 길에서 미국 아이오와에서 왔다는 여성 순례자를 만났다. 크고 무거워 보이는 배낭에 헐렁한 통바지를 입은 모습이 인상적이었다. 이분과는 이후 레온까지 자주 마주쳤다. 얼굴이 익은 뒤로는 스쳐 지날 때마다 웃음을 나누고, 짧게나마 서로를 격려하곤 했다. 그 짧은 눈인사에도 순례길은 한층 따뜻해졌다.

골프 라운딩을 하거나 능선을 종주할 때 종종 지나온 길을 뒤돌아보곤 한다. 피레네산맥을 넘을 때, 팜플로나를 벗어나 시골길을 걷는 동안에도, 가끔은 걸음을 멈추고 뒤를 돌아보았다. 앞만 바라보다가 시선을 거꾸로 돌리는 순간, 전혀 다른 풍경이 펼쳐진다. 예상치 못한 감흥이 안개처럼 피어오르고, 마음 깊숙한 곳에서 신선한 자극이 인다. 하지만 우리가 살아가는 사회는 뒤를 돌아볼 틈을 허락하지 않는다. 입시 경쟁과 취업 전쟁 속에서 살아남으려면 끊임없이 앞으로 달려야 한다고 강요받는다. 설령 남들이 부러워할 만한 직장에 들어간다 해도 경쟁은 끝나지 않는다. 도태되지 않기 위해, 승진의 기회를 놓치지 않기 위해, 자신을 스스로 깎고 태워야만 한다.

이런 사회에서 일순간이라도 옆을 돌아보거나 지나온 길을 되새길 여유는, 극소수의 특권층에게나 허락된 사치일지 모른다. 아니면 각자도생의 환상에서 벗어나 욕망을 내려놓은 이들만이 누릴 수 있는 자유일 것이다. 앞만 보며 질주하느라 뒤처진 이들에게 무관심해진 우리에게, 한 번쯤 들려주고 싶은 노래가 있다.

"네가 올라 있는 그들은 너의 사랑, 이제 내려와 모두 함께 노래 불러. 네가 추구하던 세상에 허황된 것. 허공에 쌓인 시기와 질투의 탑일 뿐."

― 휴먼에이드의 〈꽃들에게 희망을〉 중에서

경쟁자들을 따돌리고 앞서 나가는, 혹은 남을 끌어내려 그 자리를 대신 차지하려는 욕망에서 우리는 과연 벗어날 수 있을까? 내 옆에 있는 사람들, 조금 뒤처진 이들, 끝내 자포자기하고 낙오된 이들을 기다려주고 응원해주는 사회는 과연 꿈속에서나 가능한 것일까? 자본주의는 경쟁이 미덕인 사회다. 이를 인정한다 해도, 그 경쟁이 야기한 부의 양극화는 점점 더 극심해지고 있다. 중산층에서 탈락한 이들의 상대적 박탈감과 분노는 커질 수밖에 없고, 그 불만은 필연적으로 사회적 갈등과 균열로 이어지기 마련이다. 우리는 지금 어디쯤을 달리고 있는 걸까. 그리고 언제쯤, 가던 길을 멈춰 뒤를 돌아볼 수 있을까.

이런 현실을 절묘하게 담아낸 명곡이 있다. 바로 존 쿠거 멜렌캠프John Cougar Mellencamp의 〈Pink Houses〉(439위)다. 이 노래는 목 좋은 교차로 한편에 위치한 어느 흑인의 핑크빛 집이 도로 건설이라는 이름 아래 강제로 수용되며 사라지는 이야기다. '핑크하우스'는 1940~1950년대 미국에서 저렴하게 지어진 통나무 집으로, 핑크색 페인트를 칠한 것이 특징이었다. 멜렌캠프는 이 상징을 통해 이제는 서민조차 살기 어려운 미국의 현실을 빗댔다. 그는 미국을 누구보다 사랑한 애국자였지만, 동시에 전쟁에 반대하고 노동자를 외면하는 정치에 날카로운 목소리를 낼 줄 아는 깨어 있는 가수였다. 그의 노래에는 미국을 향한 애정과 비판이 동시에 녹아 있다.

시라우키를 지나자, 구릉지 위에 집들이 옹기종기 모여 있는 작은 마을이 눈에 들어왔다. 지금껏 만난 대부분의 시골 마을들은 평지

시라우키 인근 구릉지 마을 전경

가 아니라, 이렇게 언덕 위나 자그마한 산 허리에 자리 잡고 있다. 마을 입구에 성벽처럼 석축을 두르고, 집들을 방어시설처럼 둘러 지은 모습이 한성 백제 시절의 몽촌토성을 연상케 했다. 묘한 기분이 들어 발걸음을 멈추고 언덕 쪽으로 눈길을 돌렸다.

그런데 저 멀리서 여성 순례자 몇 명이 소풍 나온 듯 신나게 노래를 부르며 내려오고 있었다. 시원한 옷차림에 가벼운 발걸음. 궁금한 마음에 자세히 보니, 아뿔싸. 수비리에서 좋지 않게 엮였던 사총사들 아닌가. 적당한 시점에 그날의 오해를 풀까 싶던 참이었는데, 발 빠른 그녀들은 우리를 스쳐 지나가며 마치 못 볼 것을 본 듯 고개를 돌려 외면했다. 딱히 직접적인 피해를 입은 건 아니었지만, 날 선 시선과 묵묵한 무시는 나도 모르게 눈살을 찌푸리게 만들었다. 세상살이도 순례길도, 모두가 사람 사이의 일이다. 마음을 열어 오해를 푸는 일이 생각보다 더 어렵게 느껴졌다.

사총사들은 날씬한 체형에, 외모도 어디 내놔도 빠지지 않았다. 직업이 모델은 아닐까 싶을 정도로 눈에 띄는 외양은 스투지스의 〈I Wanna Be Your Dog〉(438위)의 그녀들과 닮은 듯하다. 어쩌면 예쁘장한 그녀들은 남자들을 자신들의 애완견처럼 취급하는 건 아닐까, 하는 편견 섞인 상상이 들었기 때문이다. 하지만 지금에 와서 생각해보니, 무시당한 듯한 감정이 불러온 과잉 반응이었다. 내가 먼저 다가가 오해를 풀었다면 어땠을까. 그런 아쉬움이 뒤늦게 밀려온다.

너바나의 〈Come as You Are〉(445위)에는 상대방이 먼저 다가와주길 바라는 마음이 담겨 있다. 다만 그 조건은, 나의 경향과 성향에 맞춰진 '내가 원하는 친구'여야 한다는 것이다. 관계가 틀어지면 누구나 상대가 먼저 사과해주길 바란다. 나와 사총사 역시 서로 그런 마음을 품고 있었을지 모른다. 하지만 우린 얼굴도, 이름도, 배경도 모르는 순례길 위의 이방인이었다. 정말 관계를 개선하고자 했다면, 그 누구보다 먼저 내가 다가섰어야 했다. 노래를 들으며 점차 상한 마음이 가라앉았다. 역시 음악은 마음의 상처에 천천히 스며드는 명약이 분명하다.

🎧
Nirvana, 〈Come as You Are〉(1991, 445위)

로르카를 지나는 길목에서 어느 한국인 남성 순례자를 만났다.

그가 걷는 모습은 실로 인상적이었다. 맨몸에 짐 하나 없이, 손에는 등산 스틱 하나, 발에는 샌들만 걸친 채였다. 친구를 만나러 40km를 걸을 예정이라며, 필요해지면 그때 배낭을 살 생각이라고 했다. 그 말을 듣는 순간, 나도 모르게 얼굴이 화끈해졌다. 버리지 못한 욕심으로 바리바리 짐을 싸온 내가 부끄러웠다. 쥐구멍이 있다면 기꺼이 머리라도 들이밀고 싶었다. 그러면서도 한편으로는 부러웠다. 낯설고 두려운 상황에서도 욕심을 훌훌 털어내고, 오직 마음 가는 대로 걸어가는 그의 태도가. 내 안에서 조용히 일렁이던 갈망이 흉중을 채웠다. 언젠가는 나도 그렇게 가벼운 마음으로 길을 걷고 싶다.

새벽녘, 나이에 걸맞지 않은 기이한 꿈을 꾸었다. 마징가 Z와 건담이 결투하는 내용이었다. 생뚱맞지만 꽤나 재미있었다. 〈마징가 Z〉(1972)는 거대 로봇 애니메이션의 시초라는 상징적 존재이고, 〈기동전사 건담〉(1979)은 방대한 세계관과 철학적 내러티브를 지닌 슈퍼 로봇물의 대표주자. 두 로봇 중 누가 더 강한지를 두고 팬들 사이에서 오래도록 갑론을박이 이어졌다. 첨단 과학 기술로 장착된 무기나 재원으로 따지자면 건담이 더 우수한 로봇이니 승리는 당연해 보인다. 그러나 꿈속에서는 달랐다. 건담은 마징가 Z의 광자력 파워 앞에서 속수무책이었다. 퍼스트 건담의 빔 사벨과 라이플조차 마신에게는 아무런 위력을 발휘하지 못했다. 적어도 꿈속 슈퍼 로봇 세계에서는 '형만 한 아우 없다'는 속담이 진리였다.

하지만 레게의 세계는 그런 판타지와는 다르다. 이 장르를 영미권 팝 시장에 처음 소개한 인물은 프레데릭 히버트Frederick Hibbert였다. '투츠Toots'라는 예명으로 활동한 그는 〈Pressure Drop〉(446위)을 발표하며 레게라는 장르명을 처음 사용한 인물로 기록된다. 자메이카 레게의 자존심을 지키기 위해, 그는 늘 스스로를 단단히 옥죄었다. 대중의 모범이 되어야 한다는 부담감 속에서 살았던 것이다. 이 곡은 선한 사람에게 악행을 저지른 이들이 반드시 인과응보를 겪는다는 메시지를 담고 있다. 업業의 복수, 혹은 삶이 내리는 정의라 할 수 있다.

　레게의 어머니가 프레데릭 히버트였다면, 이를 전 세계적으로 알린 인물은 단연 밥 말리Bob Marley다. 그는 레게의 아버지라 불릴 만한 인물이었다. 선배를 넘어선 청출어람의 표본이다. 밥 말리와 더 웨일러스The Wailers의 〈I Shot the Sheriff〉(443위)는 그의 대표곡 중 하나다. 이 노래에서 '보안관'은 화자에게 씨를 뿌리면 태아가 태어나기 전에 죽이라고 강요한다. 피임을 권장하는 의사를 은유적으로 표현한 것이다. 노래는 자메이카 속담으로 마무리된다.

🎧 **Bob Marley and The Wailers, 〈I Shot the Sheriff〉(1973, 443위)**

　　"Every day the bucket a-go a well, I mean one day the bottom a-go drop out

　　매일 물동이로 우물을 퍼내면, 언젠가는 바닥이 드러난다."

　한때 우리 사회는 '둘만 낳아 잘 살자'며 산아 제한을 외쳤다. 그러나 결과적으로 그 정책은 단견이었다. 지금 우리는 세계에서 유례없는 초저출산의 늪에 빠져 국가의 미래 경쟁력마저 위협받고 있다. 극심한 취업난, 천정부지로 치솟는 주거비와 교육비 속에서 젊은 세대는 삶 자체를 버거워한다. 경쟁이 완화되면 언젠가는 출산율이 회복될지도 모른다. 하지만 그 예측이 현실로 증명되기 전까지, 미래는 여전히 불확실하고 암담하다. 올해 개봉한 영화 〈밥 말리: 원 러브〉(2024)에서 그는 영국군 장교였던 백인 아버지에 대한 콤플렉스를 지닌 인물로 묘사된다. 어쩌면 그는 자신의 아버지를 노래 속 보안관에 투영시켜 총을 겨눴던 것은 아닐까. 만일 그랬다면, 어린 시절부터 뿌리 깊었던 오이디푸스 콤플렉스를 벗어나려는 밥의 처절한 몸부림이었을 것이다.

예정대로 우리는 공립 알베르게에 자리를 잡았다. 에스테야의 공립 알베르게는 어제 묵었던 숙소보다 전반적으로 상태가 나았다. 하지만 아쉬움은 있었다. 우리가 묵은 1층 숙소는 원래 한 건물이 아닌 옆 건물을 이어 붙인 구조였다. 그래서인지 박공형 천장 모서리와 벽 사이에 틈이 벌어져 있었다. 밤이 되자 거센 바람의 한기가 그 틈새를 타고 고스란히 스며들었다. 간신히 비바람만 피한 수준, 마치 비박을 한 느낌이었다. 감기 몸살 없이 아침을 맞이한 것이 그나마 다행이었다. 순례의 의미를 되새기기 위해 가능하면 공립 알베르게를 이용하려 했지만, 몸 상태를 챙기기 위해서 계획을 조금 바꾸기로 했다. 내일부터는 컨디션이 나은 사립 알베르게를 미리 예약하기로 마음을 정했다.

에스테야 초입의 골목길

예정대로 흐르는 순탄한 인생은 없다

Ramble on: 진로를 찾아 떠나는 청춘들의 여로

까미노 데 산티아고

산티아고로 가는 길은 언제나 표시가 잘 되어 있다.
노란 표시로, 조개껍데기로. 또 때로는 당나귀에
화살. 이곳에 예쁜 표지 판으로? 그리고 앞서가는
순례자들을 따라서. 5.16

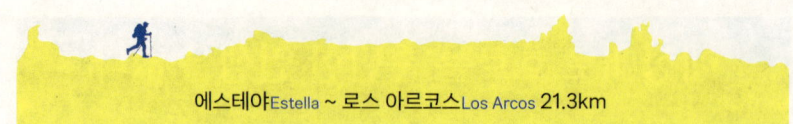

에스테야Estella ~ 로스 아르코스Los Arcos 21.3km

　　에스테야 도심을 벗어나 이라체 수도원Santa María de Irache Monastery 과 캠핑장을 지나칠 즈음, 구름 낀 하늘 위로 무지개가 살며시 떠올랐다. 마치 하루 종일 즐거운 일이 가득할 것이라며 웃어주는 듯했다. 쌀쌀한 날씨 탓인지 태양은 구름 속에 몸을 숨긴 채 모습을 드러내지 않았지만, 다행히 비는 내리지 않았다. 그것만으로도 감지덕지였다. 기쁘게 까미노 위를 걸었다. 그론세 닷컴Gronze.com이 매긴 이번 코스의 난이도는 별 두 개, 비교적 쉽다. 숙소보다 약 250미터 높은 비야마요르 데 몬하르딘Villamayor de Monjardin까지 이어지는 오르막 구간이 유일한 고비다. 코스 프로필상 긴 오르막이 경사지게 표시되어 있어 살짝 긴장했으나, 실제로 걸어보니 생각만큼 힘들지는 않았다. 10km에 걸친 완만한 오르막이니 부담될 리 없다. 정상까지 마지막 2km 구간에서 약 100m를 오르며 살짝 숨이 찰 뿐이었다. 일흔이 훌쩍 넘은 일본인 노부부도 이 언덕길을 무난히 오르고 있었다. 배낭이 무겁다고 버거워하는 기색도 없이.

　　미리 겁먹을 필요가 없다는 걸 다시금 체감했다. 수치로 따져보면 더욱 명확해진다. 이 구간은 밑변이 2km, 높이 100m인 삼각형에 해당하니, 역탄젠트 함수로 계산하면 경사도는 약 2.86도. 라이더들이 즐겨 찾는 업힐의 성지, 서울 남산 국립극장에서 남산타워 버스 정류장까지 오르는 남측 도로의 경사도가 약 6도인 걸 감안하면, 이 구간은 그 절반에도 못 미치는 완만한 길이다. 이리 편안한 오르막길이라면 누구라도 오를 수 있을 것이다.

　　금일 여정의 하이라이트는 이라체 대장간에서의 '쎄요Sello' 찍기

이라체 수도원을 지나는 길에서 만난 무지개

와 수도원에서의 와인 시음이었다. 산티아고 순례길을 완주하기 위해서는 순례자 여권인 '크레덴셜'에 매일 한두 개씩 쎄요(도장)를 받아야 한다. 프랑스 루트를 걸었다는 일종의 증표이자 기록이다. 쎄요가 예쁘기로 소문난 이라체 대장간에서 한국인 순례자 일행을 만났다. 인천공항에서 처음 인사를 나눴던 육군 대령 출신 김 선배와, 수비리 다리 근처에서 잠시 스쳐 지나간 젊은 남녀였다. 반가움이 배가됐다. 수도원에서 제공하는 와인 시음대 앞에서 저마다 포즈를 취하며 시간을 남겼다.

평생 금주를 해야 하는 내게는 아쉬운 순간이었다. 이곳을 찾는

이라체 수도원의 명물, 와인의 샘

순례자라면 누구나 와인을 한 잔 받아 마시는 것이 전통처럼 여겨지는데, 나는 그저 풍경과 분위기로 만족할 수밖에 없었다. 제법 많은 와인이 소모될 테니 숙성이 덜 된 와인을 제공할 거라 짐작한 터라 그리 기대하지 않았다. 그래도 '보졸레 누보' 정도는 되겠지 싶었는데, 정작 와인을 마신 순례자들의 표정은 밝지 않았다. 담근 지 얼마 안 돼 탄닌이 강하거나, 포도 선별과 숙성에 비용을 최소화했기 때문일지도 모르겠다. 와인의 옅은 색을 보면 후자일 가능성이 더 커 보였다. 역시 소문난 잔치에 먹을 건 없었다.

    기대했던 이벤트보다 오래도록 기억에 남는 장면들이 있다. 광활하게 펼쳐진 개활지의 아름다운 풍광도 그중 하나다. 하나 더 꼽자면, 순례를 시작한 이후 이례적으로 한국인 순례자들과 함께한 동행이다. 특히 마지막으로 쉬었던 푸드트럭에서, 목적지인 로스 아르코스까지 약 5km를 함께 걸었던 기억은 유난히 따뜻하게 남아 있다. 여러 사람이 어울려 두런두런 이야기를 나누며 걷는 길은 더욱 정겨웠고, 누나와 단둘이 걸을 때보다 시간이 훨씬 짧게 느껴졌다. 무엇보다 젊은 순례자들의 생생한 고민을 들으며 그 마음을 조금이나마 나눌 수 있어 의미가 깊었다.

    동행하게 된 젊은이들과 조심스레 자기소개를 주고받았다. 20~30년의 나이 차를 내세워 대화를 주도하지 않으려 조심했다.

    앞서 수비리에서 만난 1993년생 기혼 여성 순례자 C. 결혼 4년차인 그녀는 남편의 동의를 얻어 2세를 갖기 전, 혼자 순례길에 올랐다. 밝은 미소가 잘 어울리는 인상 좋은 처자다.

    수비리에서 그녀와 함께 있는 모습에서 남편이라 오해했던 청년 S. 프리랜서 디자이너다. 그는 AI 기술이 발달하면서 디자이너로서 경쟁력을 잃을까 걱정이 많다고 했다. 그래서 진로를 모색하고자 까미노에 나섰다고 고백했다.

    군 복무를 마치고 복학을 앞둔 대학생 J. 한동대에서 컴퓨터공학을 전공 중이었다. J 역시 앞으로 어떤 길로 나아가야 할지 고민이 많았다.

나는 평생 숫자와 관련된 일을 해왔기에 디자인이나 컴퓨터공학 분야에 대해 조언할 만한 지식은 없다. 그저 옆에서 고개를 끄덕이고 공감해주는 것이 전부였다. S가 진로 문제로 고민을 토로할 때는 그간의 사회 경험을 바탕으로 조심스럽게 큰 그림 위주의 조언만 건넸다. 세부적인 기술 트렌드에 관한 이야기는 잘 모르기도 하거니와 자칫 오지랖이 될까 봐 조심스러웠다.

챗지피티ChatGPT가 등장한 지 불과 2년도 되지 않아, 이제는 요청만 하면 음악을 작곡하고 그림을 그리는 시대가 됐다. 그 발전 속도가 실로 놀랍지만, 나는 아직까지 이것이 '모방적 창조'의 범주를 넘지 못했다고 본다. 학습된 데이터를 바탕으로, 미리 설정된 제약 안에서 작동하는 원리이니까. 자유도 100%의 AI가 등장하려면, 인간의 감정과 자아가 프로그래밍되어야 한다. 가까운 미래에는 실현 불가능에 가깝다. 당분간 AI는 창작을 대체하기보다 창작의 생산성을 돕는 역할에 머물 가능성이 크다. 나는 이런 점을 근거 삼아 S에게 크리에이터로서 디자인 산업의 미래를 지나치게 비관하지 말라고 조언했다.

재직 중인 회사에 한동대 출신 팀장이 있었다. 또래 중에서도 특히 사고의 폭이 무척 넓고, 온화한 성품을 지닌 친구였다. 그는 편견 없는 상상력으로 미래 산업을 한 발 앞서 내다보는 능력이 탁월했다. 단 한 명의 사례로 일반화할 수는 없지만, 나는 한동대 특유의 학풍이 그러한 인재를 키워낸 데 어느 정도 영향을 미쳤다고 확신한다. 그래서 J에게는 취업 준비를 획일적인 방식으로 접근하지 말고, 자신이 다닌 학교의 특색과 강점을 십분 활용하라고 조언했다. 졸업한 선배들에게 진로에 대해 조언을 받는 것도 한 방법이라고 덧붙이면서.

공교롭게도, 김 선배를 제외한 세 명의 젊은 순례자 모두 남양주 출신이었다. 도농, 덕소, 이천. 누나가 살고 있는 구리와 지척이다. 특히 도농댁은 누나의 외동딸과 동갑이었다. 이런 연유로 누나는 이 남양주 삼총사를 더욱 살갑게 대했다. 나보다 더 친근하게 말을 건네고, 자잘한 신변잡기도 거리낌 없이 나누며 길을 걸었다. 머나먼 타국에서 순례길에 나설 정도로, 이들이 품은 고민은 결코 가볍지 않았다. 짧은 시간이었지만 그들의 번민을 함께 나누고, 마음의 짐을 조금이나마 덜어주었을지도 모른다는 생각에, 우리 역할을 다했다는 작은 위안을 스스로에게 건넨다.

로스 아르코스까지 함께 걸은 여섯 명의 순례자들이 나눈 자유로운 대화와 어울리는 곡이 있다. 바로 레드 제플린Led Zeppelin의 〈Ramble on〉(433위)이다. 'Ramble on'은 '두서없이 이야기하다' 혹은 '긴 산책을 하다'라는 뜻을 지닌 관용적 표현이다. 이 곡은 『반지의 제왕』(1954)에서 영감을 받아 만들어졌고, 첫 구절에는 톨킨의 시가 인용되어 있으며, 후반부에는 골룸과 모르도르가 등장한다. 절대 반지를 찾아 떠나는 반지 원정대처럼, 인생의 운명적인 만남이나 자유를 찾아 떠나는 긴 여정을 노래한다. 이 곡의 '연인'을 '희망 진로'로 바꿔 읽는다면, 까미노를 걷는 젊은 순례자들에게 참 잘 어울린다.

Led Zeppelin, 〈Ramble on〉(1969, 433위)

딥 퍼플Deep Purple의 대표곡 중 하나인 〈Smoke on the Water〉(426위)는, 그 도입부의 강렬한 리프로 전설이 된 곡이다. 딥 피플은 스위스에서 앨범 녹음을 위해 공연장을 빌려두었는데, 바로 전날 관객이 쏜 조명탄으로 공연장에 불이 나고 말았다. 그때 제네바 호수를 뒤덮은 검은 연기에서 영감을 얻어 이 곡을 썼다고 한다. 녹음 장소와 일정이 급하게 바뀌는 위기 속에서도 결국 앨범은 무사히 완성됐다.

🎧 **Deep Purple, 〈Smoke on the Water〉(1972, 426위)**

　지금으로부터 몇 년 전만 해도, 챗지피티가 세상을 뒤흔들 만큼의 변화를 일으킬 것이라 예측한 이는 드물었다. 빅데이터와 AI가 고급 프로그래머 수요를 폭발적으로 견인하고 있지만, 이 성장이 언제까지 이어질지는 누구도 장담할 수 없다. 기술의 급변 속에서 진로를 고민하는 젊은이들이 자신의 미래를 너무 일찍 규정짓지 않기를 바라는 마음이다. 군 제대 후 복학을 앞둔 청춘이 안개 낀 미래를 바라보며 고민하는 모습은, 어쩐지 연기 자욱한 호수를 떠올리게 했다. 지나친 비유일까.

　길을 걷던 중, 한국을 떠난 후 처음으로 어머니와 영상통화를 했다. 한국 시간은 오후 다섯 시, 막내 누나가 준비한 저녁을 드시는 중이었다. 일주일 만에 가족들의 얼굴을 본 둘째 누나는 발걸음이 한결 가벼워졌다. 로스 아르코스 초입에서는 고양이 한 마리를 만났다. 사람 손을 탄 듯, 낯선 우리에게도 스스럼없이 다가와 얼굴을 부비는 모습이 정겨웠다. 집에 두고 온 하쿠와 타타가 불현듯 그리워졌다. 조만간 아내와 연락할 때 하타와도 영상통화를 해야겠다.
　로스 아르코스에서는 평이 괜찮은 아담한 사립 알베르게를 예약해두었다. 방은 이탈리아에서 온 중년 남성과, 프랑스 루트를 세 번이나 완주했다는 팔순의 벨기에 할머니와 함께 썼다. 체크인할 때 저녁을 예약하여, 1층 다이닝룸에서 다른 순례자들과 함께 식사를 나눴다.

각자 짧게 자기소개를 한 후, 가까이 앉은 사람들과 자연스럽게 이야기를 나눴다. 출신과 인종은 달라도 까미노를 걷는 공감대가 쉽게 마음을 열게 했다. 다만 속도가 빠른 영어 대화 속에서 종종 내용을 놓치거나, 이따금씩 하고 싶은 말을 제대로 전하지 못할 때는 답답함이 컸다.

하지만 언어 장벽보다 더 어렵게 느껴진 건, 처음 보는 낯선 이들과 격의 없이 이야기하는 상황 그 자체였다. MBTI 기준으로 'I(내향성)' 성향인 나는, 낯선 이들과의 빠른 융화가 늘 어색하다. 서양인들은 대체로 붙임성이 좋아, 몇 마디만 나눠도 금세 친숙한 분위기를 만들어낸다. 나는 이와 달리 일정한 거리를 유지하며 관계를 맺는 것이 편하다. 서로가 자연스럽게 섞여드는 화학적 융합보다는, 조심스럽게 맞물리는 기계적 결합에 더 익숙하다. '카사 데 아부엘라'Albergue Casa de

만찬에 참석한 순례자들

Abuela의 저녁 만찬은, 국적이 서로 다른 이방인들이 까미노라는 길 위에서 순례자로 하나 되는 융합의 자리였다. 하지만 내게는 언어의 한계와 내성적인 기질로 인해 퓨전이라기보다 크로스오버에 가까운 체험이었다. 제대로 그들에 동화되고 대화에 녹아들지 못해 안타까웠다.

퓨전이 제대로 구현된 대표적인 예로는 엘비스 프레슬리Elvis Presley의 〈Blue Suede Shoes〉(423위)를 들 수 있다. 1956년에 발표된 이 곡은 '로커빌리' 장르의 시초 중 하나로, 록과 컨트리 음악이 결합된 퓨전 장르였다. 록앤롤의 태동기, 그 경쾌한 에너지를 품고 유행을 타던 시절이다.

 Elvis Presley, 〈Blue Suede Shoes〉(1956, 423위)

음악에서 두 장르가 자연스럽게 녹아 새로운 장르로 재탄생하는 경우를 '퓨전'이라 하고, 서로 다른 이질적 장르를 단순히 조합한 경우는 '크로스오버'라 부른다. 융합과 결합, 그 미묘한 차이다. 이 곡의 원작자는 칼 퍼킨스Carl Perkins였다. 1955년에 이 곡을 발표했지만 큰 주목을 받지 못했다. 그러다 칼이 교통사고를 당하자, 엘비스 프레슬리가 이를 위로하기 위한 트리뷰트로 노래를 부르며 세상에 널리 알려졌다. 결과는 대성공이었다.

동키가 던져준 꼬꼬사

Fuck tha Police: 본능과 학습의 인지부조화

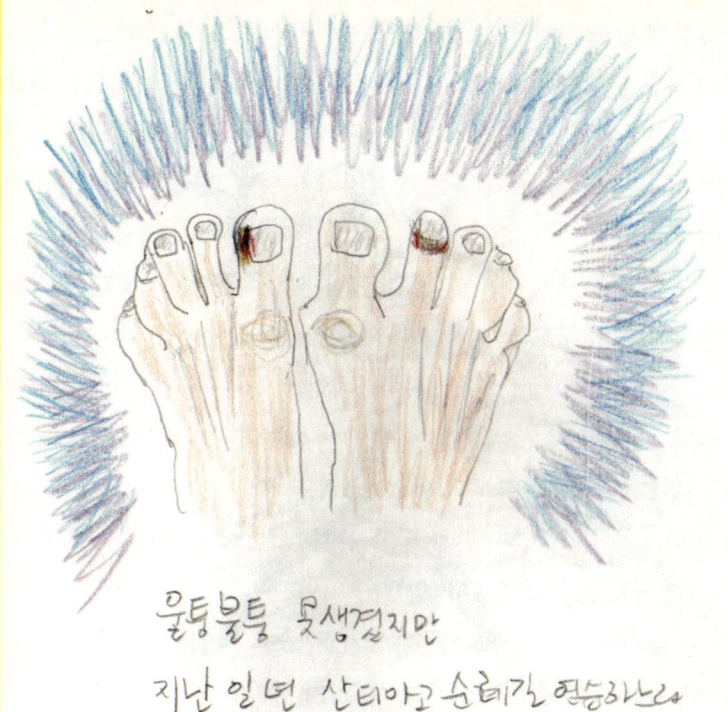

울퉁불퉁 못생겼지만
지난 일 년 산티아고 순례길 완승하느라
물집도 잡히고 굳은 살도 생기며
모종의 고생도 많았던 발.
오늘 너승읔 4층에서 걸어 걸어낸 발에
고마운 내 발.   5.17

로스 아르코스 Los Arcos ~ 로그로뇨 Logroño 27.6km

목적지인 로그로뇨까지 약 27.6km에 이르는 긴 여정. 먼 거리와 빠듯한 일정 탓에 '동키 서비스'를 신청했다. '동키'는 숙소에서 다음 숙소까지 배낭을 차량으로 운반해주는 서비스로, 정식 명칭은 '모칠라 서비스'지만 순례자들 사이에서는 흔히 동키라 불린다. 불필요한 짐들을 내 배낭에 쓸어 담아 동키로 보냈다. 걷는 데 꼭 필요한 짐만 누나의 배낭에 옮겨 담았다. 누나는 간식거리와 여벌 옷을 에코백에 챙겨 어깨에 걸쳤다.

건조하고 황량한 나바라 평원은 마치 사막을 걷는 듯한 착각을 불러일으킨다. 서부 영화의 한 장면 속으로 공간이동을 한 분위기다. 실제로도 마카로니 웨스턴 영화는 스페인 남부의 사막에서 촬영되지 않았던가. 스페인 북부의 낯선 경치도 이제는 제법 익숙해졌고, 풍경이 무미건조하게 느껴질 무렵이었다. 11kg 가까운 짐에서 해방되자 몸이 날아오를 듯 가볍다. 짐을 덜고 음악을 들으려 이어폰을 귀에 꽂으니 생각도 한결 가벼워졌다. 연달아 이어지는 생각들, 일명 '꼬꼬사' — 꼬리에 꼬리를 무는 사고 — 가 동키 덕분에 살아났다. 지루할 틈도 없이, 길 위에서 연이어 떠오르는 생각들은 사막 같은 평원의 지루함을 달래주었다.

해가 막 떠오르는 동틀 녘, 붉게 불타는 지평선 너머에서 태양은 순례자들에게 선물을 하나 건넸다. 마치 "옛다, 받아라!" 하고 던져준 것 같은 팔등신을 훌쩍 넘는 롱다리 그림자. 프랑스 루트는 동에서 서로 향하므로, 오전 내내 해를 등지고 걷는다. 햇살은 동쪽에서 떠올라 남쪽으로 옮겨가다 서쪽으로 진다. 덕분에 그림자는 시간에 따라 다채

순례 중에 우리를 이끌어준 키다리 아저씨

롭게 변한다. 그중에서도 유독 마음을 사로잡는 그림자가 있다. 고즈 넉한 아침길에 까미노 위로 길게 드리워진, 마치 키다리 아저씨 같은 그림자. 그 모습이 눈에 띨 때면, 재미 삼아 까미노 위에 검게 늘어 진 내 그림자를 사진으로 남기곤 했다. 까미노는 늘 앞을 향해 열려 있고, 키다리 아저씨는 언제나 그 길에서 나를 이끌었다.

일출이 오를 무렵 잠시 걸음을 멈춰 뒤를 돌아본다. 지평선 너머 까맣게 물든 어둠이 녹아내린다. 어둠이 물러난 자리 위로 이글거리는 불덩어리가 불쑥 고개를 내민다. 세상을 구원할 예언자가 시커먼 죽음의 바다에서 떠오르는 분위기다. 자연에서 맞이하는 일출은 언제나 장 임하고 경건하다.

라틴어 'Sinister'는 '불길한, 적대적인, 야비한'이라는 뜻이다. 해

나바라의 평원을 수놓은 밀밭

뜨는 동쪽을 바라보면 왼손은 죽음과 같은 부정적인 이미지가 강한 북쪽을 향한다. 이로부터 왼쪽을 지칭하는 라틴어 'Sinistra'가 파생되었다. 반면 오른쪽을 뜻하는 'Dextra'는 '자비로운, 호의적인'이라는 의미의 'Dexter'에서 유래했다. 왼쪽을 금기하는 이유를 고대 태양숭배 신화에서 찾는 해석이다. 한편 왼손잡이로 태어날 확률은 10%에 불과할 정도로 낮다. 이처럼 고대로부터 왼쪽을 터부시하는 관습과 수적인 희소성에서 왼쪽과 왼손에 대한 편견이 오래도록 이어져온다.

나는 오른손잡이다. 그러나 왼손으로 트럼프 카드를 섞는 게 훨씬 편하다. 처음 카드를 만질 때부터 그랬다. 양 손가락을 낄 때도 왼손 엄지가 오른손 위에 있는 게 자연스럽다. 본능적인 습성만 보면 나는 태생이 왼손잡이였는지 모른다. 그게 아니라도 최소한 왼손잡이 성향이 더 강했을 것 같다. 그런데 오른손잡이로 자랐다. 아마도 사회적 학습이 나를 그렇게 만들었을 것이다. 어쩌면 짝배기(왼손잡이)에 부정적인 시선을 피하기 위해 무의식의 방어기제가 발휘된 결과는 아닐까? 아무튼 타고난 습성은 학습과 선택이 아닌 숙명의 영역이 분명하다.

빌리 조엘Billy Joel의 대표곡 중에 〈Piano Man〉(421위)이 있다. 도입부의 재즈풍 피아노 솔로와 하모니카 협주가 돋보인다. 〈The Stranger〉(1977), 〈Just the Way You Are〉(1977) 등과 함께 그를 대표하는 베스트 곡 중 하나라 해도 과언이 아니다. 이 곡을 으레 그의 전성기인 1970년대 말부터 1980년대 초의 작품이라 짐작했다. 그런데 사실은 데뷔 초창기인 1973년에 발표된 곡이다. 발표 당시에는 주목받지 못했다. 그가 유명해지면서 점차 인기를 얻게 된 스토리가 가슴에 와닿는다. 무명 시절 빌리 조엘은 소속사를 바꾸고 싶었지만 그러질 못했다. 뉴욕을 떠나 LA에서 호텔 바를 전전하던 때, 희망 없는 무대에 오르던 경험담을 담담히 그렸다. 가사 속 등장인물들이 이루지 못한 꿈을 애타게 갈망하는 장면은 숙연함을 자아낸다. 그의 이력은 화려한 출발보다 더디지만 한 걸음씩 정진하는 삶이 중요하다는 교훈을 일깨운다.

Billy Joel, 〈Piano Man〉(1973, 421위)

시간의 흐름에 대한 주관적 착각은 이 곡의 작곡 시기를 잘못 기억한 데 그치지 않는다. 내가 중·고등학생이던 시절, 1950~1960년대 대중가요는 낡고 시대에 뒤처진 음악이라 치부했다. 20~30년 지난 '올드 가요'는 내 취향과 거리가 멀다고 여겼다. 그런데 지금의 나는 1970~1980년대 팝송과 1980~1990년대 가요를 즐겨 듣는다. 모두 40~50년 전에 나온 곡들이다. 중·고등학생 시절이라면, 당시에 해방 이전의 음악을 즐기는 셈이다. 참 어처구니없는 일이 아닐 수 없다. 아이돌 그룹의 최신 EDM 스타일은 여전히 낯설다. 가사가 귀에 또렷이 들려오지 않고, 감정선이 흐릿하게 느껴져 쉽게 외면하게 된다. 아이돌 음악도 몇 년쯤 지나고 나서야 겨우 익숙해진다. 예를 들어 요즘 가끔씩 듣는 BTS나 블랙핑크의 노래들은 대부분 데뷔 초창기 곡들이다.

예전보다 새로운 것을 받아들이는 속도가 확연히 느려졌다. 이렇게 변한 내 자신이 당혹스럽기 그지없다. 급변하는 시대의 흐름을 따라가지 못하고 낙오되지 않을까 하는, 불안이 마음을 짓누르곤 한다. 나이가 들수록 시간이 더 빨리 흐르게 느껴지는 건, 외부 자극에 대한 감수성이 점차 무뎌지기 때문일 것이다. 어린 시절에는 세상의 모든 것이 새롭고 신기해, 하루하루가 유난히 길게 느껴졌다. 반면 이제는 익숙함과 무감각 속에서 시간은 미끄러지듯 흘러가버린다. 그런 둔감함은 단지 나이 탓만은 아닐 것이다. 어쩌면 지나치게 자극적인 콘텐츠에 노출된 부작용을 겪고 있는지도 모른다. 여가 시간에 머리를 식힌다는 핑계로 모바일 게임, 웹툰, 몇 초 만에 끊임없이 전환되는 피드·숏츠를 보는 데 익숙해진 나는 지금 '도파민 과잉의 시대'를 살고 있다.

마흔을 훌쩍 넘길 때까지 힙합과 레게 장르에 곱지 않은 시선을 보냈다. 국내 레게 뮤지션들의 과장되게 거들먹거리는 몸짓과 가벼운 언행이 마음에 들지 않았다. 개인의 일탈이나 반항을 거칠게 노래하는 듯한 표현도 한몫했다. 결정적으로, 시대의 부당한 권위와 압제에 맞서는 저항 정신을 찾아보기 어려웠다. 그러던 중, 우연히 힙합과 레게가 태동한 배경과 그 안에 담긴 철학을 알게 되었다. 힙합은 인종차별에 고통받은 흑인의 분노에서, 레게는 가난에 찌든 자메이카인의 체념 속에서 피어난 음악이었다. 그 사실을 알게 되면서, 나는 비로소 이 장르들에 대한 오래된 편견을 걷어낼 수 있었다.

힙합의 전성기를 이끈 전설적인 그룹 중 하나가 N.W.A.다. 이들의 데뷔 앨범에 수록된 〈Fuck tha Police〉(417위)는 당시로서는 파격적이었다. 이전의 힙합이 악을 추상적이고 모호하게 설정했다면, N.W.A.는 공권력의 오남용을 적나라하게 고발했다. 선과 악을 개념적으로 나누기보다, 인간의 구체적인 행동을 기준으로 삼아 정의했다. 흑인에게 가혹행위와 인종차별을 일삼던 백인 경찰의 민낯을 날카롭게 드러낸다. 이 곡은 1992년 LA 흑인 폭동의 도화선이 된 '로드니 킹 사건'을 연상시킨다. 비록 마약과 범죄 같은 부정적인 내용이 일부 담겨 있긴 하지만, 이 노래에는 힙합 고유의 저항 정신이 분명히 깃들어 있다. 메트로폴리탄의 뒷골목에서 태어난 흑인 문화는 오늘날 전 세계에서 가장 영향력 있는 음악 장르로 자리 잡았다. 힙합에는 차별과 억압, 굴종을 거부하는 진보적 기질이 진하게 배어 있다.

🎧
N.W.A., 〈Fuck tha Police〉(1988, 417위)

흔히들 말한다. 나이가 들면 자연스럽게 보수화된다고. 과연 인간의 성향은 시간이 흐르면 저절로 바뀌는 걸까? 정답 없는 질문이자 수많은 갑론을박을 낳는 주제다. 그런데 최근에는 이 논쟁에 종지부를 찍을 법한 과학적 가설이 제기되었다. 사람은 태어날 때부터 어느 정도 '진보' 혹은 '보수' 성향을 가지고 태어난다는 주장이다. 학습이나 경험, 이념을 통해 스스로 정치적 입장을 선택하는 것이 아니라, 생물학적 기질이 이미 방향을 정해놓았다는 것이다. 만약 이 가설이 사실이라면, 우리는 더 이상 생각이 다른 사람을 도덕적으로 비난할 수 없다. 내 의지와는 무관하게 타고난 성향을 어쩌란 말인가.

보수적인 사람들은 공포 감정을 관장하는 편도체의 오른쪽이 두껍고, 세로토닌의 활성도가 높다고 한다. 본능적으로 위험을 피하고, 기존의 질서와 규범을 따르는 데 익숙하다. 반면 진보적인 사람은 외부 자극과 새로운 정보에 반응하는 전대상회 부위가 발달되어 있고, 도파민에 민감하다. 낯설고 새로운 것을 자연스럽게 추구한다는 주장이다.

'평등', '공유', '협력' 같은 개념은 어쩌면 인간이라는 종이 오랜 진화 과정을 거치며 체득한 본능일지도 모른다. 인류 역사의 90% 이상을 차지했던 수렵·채집 사회에서 살아남기 위해 최적화된 생존 방식이 바로 이런 집단적 연대였을 것이다. 인간의 뇌 깊숙이 프로그래밍된 집단 본능이랄까. 반면 보수주의자들은 계급사회의 도래 이후, 능력과 노력의 차이에서 비롯된 '불평등'이야말로 인류 발전의 원동력이라고 믿는다. 특히 자본주의 시장경제 체제에서 노동에 대한 차등 분배를 당연시하며, 그로부터 축적된 자본이 사회의 성장 기반이 된다고 본다.

이 주장을 인정한다 하더라도, 여전히 심각한 문제가 남아 있다. 바로 도를 넘는 경제적 불평등이다. 극단적인 빈부 격차는 이제 단순한 사회 문제를 넘어, 사회적 약자의 생존 자체를 위협하는 지경에까지 이르렀다. 소득은 높지만 불평등이 심한 도시가 소득은 낮지만 평등한 사회보다 사망률이 높다는 통계가 이를 뒷받침한다.

물론, 평등과 공유, 협력을 실현하자고 수렵·채집의 시대로 되돌아가자는 건 미련한 발상이다. 그러나 인류가 진보된 생산성과 막대한 잉여를 확보한 지금, 우리는 최소한 이 자원을 바탕으로 공존 가능한 사회적 대안을 모색해야 할 책무를 지니고 있다. 이것이야말로 진보와 보수를 넘어선, 이 시대 우리 모두의 과제일 것이다.

네댓 살 무렵의 일이다. 어머니가 낮잠을 주무시던 틈을 타, 몰래 어머니의 손목시계를 풀었다. 돌아가는 초침이 어찌나 신기했던지, 그 안이 궁금해 견딜 수가 없었다. 망치와 펜치를 들고 시계를 분해하려다가, 결국 값비싼 시계를 산산이 망가뜨리고 말았다.

어릴 적 내 호기심은 남달랐다. 지금 생각해보면, 나는 태생적으로 도파민에 민감한 진보적 기질을 타고났던 것 같다. 하지만 어린 나이에 아버지를 여의고 나서는, 가급적 불확실한 상황을 피하려 애썼다. 위험한 선택은 가능하면 멀리했다. 자라온 환경이 내 안의 보수성을 키운 셈이다. 진보적인 기질을 타고났지만 위험회피 성향을 키워온 나는, 어쩌면 내내 인지 부조화 속에서 살아온 건 아닐까. 그로 인한 내면 깊숙한 불편함이 어느 순간부터 서서히 떠오르기 시작했다. 지금도 진보는 인류가 지향해야 할 가치라 믿는다. 그럼에도 나도 모르게 한쪽 발을 어느새 반대편에 걸쳐놓고 있는 듯한 이 모순이 때때로 찜찜하다. 더구나 자극적인 취미에서 분비되는 도파민에 익숙해지면서, 점점 더 감각이 무뎌지고 있는 건 아닐까 하는 걱정도 든다.

요즘은 레트로 열풍이 한창이다. LP와 카세트테이프를 수집하고 감상하는 MZ 세대 애호가들도 점점 늘고 있다. 누군가는 경제적 불안 속에서 과거를 그리워하는 향수가 이런 유행을 부추겼다고 말한다. 하지만 그것만은 아니다. LP 특유의 부드러운 음질과 따뜻한 분위기 역시 큰 매력이다. LP로 음악을 들으면 한두 시간 넘게 감상해도 CD로 감상할 때만큼 머리가 아프지 않다.

CD가 마치 아메리카노처럼 직선적이고 강한 맛을 낸다면, LP는 드립 커피 같은 은은하고 잔잔한 풍미를 남긴다. 게다가 LP에 담긴 음원은 대부분 클래식이나 올드 팝이다. 익숙한 멜로디에 담긴 오랜 감정선은 듣는 이의 마음을 편안하게 감싼다. 매체의 특성상 다분히 보수적인 색채를 띨 수밖에 없다.

하지만 시대의 흐름을 놓치지 않으려면, 때로는 낯설고 귀에 익지 않은 최신 디지털 음원도 기꺼이 들어볼 필요가 있다. 불편하더라도 새로운 것을 받아들이는 연습이 필요하다.

어제 같은 방을 썼던 벨기에 할머니와 로그로뇨 입구 즈음에서 마주쳤다. 세 번이나 까미노를 완주한 할머니의 관록은 역시 어디 가지 않았다. 마침내 숙소에 도착하니, 어제 헤어졌던 김 선배와 구리 삼총사도 먼저 와서 쉬고 있었다. 반가운 마음에 누나가 저녁을 사기로 했다. 로그로뇨는 원래 타파스로 유명한 도시다. 여러 타파스 맛집 중 한 곳을 골라 들어갔다. 다양한 종류를 맛보았는데, 그중에서도 가장 인상 깊었던 건 양송이 타파스였다. 버섯의 깊은 풍미가 입 안에 고소하게 퍼지며 하루의 피로를 말끔히 씻어주었다.

폭풍우 가득했던 젊음의 심연

I Believe I Can Fly: 일체유심조. 어디 한번 날아보자

길을 가다 보면 노란 화살표 말고로
이렇게 자갈로, 때로는 플라스틱 조각으로
나 낡은 페인트로.. 온갖 방법으로 순례자들을
안내한다. 순례길 위에서는 길을 잃기가 쉽지 않다.
5. 18

로그로뇨 Logroño ~ 나헤라 Nájera 29.0km

까미노 위에 선 지 어느덧 일주일이 지났다. 어제까지 걸은 거리를 따져보니 160km. 기대수명을 100세라 가정하고 계산해보면, 순례의 일수는 마치 열여덟 살, 성년을 앞둔 시점이고, 누적 거리로는 스무 살을 막 넘긴 청춘에 해당된다. 고등학교 2학년에서 대학 2학년 사이, 그 무렵의 시기다. 우리 세대는 대부분 고등학교 1, 2학년 무렵에 사춘기를 겪었다. 10여 년 전만 해도 그 시기를 '중2병'이라 불렀는데, 요즘은 아이들이 워낙 조숙해져 '초4병'이라는 말까지 나온다. 그만큼 빨리 자라고, 빨리 흔들린다. 어찌 되었든 까미노 여정을 내 인생에 빗대자면, 이제 막 청년기의 문을 연 셈이다.

그 시절의 나를 돌아본다. 나는 그때 어떤 미래를 꿈꾸었던가? 인생이라는 여행을 어떻게 그려보았을까? 이제 와 돌이켜보면, 어린 시절 상상했던 삶의 경로 대부분은 따르지 못했다. 계획에 없던 길, 기대에서 벗어난 길을 돌아 돌아 걸어왔다. 그래도 하나, 그럴 줄 알았던 건 있었다. 겁이 많고 내성적인 내가 쉽게 민중과 하나 되어 행동에 나서지는 못할 거라는 예감. 그 막연한 불안은 안타깝게도 현실이 되어 버렸다. 아이러니하게도, 결코 이루어지길 바라지 않았던 자기실현적 예언이 맞아떨어진 셈이다.

고등학교 3학년, 4월의 어느 날. 거의 2주일을 고심한 끝에, 나는 반정부 유인물을 작성해 몰래 학교 내 모든 교실에 배포했다. 2학년 여름방학 말미, 국어 선생님이 '민중교육지' 사건에 연루되어 구속된 일이 계기였다. 선생님이 기고한 무크지 『민중교육』(1985)이 국가보안법 위반 혐의를 받았던 탓이다. 그 무크지를 직접 읽은 나로서는, 선생님께서 구속될 만한 근거를 도무지 찾을 수 없었다.

고등학교에서 반정부 유인물이 배포됐다는 사실은 군사정권이 통치하던 시절에 적잖은 사회적 파장을 불러왔다. 주요 일간지들은 운동권 대학생이 고등학생들을 '의식화'시키려 했다는 식의 추측성 기사를 쏟아냈다. 경찰과 기관원이 동원되어 배후를 찾기 위한 수사가 시작됐고, 여름방학 직전, 내가 작성한 유인물을 대필해준 친구가 겁에 질려 자초지종을 털어놓았다. 내가 주동자라는 사실이 밝혀지며, 그해 방학은 엉망이 됐다. 전교 학생회 간부직에서 물러나 2학기 내내 근신과 반성문에 시달려야 했다.

어머니께서 학생부로 불려 가시던 날, 당숙께서는 나를 불러 점잖게 타이르셨다.

"한창 공부할 나이에 책임지지도 못할 일을 벌였구나. 앞으로는 네가 책임질 수 있는 일만 조심스럽게 해라."

작고하신 아버지를 대신한 집안 어른의 말씀 앞에서 나는 감히 반박하지 못했다.

대학 졸업을 앞둔 형도 "좀 너무 일찍 일어선 거 아니냐"고 걱정 섞인 목소리로 말하며, 이 일로 내 생각이나 진로가 바뀔 수 있다고 덧붙였다. 나는 형에게 말했다. 그 말은 다짐이자, 그때의 나 자신에게 보낸 희망이기도 했다.

"일찍 일어선 게 아니야. 그렇게 살지 않을 자신이 있어서 그런 거야."

결과적으로 돌아보면, 내 인생의 큰 물줄기는 아마 그때를 기점으로 제법 방향이 바뀌었던 것 같다. 촉망받는 동문회 장학생들 가운데 유일하게 '최고학부'에 진학하지 못했다. 설마 하는 얕은 자신감에 기대어, 당시 받았던 정신적 충격을 핑계 삼아 입시 준비를 소홀히 한 것이 결정적인 패착이었다. 그렇게 나는, 나태하고 겁 많은 심성이라

벤토사를 지나 산 안톤 언덕을 오르기 전에 만난 포도밭

큰일을 도모하기 어려운 사람이라는 사실을 서서히 깨닫게 되었다. 자존감은 걷잡을 수 없이 무너졌다.

대학 진학 후 운동권을 기웃거리다 계획에 없던 야학 교사라는 대안을 찾아 스스로를 위로했다. 물론 학생들과 함께한 시간은 소중했고, 그 나름의 의미도 컸다. 하지만 허탈한 상실감을 지우기에는 역부족이었다. 점차 과학적 사회주의는 내게 버거운 옷이 되었고, 대신 몽

상적인 아나키즘 속에 나를 숨기게 되었다. 그 끝에는 극단적인 나르시시즘에 갇힌 채, 룸펜의 나락에서 허우적대던 청춘이 있었다. 냉정히 돌아보면, 이미 틀어진 물줄기를 되돌리기에는 너무 어렸고, 무엇보다 무책임했다.

소실가 김영하는 말했다. "여행에는 반드시 목적과 이유가 있다"고. 여행자는 낯선 목적지에 대한 막연한 불안을 안고 떠난다. 그래서 이것저것 철저히 준비하지만, 정작 현실은 계획대로 흘러가지 않는다. 사소한 변수 하나에도 일정은 흔들리고, 기대는 깨지기 십상이다. 그래서 그는 조언한다. "여행은 원래 그런 것이니, 애써 공들이기보다 상황이 닥쳤을 때 당황하지 않고 받아들이는 자세가 중요하다"고.

그 말에 깊이 공감한다. 인생이라는 여정도 마찬가지다. 어느 누가 아무런 굴곡 없이, 단 한 번의 실패도 없이 목적지에 다다를 수 있겠나. 돌아가더라도, 늦더라도, 결과적으로 원하는 곳에만 닿을 수 있다면 그것으로 충분하다. 하지만 현실은 다르다. 수많은 사람들이 가고자 했던 길에서 예기치 않게 벗어나고 만다. 나 역시 마찬가지였다. 소싯적의 나는, 망망대해 위에서 돛이 찢긴 조각배처럼 표류했다. 별빛 하나 없는 어둠 속에서 방향을 잃은 채 세찬 비바람과 거센 풍랑에 시달려야 했다. 그 시절의 나는, 생각조차 힘겨운 젊음의 심연 속에 갇혀 있었다.

그렇게 허송세월하다가 뒤늦게 대학원에 진학하며 소시민의 삶으로 돌아오는 걸 받아들이고 나서야, 내 안의 폭풍이 조금씩 가라앉기 시작했다. 새벽까지 도서관에 틀어박혀 학술논문을 읽고, 지친 몸을 이끌고 친구 자취방으로 돌아가는 생활이 반복되던 시절이었다. 잠들기 전, 솔리드의 〈이 밤의 끝을 잡고〉(1995)가 낯선 R&B 리듬으로 가만히 내 마음을 어루만지던 시절. 그 노래는 내 청춘의 어두운 끝자락을 잡아주던 작은 등불이었다고 기억된다.

국내외 대중가요에 대해 아는 게 거의 없는 내가, 순례 중에 롤링스톤지가 선정한 역사상 가장 위대한 팝송 500곡을 매일 몇 곡씩 나눠 들었다. 그중 마음을 건드린 두어 곡을 이렇듯 미주알고주알 소개하려니, 사실 꽤 벅차다. 일자무식이라 귀로 듣고 눈으로 훑고, 인터넷에서 발품 팔아 겨우 얘깃거리를 모았다. 지금껏 소개한 노래들은 모두 그렇게 얻어걸린 인연이었고, 그 노래들을 까미노의 어느 순간과 억지로라도 엮어가며 어렵사리 끄적였다는 것을, 이제야 솔직히 고백한다.

그럼에도 불구하고, 잠시나마 내 미래가 휘영청 밝으리라 믿었던 치기 어린 시절이 있었다. 그 시절을 떠올리면 카펜터스The Carpenters의 〈We've Only Just Begun〉(405위)이 마음 깊이 와닿는다. 막 결혼한 커플이 서로를 바라보며, 행복한 앞날을 그리는 이 노래의 분위기가 한없이 부럽게 느껴진다. 마치 내게는, 행복을 당연하게 기대했던 시절이 한 번도 없었던 것처럼. 솜털처럼 부드럽고 감미로운 목소리로 팬들을 어루만지던 캐런 카펜터Karen Carpenter. 그녀의 거식증은 과연 지나친 나르시시즘 때문이었을까? 돌연 그런 생각이 스쳐간다.

The Carpenters, 〈We've Only Just Begun〉(1970, 405위)

R. 켈리R. Kelly의 〈I Believe I Can Fly〉(406위)는 영혼 깊숙이 울리는 소울과 여운을 안겨준다. 기적은 어쩌면 자기 안을 들여다보는 데서 시작된다. 내가 진정 바라는 게 무엇인지 명확히 알아야 하고, 그것을 이루고자 하는 강한 믿음이 필요하다. 심지어 하늘을 날 수 있다는 초긍정의 상상력까지. 스스로에게 용기를 불어넣을 수 있어야, 경이로운 결과를 맛볼 수 있다. 대학 2학년 2학기에 이 노래를 들을 수 있었다면 All F를 면했을지 궁금하다. 하지만 하늘을 날자던 R. 켈리조차도 비행기가 무서워 늘 배편을 이용했다지 않는가. "일어나라" 그리 외치던 김광석이 서른 즈음에 허망하게 떠날 줄은 또 누가 알았겠는가.

R. Kelly, 〈I Believe I Can Fly〉(1996, 406위)

산 안톤 언덕에서

    산행 중 경사가 가파른 깔딱 고개나 끝없이 이어진 계단을 만나면, 으레 후회가 밀려온다.
    '내가 왜 여길 왔을까? 얼마나 대단한 풍경을 보겠다고 이 고생을 사서 하나?' 하는 자책이 고개를 든다. 숨은 가쁘고, 허벅지와 종아리는 천근만근 무겁다. 다리는 멈춰서려 하고, 몸은 앞으로 가라 한다.
    그런데 까미노에서는 이상하게도 그 많은 오르막에서 숨 가쁨 속

에 즐거움이 뒤섞여 있었다. 저 언덕 너머, 어떤 낯설고 아름다운 경치가 나를 기다릴까. 기대감이 만발했다. 오르막이라는 고행은 어느 순간, 자연이 만든 오묘한 걸작을 만나는 설렘으로 바뀌었다. 똑같은 언덕인데도, 마음에 따라 전혀 다른 감정이 일었다. 화엄경에서 말하는 '일체유심조一切唯心造', 세상 모든 것은 마음먹기에 달렸다는 말이 떠올랐다. 원효대사가 해골바가지 물을 마신 뒤 유학을 접었다는 일화가 괜히 전해지는 게 아닐 것이다.

하지만 정말로 '일체유심조'가 단순히 '마음먹기에 달렸다'는 뜻일까? 누구나 마음먹은 대로 살 수 있다면, 세상은 이미 극락이어야 할 텐데. 이 말의 참뜻은 훨씬 깊다. 여기서 말하는 '마음'은 개인의 감정이나 주관을 넘어서, 우주의 본성과도 같은 어떤 근원적인 의식을 가리킨다. 삼라만상이 오직 '심心'에서 비롯된다는 말은, 그 마음이 곧 조물주요 하늘이라는 뜻이다. 그 깊은 마음에 도달하려면, 부처가 되기 위한 '견성見性'의 경지에 이르러야만 한다. 나 같은 범부로서는 감히 넘보기도 어려운 경지다.

불가는 왜 '마음', 곧 일원을 중시할까? 이 세상의 모든 것은 흙, 물, 불, 바람의 '물질四大'로 이루어지는데 그것은 인연과 인과율에 따라 모였다 흩어진다. 이처럼 존재의 주체는 물질이 아니라 '마음'이다. 그렇게 보면, 무기력했던 청춘의 나날에 만약 불가의 세계를 조금이라도 일찍 접했다면, 조금은 위로가 되지 않았을까 하는 부질없는 생각을 하며 걸음을 옮겼다.

어제 못지않게 먼 길을 걸었다. 목적지인 나헤라까지 지도상 거리는 29km였지만, 실제로는 30km가 넘었다. 이틀 연속 '동키' 서비스를 이용했다. 장거리 일정을 소화하기 위해서는 어쩔 수 없는 선택이었다. 로그로뇨에서 하루를 머물면서, 부르고스까지 괜찮은 숙소와 하루 평균 20km 초반의 이동거리를 동시에 만족시키려다 보니 계획이 복잡해졌고, 나름의 타협이 필요했다. 그래서 평소보다 이른 6시에 기상해, 어제 만난 일행들이 준비한 컵라면으로 아침을 대신하고 7시에 출발했다.

이틀 동안 '동키'는 장거리 일정에 큰 도움이 됐다. 하지만 내일부터는 내 짐을 다시 짊어져야 한다. 까미노 여정도, 인생도 마찬가지다. 누가 내게 부르고스까지의 일정을 이리 짜라고 강요하지 않았다. 100% 내 선택이었다.

　인생도 그렇다. 일찍부터 나를 말리던 당숙과 형은 단지 조언자였을 뿐이다. 그들의 충고에도 불구하고, 근거 없는 자신감으로 삶의 무게를 제대로 헤아리지 않고 인생을 가벼이 걸어온 건 내 자신이다. 까미노에서 내가 선택한 코스와 내가 멘 배낭을 누가 대신해줄 수 없는 것처럼, 인생길 위에서 내가 내린 선택과 그로 인한 책임은 누구와도 나눌 수 없다. 그것은 오롯이 나의 몫이자, 내가 짊어져야 할 업이다.

붉게 물든 산으로 둘러싸인 나헤라

김선배(좌), 도농댁 C(중), 한동대 예비역 J(우)

까미노의 두 얼굴

Ohio: 붉은 꽃잎 져 흩어지고 꽃 향기 머무는 날

나헤라Nájera ~ 산토 도밍고 데 라 칼사다Santo Domingo de la Calzada 20.7km

옆 침대에 묵은 벨기에 아주머니가 이른 새벽부터 부스럭거리기 시작했다. 때 이른 기척이 점점 신경을 긁어놓았다. 덩달아 잠이 달아났다. 정신은 말똥말똥한데, 억지로 눈을 감아 알람이 울리기만 기다렸다. 6시 정각, 익숙한 멜로디가 방 안 가득히 울려 퍼졌다. 누나의 알람이다. 재빨리 꺼달라고 재촉했다. 알베르게 에티켓을 철저히 지켜야 한다는 일종의 강박 — 노이로제에 가까운 감정 — 때문이었다. 괜히 우리 때문에 한국인 순례자들이 눈총을 받을까 봐, 어글리 코리안 이미지에 일조할까 봐 마음이 조급해졌다. 실제로 까미노에서는 '새벽부터 헤드랜턴을 켜고 부산 떠는 한국인'의 무례한 사례가 종종 회자된다. 하지만 정작 겪어보니 잠든 이들을 배려하지 않는 건 외국인이라고 해서 별반 다르지 않았다. 예의는 국적이 아니라, 그 사람의 품성에서 비롯된다는 걸 새삼 느낀다.

짐을 싸는 데만 꼬박 30분이 걸렸다. '일각이 여삼추'라 했던가. 6년이란 긴 세월을 허투루 보냈다 생각하니, 괜히 하루가 삐걱거리기 시작한다. 하루 24시간 모두가 귀하지만, 순례길에서는 아침 시간이 가장 소중하다. 10여 초의 차이로 장엄한 일출을 놓치거나, 선선한 오전에 거리를 미리 벌어두지 않으면 뜨거운 오후를 견뎌야 한다. 지체된 단 몇 분이 아까워서 마음이 상하고, 기분이 찜찜하다. 평소라면 게으름 피우기 일쑤인 내가, 이국의 순례길에서 유난을 떠는 것도 다 이유가 있다. 평생을 시간에 둔감했던 베짱이가 까미노에 와서야 시간의 진가를 뼛속 깊이 느끼고 있는 것이다.

하루에 20~30km 정도를 일주일쯤 걸으면, 비로소 걷는 데 몸이 익기 시작한다. 지금이 딱 그런 시기다. 허벅지와 종아리는 단단하게 다져졌고, 배낭을 메고 생긴 승모근 주변의 통증도 이제는 제법 익숙해졌다. 육체가 순례를 받아들이자, 까미노의 하루 루틴도 자연스럽게 단순해졌다. 기상 후 간단히 세면을 마치고, 전날 숙소에 도착해서 갈아입은 옷 그대로 배낭을 꾸려 길을 나선다. 알베르게나 길가의 바에서 허기를 달래고, 한두 시간 간격으로 걷다 쉬다를 몇 번 반복하다 보면 어느새 목적지에 도착해 있다. 숙소 체크인을 하고 샤워로 땀을 씻은 뒤 늦은 점심을 챙기고, 빨래 등 자잘한 정비를 마친다. 해가 뉘엿뉘엿 넘어가면 저녁을 먹고, 9시가 넘기 전에 잠자리에 든다. 극단적으로 줄이자면 이렇다. '일어나서 걷고, 먹고, 씻고, 잔다.' 오직 이 다섯 단어로 순례길 하루를 요약할 수 있다. 하지만 그 단순함 속에서 어쩐지 묘한 평안과 깊이를 느끼는 나날이다.

 사람들은 이토록 단조롭고 따분하기 그지없는 순례 일상이 뭐가 좋다고 너도나도 자청해 길 위에 나서는 걸까? 얼핏 보면 매일이 다람쥐 쳇바퀴 돌 듯 똑같아 보인다. 하지만 까미노의 하루는 그저 반복이 아니라, 눈부시게 비어 있는 도화지다. 아무것도 그려져 있지 않은 여백 같은 하루, 그 위에 각자의 색과 선으로 인생을 그려나간다.

 누군가는 연필로 그린 소묘처럼 담백하고 정적인 하루를 보낸다. 홀로 묵묵히 걷다 숙소에 도착해 침대에서 책을 읽거나 일기를 쓰며 내면의 자신과 담담히 마주한다.

 또 어떤 이는 정성스럽게 그린 데생 위에 따뜻한 수채화를 덧입히듯, 만나는 인연들을 반갑게 맞고 경치 하나하나에 감탄을 얹는다. 지나치는 마을과 도시마다 성당이며 유적지를 빼놓지 않고 둘러보며 순례의 길을 정성껏 수놓는다.

 MBTI의 'E(외향성)' 성향을 지닌 이들은 마치 거침없는 붓질로 감

아소프라를 지나자 끝없이 펼쳐진 밀밭

정을 쏟아낸 유화처럼, 그 자체가 한 폭의 역동적인 그림이다. 이들은 동행자들과 스스럼없이 어울리고, 걷는 도중에도 웃음꽃이 끊이지 않는다. 밤이 깊어지면 술잔이 오가고, 도낏자루 썩는 줄도 모를 만큼 수다에 열중하다 알베르게가 문 닫기 직전에 헐레벌떡 들어오는 일도 다반사다.

　이처럼 사람마다 까미노에 녹아드는 방식은 다르다. 그러나 누구

에게나 공통된 경험이 있다. 어디서든 인연은 생긴다. 지나는 마을마다 오래된 역사와 문화가 흘러넘치고, 길의 끝에는 장엄한 산티아고 콤포스텔라 대성당과, 그 안에 잠든 성 야고보가 기다리고 있다. 마음만 열면, 언어는 더 이상 장벽이 아니다.

그렇게 어울리고 경험하며 걷다 보면, 왜 내가 이 길에 들어섰는지를 저마다 되짚어보게 된다. 누군가는 신앙심에 이끌려, 누군가는 사랑하는 이를 잃은 상실감에 위로를 얻고자, 혹은 자신의 삶을 돌아보고 앞으로 나아갈 길을 모색하려 이 길에 들어선다. 까미노는 그렇게 수없이 다른 동기와 사연을 가진 사람들이, 매일의 기분과 걸음에 따라 자신만의 그림을 그려나가는 거대한 화폭이다.

그 다채로운 이유들 가운데, 까미노와 가장 잘 어울리는 키워드를 하나 꼽으라면 단연 '사랑'이다. 이 길의 시작은 바로 사랑이었다. 성 야고보는 부활한 그리스도로부터 "세상의 끝까지 복음을 전하라"는 명을 기꺼이 받아들였다. 당시 '세상의 끝'이라 불린 스페인 갈리시아Galicia 지방까지 찾아가 복음을 전했고, 마침내 예루살렘으로 돌아와 순교에 임했다. 그 모든 여정에는 하느님과 예수님을 향한 사랑이 있었다.

중세 이후, 유럽 각지의 순례자들이 산티아고 콤포스텔라 대성당에 안치된 그의 유해를 찾아 이 길을 걷기 시작했다. 종교적인 사랑만이 아니다. 이 길 위에는 개인적인 사랑, 오래된 인연을 잇거나 끊어내기 위한 간절한 마음들도 함께 걷는다. 까미노는 이렇게, 사랑의 이름으로 시작되고, 사랑을 품은 사람들이 완성해가는 길이다.

이런 내 생각을 어찌 알았는지, 오늘따라 감미로운 사랑 노래들이 유독 자주 들려온다. 그중에서도 유난히 마음을 끈 세 곡이 있다. 누구나 한 번쯤은 짝사랑하는 이와 맺어지는 달콤한 꿈을 꿔봤을 것이다. 주변의 부러움을 한 몸에 받으며 결혼에 골인하는 상상만으로도 입가에 웃음이 번진다. 템테이션스The Temptations의 〈Just My Imagination (Running Away with Me)〉(389위)은 그런 환상의 뫼비우스를, 블루지한 소울로 아름답게 풀어냈다. 얼마나 많은 이들이 현실과 환상이 뒤엉킨 그 달콤한 사랑 앞에 눈이 멀었을까.

엘비스 프레슬리는 특유의 유려한 저음으로, 강물이 바다로 흘러들 듯 어쩔 수 없이 빠져드는 사랑을 노래한다. 〈Can't Help Falling in Love〉(394위)는 그가 출연한 영화 〈블루 하와이〉(1961)의 OST로, 제작사와 소속사의 반대를 무릅쓰고 그가 끝까지 수록을 고집했다는 일화가 남아 있다. 이후 그는 언제나 이 곡으로 콘서트의 마지막을 장식할 만큼 특별한 애정을 드러냈다.

그러나 사랑이란 늘 순하디순한 얼굴만 가진 건 아니다. 마성의 사랑은 치명적이다. 구미호처럼 사람을 홀려 이성을 마비시키고, 자칫 실연이라는 죽음의 늪에 빠뜨리기도 한다. 반대로, 이루어지지 못한 풋사랑은 아릿하면서도 스잔하다. 누구에게도 털어놓지 못하고 주머니 속 호두알을 만지작거리던 『소나기』(1952)의 소년처럼, 사춘기의 첫사랑은 설렘과 상처를 동시에 품고 있다. 빅 스타 Big Star의 〈Thirteen〉(396위)은 바로 그 아련한 감정을 조곤조곤 들려준다. 밴드의 리더 알렉스 칠튼 Alex Chilton이 스무 살에 만든 이 곡에는 아직 어설프고 서툴렀던, 하지만 누구보다 순수했던 사랑이 담겨 있다. 오늘 들은 사랑 노래들 중 유독 이 곡이 내 소싯적 기억을 끄집어내 마음을 오래 붙잡는다.

Big Star, 〈Thirteen〉(1972, 396위)

사랑을 이야기하지 않는 종교는 상상하기 어렵다. 조물주의 내리사랑이든, 신의 뜻을 따르기 위해 인류가 서로에게 베푸는 자비든, 결국 근간에는 사랑이 있다. 신이 그렸을 세상은 분명 박애가 흐르는 곳이었으리라. 그런 이상을 바탕으로 '모든 인류를 형제로 사랑하라'는 사해동포주의, 즉 '박애주의'博愛主義, Philanthropism는 평등의 사상을 내포하고 있다. 인간다움을 중시하고, 본성을 회복하며, 인간 중심의 세계를 말하는 휴머니즘 역시 이 박애주의를 근본에 두고 있다.

아소프라에서 시루에냐로 가는 길

하지만 나는 평생 행동보다 말을 앞세우고, 말보다도 속마음만 부풀린 채 살아왔다. 그 속마저 남들에게 드러내지 못해 결국은 아무것도 남기지 못했다. 스스로를 현각 스님이 혐오한 '5비 잉간'*이라 여

---

* 5비 잉간: 비겁, 비굴, 비열, 비정 그리고 비루한 인간. 한마디로 인간답지 못한 이들을 멸칭하는 표현[현각, 『산티아고, 나에게로 가는 길』(미다스북스, 2023)]

기며 폄하해온 이유다. 누구에게도 떳떳이 사랑을 제대로 실천하지 못한 채, 넓고 큰 사랑을 꿈꾸기만 했다. 내가 바라던 박애주의는, 장년이 된 지금, 종잇장보다 얇고 보잘것없는 '박애주의'薄愛主義, Thin lovism로 쏘그라들었다. 그럼에도 어쩐지 이 박애의 이상을 끝내 놓지 못하고 있다. 마치 꺼져가는 심장 한 귀퉁이에 붉은 숨결 하나를 몰래 감추고 간신히 유지하듯 말이다.

그 고결한 이상을 말라 비틀린 박제로 만든 건 다름 아닌 과거의 나였다. 지금도 나는 박제로 살아간다. 왜 이렇게 되었을까. 겁이 많아서? 꿈꿨던 이상을 감당하지 못해서? 그렇게 말하면 비겁한 변명이다. 좀 더 솔직해져야 한다. 나와 내 가족이라는 이름의 울타리를 핑계 삼아, 욕망을 놓지 못했다. 박애주의와 휴머니즘이 들어설 자리를 사욕이 먼저 차지해버렸던 것이다. 하지만 이제라도 욕심에 맞서보고 싶다. 무거운 배낭을 짊어지고 까미노를 한 걸음씩 걸어가는 것처럼, 삶의 무게가 아무리 버겁더라도 사랑을 실천하며 살아가고 싶다. 마르지 않은 마음의 우물이 하나, 아직 남아 있으니 말이다.

버려야 할 걸 과감히 버리지 못하는 나쁜 습관은, 서울을 떠날 때도 여전했다. 40리터짜리 배낭을 채우고 또 채우다 보니 무게가 어느새 9kg에 육박했다. "한 번쯤은 쓸모가 있겠지" 하는 미련이 문제였다. 그리하여 이것저것 욱여넣은 끝에, 1.5리터짜리 생수병과 간식거리까지 들어가면 총무게는 11kg을 훌쩍 넘긴다. 배낭이 빵빵하게 부풀어 마치 혹부리 영감의 혹 같다. 한껏 부푼 이 배낭이 사실은, 내 안의 탐욕과 집착이 실체를 드러낸 모습일지도 모른다. 어깨에 메고 걷는 무게 이상으로 마음속에 쌓인 번민과 욕심이 더 무겁게 느껴진다. 불필요한 걸 덜어내면 한결 가벼워질 것을, 이번에도 그러지 못했다. 배낭은 바로 나 자신을 비추는 거울이다. 들춰보면 잡동사니들로 가득한 내 마음이 그대로 담겨 있다. 단출하고 가벼운 배낭을 꾸릴 줄 아는 이처럼, 삶도 덜어내는 법을 배워야 비로소 홀가분해질 수 있을 텐데. 나는 아직 그 연습이 서툴다.

버려야 할 것은 비단 배낭 속 잡동사니뿐만이 아니라 내 마음속 번민도 있다. 까미노에는 버려진 것들이 가득하다. 어쩌면 이 길은 하나의 거대한 쓰레기 하치장이라 불러도 지나치지 않을 것이다. 길가에 흩뿌려진 소나 말들의 배설물을 말하는 게 아니다. 이 길을 걷는 순 례자들이 오래도록 오장육부에 품어왔던, 쓰임 다한 감정의 잔해들 — 비릿하게 삭은 좌절, 곪아 터진 상처, 깨진 유리조각처럼 날카로운 원 망, 스스로를 녹여버릴 듯 이글거리는 분노 —, 그 모든 감정의 찌꺼기 들이 이 길 위에 하나둘 내려놓아진다.

순례자들은 마음속 행낭에 담아온 그 무거운 짐들을 조심스레 꺼 내 까미노 어느 한 어귀에, 구불구불 이어지는 들판 어느 곳에, 바람 스치는 숲길 사이에 버려 공空을 얻는다. 그렇게 감정의 색色이 짙게 번진 길 위에서 나는 자문한다. 아흐레 동안 이 길을 걸으며 무엇을 버 렸냐고.

그러나 오욕과 칠정이 버무려진 이 길을 정갈하게 비질해주는 손 길도 있다. 까미노에는 그런 '청소부'들이 존재한다. 갑작스레 쏟아지 는 장대비는 카르마의 먼지를 힘껏 씻어내고, 오욕의 구린내는 시원한 바람에 흩어진다. 칠정의 흐릿한 시야는 발밑에 펼쳐진 초록 초원이 정화해준다. 그리고 때로는 따스한 햇살이 마법처럼 다가와 지친 순 례자의 어깨를 다독이고, 어딘가에 숨어 있던 까미노의 천사들이 용의 눈을 더해 길을 밝혀준다.

까미노는 진흙탕 속에서 존재하지만 그 더러움에 물들지 않는다. 오히려 그 속에서 고결한 자태의 연꽃을 피운다. 수많은 상처와 고통 의 흔적 위에서 고상하고 자비로운 향기를 내뿜는 이 길은, 그렇게 자 기 정화의 시간을 끝낸 순례자들에게 한 송이씩 연꽃을 건넨다. 그 고 절孤節한 연꽃은 순례자의 손에 들려 세상으로 나아간다. 진흙 속에 뿌 리를 두었으되, 그 진흙에 물들지 않는 꽃. 까미노는 두 얼굴을 지닌 길이다. 고통과 정화, 상처와 회복, 추락과 상승.

어제가 바로 5월 18일이었다. 44년 전, 권력에 눈이 먼 5비의 화신들이 일으킨 군사 쿠데타는 남도의 끝자락 빛고을에 참혹한 비극을 안겼다. 그날의 광주는 아직도 치유되지 않은 상처로, 우리 마음 깊은 곳에 남아 있다. 순례길 곳곳에서 마주친 스페인 내전 희생자들의 추모비를 볼 때마다, 나는 오월의 광주를 떠올렸다. 가슴이 시렸다.

1970년 5월, 미국이 캄보디아를 침공하자, 반전과 휴머니즘을 외치며 이에 항의하던 켄트 주립대 학생들은 반전 시위에 나섰다. 주지사가 계엄령을 선포하자, 군인들은 발포했다. 네 명의 학생이 목숨을 잃고, 아홉 명이 다쳤다. 이 사건은 전국적인 시위로 번져 수많은 대학들이 문을 닫았다. 그 희생을 기리기 위해 크로스비, 스틸스, 내쉬 & 영Crosby, Stills, Nash & Young은 〈Ohio〉(385위)라는 곡을 만들었다. 닐 영 Neil Young이 작사·작곡했고, 멤버들이 함께 프로듀싱했다.

🎧
Crosby, Stills, Nash & Young, 〈Ohio〉(1970, 385위)

"Tin soldiers are cutting us down….(명령만 따르는 군인들이 우리를 쓰러뜨리고 있다….)", 마치 병정놀이하듯 총을 쏘아대는 군인들. 이 가사 속에는 '화려한 휴가'라는 미명 아래 자행된 신군부의 광기가 그대로 겹쳐진다. 노래 속의 '그녀'는 그날 총에 맞아 숨진 샌드라 슈어Sandra Scheuer다. 나는 그녀를 위해, 그리고 붉은 꽃잎처럼 흩어져간 빛고을의 시민들을 위해 이국의 순례길 위에서 머리 숙여 기도했다. 부디 하늘에서는 평안하시기를.

🎧
노래를 찾는 사람들 2, 〈오월의 노래 1〉(1989)

오월의 노래 1

봄볕 내리는 날 뜨거운 바람 부는 날
붉은 꽃잎 져 흩어지고 꽃향기 머무는 날
묘비 없는 죽음에 커다란 이름 드리오
여기 죽지 않은 목숨에 이 노래 드리오
사랑이여 내 사랑이여

이렇듯 봄이 가고 꽃피고 지도록
멀리 오월의 하늘 끝에 꽃바람 다하도록
해 기우는 분숫가에 스몄던 넋이 살아
앙천에 눈매 되뜨는 이 짙은 오월이여
사랑이여 내 사랑이여

시루에냐 밀밭길

No Slowness, Only Regret

Goodbye Yellow Brick Road: 용기 없는 사자와 교주

이름 모르는 작은 시골 마을을 지나가는데
순례자의 신발처럼 보이는 낡은 신발 안에
마른 꽃을 담아 목상히 올려 놓은 어느 담벼락을
내 신발도 산티아고에 닿으면 좀 낡아 있으려
오늘도 망설임에 걸머 둔 발과 발이 레번 얹혀
신발이 고맙기도 하다. 5.20

산토 도밍고 데 라 칼사다 Santo Domingo de la Calzada ~ 벨로라도 Belorado 22.0km

　어제의 선택이 남긴 한 줌의 미련이 태산처럼 가슴을 짓누른다. 뒤돌아보면 잠깐의 머뭇거림이었을 뿐인데, 그 잔상은 시시때때로 마음을 덮친다. 풀린 실타래처럼 아쉬움은 길가에 질질 끌리듯 따라붙고, 까미노 곳곳에 흩어진 미련을 즈려밟는 두 발은 후회의 물기에 흠뻑 젖는다.
　프랑스 루트에는 누구나 한 번쯤 꿈꾸었을 풍경들이 길목마다 아롱진다. 그중에서도 발군은 시루에냐 Cirueña 구릉지대의 밀밭 평원. 순례자들의 기행서가 앞다투어 표지로 삼는 곳, 햇살 따라 황금빛 파도처럼 물결치는 그 초원은 이 길의 대서사시를 열어젖힌다. 많은 이들이 그 장면을 '인생 뷰'라 이름 붙이고 SNS에 걸어둔다. 나는 언젠가 마주칠 줄은 알았지만, 굳이 위치를 미리 확인하진 않았다. 감동이 휘발될까 두려웠던 것이다. 대신 막연히 짐작만 했다. 초록의 물결 위에 황금빛 이랑이 스미던 로스 아르코스나 에스테야 어디쯤이려니. 그러나 예상은 번번이 빗나갔고, 설렘은 점점 더 커졌다. '내일은, 아마 내일쯤은' 하는 기대 속에 밤을 맞이하곤 했다.
　그러다 어제, 지평선 끝까지 이어진 초록 오르막에서 낯익은 감각이 스쳤다. 처음 보는 풍경인데도 눈에 익은 듯한 기시감. 언덕배기에는 몇몇 순례자들이 바쁘게 서성이고 있었다. 가슴이 철렁했다. 아, 어쩌면 저기일까?
　정말 그랬다. 나를 이 길로 이끈 풍경이, 드디어 시루에냐 밀밭이라는 이름으로 눈앞에 펼쳐졌다. 눈부시게 아름다우면서도 경이로운 장면. 이미 근사한 구도의 자리는 다른 이들 차지였고, 언덕 아래도 북적였다. 한참을 망설이다 적당한 각도에 만족하고 사진 몇 장만 남겼다. 더 머물고 싶었지만 발걸음은 재촉되었다. 오래 머물다간 미련이 커질까 두려웠던 걸까. 그러나 얼마 지나지 않아 깨달았다. 이 순간은 다시 오지 않는다는 것을.

37일 동안의 여정 중 단 5분, 10분조차 아끼려 했던 그 시간이 정작 가장 오래 남는 후회가 되었다. 지나간 절경은 뒷모습뿐. 마음엔 묵직한 아쉬움이 남았다. 마치 사랑하는 이를 떠나보내는 애별리고愛別離苦처럼. 조금만 더 머물렀다면 충분히 누릴 수 있었을 텐데. 그 풍경은 이제 구부득고求不得苦의 그림자로 남았다.

도대체 뭐가 그리 급했을까? 자연이 넌지시 내민 그 너른 선심을, 장려한 풍경을 그저 가슴에 한 모금 들이마셨다면, 감격과 환희가 폐부에 잔잔히 스며들었을 것이다. 그 따스한 감정들은 기억의 창고, 해마 깊은 곳에 곱게 각인돼, 언젠가 자신을 소환할 순간을 기다렸으리라. 그러나 아무리 황홀한 풍경도 결국은 희미해진다. 뇌리에 새기고 가슴에 묻어둬도, 무정한 시간 앞에서는 빛이 바래기 마련이다. 그렇게 노스텔지어라는 아련한 그림자로 떠오를 뿐. 셔터를 눌렀던 손가락은, 실은 옅어지는 기억을 붙들려는 몸짓이었다. 하지만 사진이 단지 기억의 윤색에 그친다면, 그보다 안타까운 일도 없다. 사진은 보석상자의 황금열쇠. 닫힌 해마의 자물쇠를 떨리는 손으로 열면 그 안에는 여전히 숨 쉬는 추억의 정서가 고스란히 깨어난다. 그 장면의 온도, 빛의 결, 바람의 방향까지. 우리가 사진을 남기려 애쓰는 이유가 바로 그것이다. 기억이 아닌 감정을 보존하려는 간절함.

여행은 관광과 다르다. 관광은 목적지에서 '무엇을 보느냐'가 핵심이다. 이동하는 시간은 짧고 편해야 한다. 불확실한 상황은 성가시고, 예기치 않은 변수는 짜증스럽다. 그러나 여행은 '가는 과정'도 똑

그라뇽 마을에서 바라본 초원

같이 소중히 여긴다. 예상 못 한 상황을 여행의 묘미로 바꾸는 유연함, 그것이야말로 진짜 보너스다.

    산티아고 순례길은 한 달 넘게 걷는 여정. 도보로 떠나는 길 위에서 풍경은 매우 느리게 스쳐간다. 주마간산으로는 아무것도 알아채기 어렵다. 천천히, 의식적으로 바라봐야만 보이는 것들이 있다. 그 미세한 변화들에 마음을 열지는 순례자의 선택이다. 까미노를 두고 사람들

은 'No Pain, No Glory(고통 없이는 영광도 없다)'라 말한다. 하지만 시루에냐 밀밭을 허겁지겁 지나친 뒤, 나는 또 다른 진실을 알게 되었다. 순례길은 어쩌면 'No Slowness, Only Regret'의 길이기도 하다는 것. 천천히 가지 않으면, 남는 건 후회뿐이라는 사실을.

새벽녘, 오랜만에 대학 시절 동기가 꿈에 나왔다. 아주 가끔 출석 미달로 졸업을 못하거나, 친구와 우연히 마주치는 꿈을 꾸곤 한다. 대개는 일이 뜻대로 풀리지 않거나 피로가 깊을 때다. 그런데 이상하게도 그런 꿈을 꾸고 나면 마음 한편이 후련하다. 새삼 충전된 듯한 기분. 요 며칠 피곤하긴 했지만 몸 상태는 나쁘지 않았다. 아마도 그 꿈은, 시루에냐 밀밭을 지나치며 생긴 회한이 무의식을 타고 스며든 여운이었을지도 모른다. 그 아름다움을 스스로 놓쳐버린 아쉬움이, 오래전 기억의 얼굴을 빌려 돌아온 것이리라.

    대학 1학년 말, 내 인생의 긴 터널에 어둠이 깃들기 시작했다. 졸업 후 소외된 민중과 함께 전위적 삶을 살겠다는 결기는 점차 무거운 짐이 되었다. 막상 그 길에 올라서려니 두려움이 앞섰고, 평생 후회하지 않으리란 확신이 없었다. 남들처럼 평탄한 길을 걷고픈 욕망을 비우지도 못했다. 그러던 어느 날, 한 동기가 햇살처럼 다가왔다. 염세의 늪으로 빠져드는 나를, 그는 부드럽고 단단한 말로 끌어주었다. 자기부정은 자기애의 다른 얼굴일 뿐이라며, 그저 나르시시즘이 조금 짙을 뿐이라 토닥였다.

    언젠가부터 그가 마음 한편을 차지하고 있음을 깨달았을 때, 나는 흠칫 놀랐다. 세상을 맑고 투명하게만 바라보던, 삶의 방향이 전혀 다른 그와 나는 어울릴 인연이 아니라 단정했고, 감정의 싹이 트려는 순간마다 애써 끊어냈다. 서너 달 동안은 우연히 마주칠 만한 자리를 피해다녔고, 멀리서 보이면 일부러 돌아갔으며, 어쩔 수 없이 한자리에 앉게 되면 가장 먼 구석에 앉아 시선을 피했다. 그렇게 거리를 두었으나 마음속에 갓 집힌 화톳불은 걷잡을 수 없이 번져갔다. 마침내 거세진 불길이 내 단심斷心을 삼켜버렸다.

    무더운 여름날, 조심스레 고백했다. 늘 미소 짓던 평소와 달리 어두운 표정이던 그는 한숨을 내쉬며 머뭇거리다 너무 늦었다는 말로 고개를 돌렸다. 그 순간 가슴이 철렁 내려앉고 절망스러웠다. 무저갱의 어둠 속으로 끝없이 추락하는 느낌이 들었다.

"그랬구나. 너무 늦었구나. 너무 일찍 일어나 매번 주저하던 내가, 용기 없는 사자로 전락한 내가…. 이젠 너무 늦어버렸구나."

말문이 턱 막혔다. 설득할 용기도 나지 않았다. 동아리 모임이 있는 주점으로 자리를 옮겨 말없이 잔을 부딪쳤고, 몇 잔을 기울인 후 먼저 일어났다. 야학에 일이 있었기 때문이다. 며칠 후, 함께 있던 선배가 물었다. "너 가고 나서 ○○가 울더라. 무슨 일 있었니?" 아무 말도 할 수 없었다.

방학이 끝날 무렵, 모임에서 마주친 친구를 배웅했다. 어색한 침묵이 우리를 감쌌다. 버스를 갈아타기 위해 걷던 길, 친구가 살며시 팔짱을 꼈다. 처음이었다. 손 한번 잡지 않았던 사이. 숨조차 제대로 쉬기 어려웠다. 예전으로 돌아갈 순 없겠지만, 그 순간만큼은 따스한 온기가 피어올랐다. 시간이 멈추길 바랐다. 그러나 환승버스는 내 마음을 모르는지 평소보다 일찍 도착했다. 작별 인사를 건넸다. "잘 지내." 또 보자는 말은 하지 않았다.

친구를 보기가 힘들어, 돌연 휴학을 결심했다. 그게 서로에게 좋을 거라 여겼다. 수강신청도 하지 않았다. 개강 후 휴학계를 내러 교무처에 찾아가니 장학생이라 자동 등록되어 휴학이 불가하단 말만 들었다. 수강신청 마감시한은 지났고, 나는 학교에 어떤 미련도 남지 않았다. 그저 몸만 사라지면 될 일이었다. All A 성적이 All F로 전락했다. 아니, 수강신청조차 하지 않았으니 성적은 아예 존재하지 않았다. 20학점이 완벽한 공空으로 흩어졌다.

다만 감정의 색色만은 끝내 공이 되지 못했다. 박상륭의 『죽음의 한 연구』(1975)에 빠져, 자칭 교주가 된 나는 '유리'의 초입을 유랑했다. 뜻밖에도 야학 친구 둘이 신도기 되어 함께했다. 우리는 도로시 일행처럼 뭔가 결핍된 존재들이었다. 부족원이 없는 추장, 사리는 멀쩡한

푼수, 교리를 잃은 교주. 그렇게 1년 반, 친구들은 허송세월하는 나, 교주를 묵묵히 지켜주었다.

우리는 사랑을 하지 않았다. 다만 서로를 향한 호감이 부끄러워 쉽게 드러내지 못한 사이였다. 은연중에 연심을 드러내는 장문의 편지를 몇 통 주고받고, 남들 몰래 찻집에서 만나거나 야학이 없는 날 집 근처까지 배웅한 게 전부였다. 요즘 말로는 '썸'이었다. 그럼에도 이별 뒤의 상실감은 감당하기 어려웠다.

1987년 겨울 전까지는 우리는 아무 사이도 아니었다. 민중후보 백기완 선생 선거자금을 마련하던 가게에 친구가 불쑥 놀러 오기 전까진. 그전에는 도리어 세상 물정 모르는 순진함이 1987년의 격랑과 어울리지 않는다고 못마땅해하던 사이였다. 이제 원래 제자리에 돌아왔으니 마음 또한 '공'이 되어야 했지만, 그러지 못했다. 티끌 같은 감정이 왜 이렇게도 아프게 남았을까. 참으로 버거운 시간이었다. 애별리고의 채찍은 유난히 매서웠다. 이별의 아픔이 깊었던 건, 어쩌면 이루지 못한 미망과 잠시라도 내가 친구에게 상처를 주었을지 모른다는 죄책감 때문이었으리라. 그 아픔까지도 내 업으로 끌어안으려 했던 그 무거운 감정이 끝내 나를 짓눌렀다.

오늘따라 애별리고를 노래한 곡들이 잇달아 귓가에 스며든다. 우연이라기에는 기묘한 흐름이다. 미국에도 김건모의 〈잘못된 만남〉(1995)과 같은 노래가 있다. 올맨 브라더스 밴드The Allman Brothers Band의 〈Whipping Post〉(383위). 헤어진 연인이 자신의 절친과 사랑에 빠진 장면을 목격한 충격은, 기둥에 묶여 채찍을 맞는 고통보다 더한 절망이다. 절규하는 보컬, 끓어오르는 기타 리프 속에 실연의 파열음이 녹아 있다. 정규 앨범에서는 5분이지만, 23분을 넘는 라이브 버전이 더 유명하다. 유튜브에서 기타 애드리브는 꼭 들어봐야 한다.

🎧 The Allman Brothers Band, 〈Whipping Post〉(1969, 383위)

사랑의 달콤함이 다한 뒤 찾아오는 이별은, 실로 감진고래甘盡苦來 — 단맛이 끝나면 쓴맛이 온다 — 라는 인생의 역설이다. 인생이란 교향곡의 한 악장이 통째로 뒤집히는 순간. 버브The Verve의 〈Bitter Sweet Symphony〉(382위)는 그런 나락의 고통을 생생히 묘사한다. 변화에 대한 갈망과 한 발짝도 내딛지 못하는 무력감, 스물한 살의 내가 겪은 감정과 다르지 않다. 매일 새 삶을 꿈꿨지만, 현실은 닿지 못한 채 그 자리에 머물렀다. 변화 없는 갈망은 어느새 지옥이 되었다.

샘 쿡Sam Cooke의 〈Wonderful World〉(373위) 마지막 구절이 마음을 흔들었다.

"공부는 못해도 그 사랑 하나만은 쟁취하고 싶다."

나도 그랬다. 어느 것 하나 내세울 것 없던 나. 그래서 과 수석이라도 해야 고백할 자격이 생긴다고 믿었다. 사랑을 성적으로 환산한 유치한 사고. 중간·기말고사 기간에 친구 하숙집에서 벼락치기하며 밤을 지새다시피 했다. 그런데 경제학 원론 시험에서 채점이 잘못되어 차석에 그쳤다. 담당 교수님은 해외 출타 중이라 성적 정정은 끝내 이뤄지지 않았다. 만약 올바르게 점수가 매겨져 수석을 했다면 친구를 설득할 용기를 냈을까. 그때의 나는 사랑이 뭔지도 모르는 유아기적 자기애에 갇힌 나르시시스트였다.

장년이 된 지금, 사랑을 정의하긴 여전히 어렵지만 한 가지는 안다. 사랑은 어떤 '행동'의 결과가 아니라, 함께 '형성'해가는 과정이라는 것. 누군가를 사랑하는 게 아니라, 함께 무엇을 이루어가는 것이 진짜 사랑이다. 그때의 나는 미움만 앞섰다. 함께 오작교를 놓으려 하지 않았다. 그녀가 내게 호감을 가졌다는 것만으로 사랑이 완성된다고 착각했다.

마음의 짐이 밀짚단처럼 쌓이면 인생의 고통이 배가된다.

그런 기억을 되새기며 걷던 중, 엘튼 존Elton John의 〈Goodbye Yellow Brick Road〉(380위)가 흘렀다. 노란 벽돌길은 희망과 동화적 상상의 상징. 작사가 버니 토핀Bernie Taupin은 이른 성공 앞에서 자신이 원래 있어야 할 곳으로 돌아가겠다고 다짐하며 이 곡을 썼다. 도로시는 허수아비, 양철나무꾼, 겁쟁이 사자와 수많은 위기를 함께 이겨냈다.

오래전에 친구는 내게 말했다. "너무 슬퍼하지 마. 내일은 내일

의 태양이 떠오를 거야." 도로시는 사자에게 말했다. "넌 겁쟁이가 아니야. 다만 자신감을 잃었을 뿐이야." 안타깝게도 나는 겁 많은 사자가 아니라, 스스로를 비우지 못한 교주였다.

    삶에서 필요한 용기란 평생을 관철할 결심이 아니라, 바로 지금 눈앞의 산을 오를 단 한 걸음의 의지다. 그다음 한 걸음은 그때 가서 고민하면 된다. 끝에 있을지 모를 행복을 좇기보다, 지금 이 순간을 살아내는 작고 단단한 진심이 필요했다. 나는 이상적인 용기만 좇다 구부득고에 빠져 방황했다. 끝내 자신을 비우지 못한 채, 부족한 스스로를 탓하며 헛된 소진을 반복했다. 그 시절 내가 찾던 노란 벽돌길은, 지금 까미노 위에 찍힌 노란 화살을 떠올리게 한다. 순례자들을 인도하는 이 화살표는, 어쩌면 현실의 미로 속에서 방황하던 나를 위한 메시지였을지도 모른다. 까미노에 울려 퍼지는 이 노래가 오늘따라 유독 사무친다. 길 끝에 도착한 도로시는 말했다. 집만큼 편한 곳은 없다고. 나도 그 시절로 돌아간다면 반색할까? 스물한 살로 회귀한다면 어떤 선택을 할까?

그런 공상에 잠긴 사이, 벨로라도를 5km 앞둔 비야마요르 델 리오Villamayor del Río에 닿았다. 배가 고팠다. 마을 초입에서 좀 더 걸으니 레스토랑 '카살바'Casalba가 보였다. 별로 내키지 않았지만, 누나가 모처럼 적극적으로 나서기에 따랐다. 문을 열자마자 직원이 배낭을 밖에 두라고 했다. 아무리 정중히 말해도 듣지 않았다. 기분이 상했지만, 누나가 고풍스러운 식당에서 점심을 즐기고 싶어하는 듯해 참았다. 식전 빵으로는 바게트를 골랐고, 물은 레스토랑에서 제공하는 걸로 충분하다고 말했다.

얼마 뒤, 길에서 종종 마주쳤던 젊은 한국 여성 순례자가 들어왔다. 지친 기색으로 스탠드 바 아래 의자에 털썩 앉았다. 그런데 그녀의 배낭은 곁에 둬도 제지받지 않았다. 아까 직원의 반응과는 딴판이었다. 이 차별은 뭔가? 기준 없는 부조리에 마음이 점점 불편해졌다. 음식이 나왔다. 식전 빵치고는 양이 많았고, 생수는 1.5리터 병째 나왔다. 빵과 생수 값으로 청구된 금액은 9유로. 얼마 되지 않는 돈이지만, 기대했던 점심이 점점 실망으로 바뀌었다. 스페인식 순대, 모르시야Morcilla로 착각해 주문한 초리소Chorizo는 입에 쓰기만 했고, 그저 걷기 위해 억지로 우걱우걱 씹어 넘겼다. 체하지 않은 게 다행일 정도였다.

배낭 차별을 겪으니, 순간 초등학교 6학년 때 겪은 일이 떠올랐다. 학급 전체가 당번으로 교무실 복도를 닦던 날, 한 선생님이 정성껏 광낸 바닥을 구두로 밟고 지나갔다. 이해할 수 없던 부조리에, 나는 전교 어린이회의가 있던 날, 건의했다.

"선생님들도 실내화를 신어주세요."

마침 회의를 주관하던 분이 그 선생님이었다. 돌아온 대답은 단호했다.

"선생님들은 그래도 돼. 너흰 그냥 닦으면 돼."

공감 없는 말 한마디가 얼마나 잔혹할 수 있는지, 나는 그때 비로소 알았다. 무심한 말로 가한 매질은 육체적 체벌보다 깊었다. 그 시절, 그런 불통과 부조리는 당연한 일상이었다.

지금은 어떤가. 서이초 교사의 비보를 들은 건 순례를 마친 직후였다. 학부모의 지나친 갑질에 시달리다 세상을 등진 이 사건은, 오래도록 마음을 짓눌렀다. 교권은 말라가고, 학생 인권이라는 미명 아래 교사의 훈계는 언어폭력으로 몰린다. 부당한 가해자가 법을 무기 삼아 피해자를 학교 밖으로 밀어내는 현실. 적반하장의 부조리가 이제 교육 현장에서 적자생존의 상식으로 자리 잡은 오늘이다.

핑크 플로이드Pink Floyd의 〈Another Brick in the Wall, Part 2〉(375위)는 그런 시대의 벽을 노래했다. 1950년대 영국의 교육은 학생을 통제와 순종의 대상으로 길들였고, 교사는 아이들의 개성을 자신이 원하는 대로 깎는 조각가였다. 김태원이 이끌던 부활의 〈회상 2〉(1987)처럼, 어린 아이들이 부르는 이 곡의 코러스 역시 천사들의 목소리처럼 다가온다. 지금 한국의 교실에도 또 하나의 벽돌이 쌓이고 있다. 무례한 아이들은 '또 다른 벽돌'이 되고, 이기적인 부모가 그 벽을 완성한다. 이 벽을 해체할 방법이 도무지 떠오르지 않아, 마음 한구석이 깊이 쓸쓸해진다.

🎧 Pink Floyd, 〈Another Brick in the Wall, Part 2〉(1979, 375위)

청춘 시절, 내 화살표는 어디로 향했을까

정규직 전환을 꿈꾸는 기간제 천사

All You Need Is Love: 최초의 풍요로운 사회

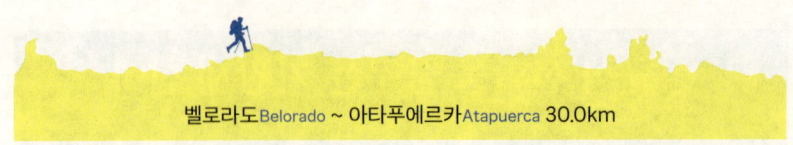

벨로라도Belorado ~ 아타푸에르카Atapuerca 30.0km

　바람이 목동처럼 하늘에 듬성듬성 수놓인 양떼구름을 몰고 간다. 구름이 지나가면 햇살이 그 틈을 파고들어 쏟아진다. 오랜만에 길게 드리운 내 그림자가 발끝에 붙었다. 꼭 키다리 아저씨처럼, 길쭉하고 느긋한 모양이었다. 며칠간 가슴을 휘젓던 폭우와 돌풍은 거짓말처럼 사라졌고, 어제의 그늘을 벗어나자 마음이 한결 가벼워졌다. 밀밭 사이로 이어진 까미노를 걷는 감각과 달리, 나무다리를 디디는 발바닥 감촉은 또 다른 재미를 더했다. 리듬에 흥이 실리니, 가던 걸음을 멈추고 몇 장의 사진을 남겼다. 이번에는 후회하지 않으려 진득하게 프레임을 잡았다. 그때, 저만치 앞서가던 누나가 눈에 들어왔다. 황급히 휴대폰을 주머니에 넣고 발걸음을 재촉했다.

　오랜만에 얼굴에서 웃음이 떠나지 않던 순간, 등 뒤에서 웅성임이 들렸다. 처음에는 일행끼리 다투는 줄 알았지만, 곧 고함이 섞였다. 돌아보니 세 명의 할아버지가 등산 스틱을 흔들며 손짓하고 계셨다. 무슨 실수를 했나 싶어 당황했는데, 한 분이 손에 쥔 무언가를 높이 들어 보였다. "뭐 떨어뜨렸다는 거 아니야?" 옆에서 누나가 말했다. 그제야 정신이 번쩍 들었다. 재킷 주머니에 익숙한 감촉이 없었다. 아뿔싸. 황급히 달려가자, 할아버지는 환하게 웃으며 "떨어뜨리고 가더군요" 하고 폰을 건넸다. "¡Muchas gracias.(정말 감사합니다!)" 이탈리아 분들이었지만, 까미노에서는 스페인어 인사가 가장 자연스럽다. '무차스 그라시아스'는 이 길의 공용어다. 그 한마디면 마음이 통한다.

　사실 까미노에 오르기 전부터 막연히 기대하고 있었다. 언젠가

내게 나타난 세 분의 천사들

전사를 만나게 되리라고. 다만 이렇게 빨리 찾아올 줄은 몰랐을 뿐이다. 스마트폰 분실은 단순한 해프닝이 아니다. 항공권과 열차표는 인쇄본으로 대체할 수 있고, 개인정보 유출쯤은 감수할 수 있다. 문제는 일정표였다. 구글 드라이브에 저장된 일정과 여행 정보들. 폰이 사라졌다면 남은 순례 일정과 마드리드 여행 계획을 모두 기억해내야 하고, 간편결제가 막혀 현금만 들고 다녀야 했다. 그날 내게 다가온 세 사람은 단순히 친절한 이방인이 아니었다. 미카엘, 가브리엘, 라파엘, 하늘의 사자이자 나의 수호성인들. 그들의 미소는 선의의 전형이었고, 덕분에 나는 일상을 무사히 되찾을 수 있었다.

　까미노에는 이런 천사들이 있다. 낯선 이의 곤경 앞에 망설임 없이 손을 내미는 사람들. 아무런 대가도 바라지 않은 그들이 지나간 자리에 남는 건 미소와 잔잔한 감동이다. 짐처럼 눌리던 마음이 가벼워지고, 그 따뜻함은 또 다른 이에게 번진다. 천 년을 이어온 길 위에서, 누군가 시작했던 선행은 도미노처럼 이어져 왔다. 이렇게 까미노에는 연꽃이 핀다. 진흙 속에서 피어나되 그에 물들지 않는 연꽃. 고절한 자비와 품위가 흐른다. 그 마음을 잊지 않으려 한다. 언젠가 도움이 필요한 이에게 받은 은혜를 원금 삼아 더 큰 이자를 얹어 되갚고 싶다. 대천사들이 전해준 따뜻함을 나도 반드시 이어가겠노라 다짐하며.

　하지만 까미노의 천사들은 대부분 계약직, 그것도 단기다. 순례가 끝나 제자리로 돌아가면 임무도 함께 끝난다. 나도 그랬다. 37일간 꽤 많은 도움을 받았고, 그때마다 낮은 자리에 머물고자 애썼지만, 귀국한 뒤 몇 달이 지나자 까미노의 온기는 희미해졌다. 일상으로 되돌아온 나는 어느새 평범한 시민이 되어 있었다. 끼어드는 차량에 짜증을 내고, 비상등을 켜지 않고 새치기하는 얌체 운전자에게 분노했다. 나도 모르게 상향등을 켜거나 경적을 울린다. 순례 중이었다면 "얼마나 급했을까" 하고 넘겼을 일들. 그래도 괜찮다. 계약직 천사라도 없는 것보단 낫다. 다음에 또 걷게 된다면 또 계약서를 쓰고 천사의 임무를 기꺼이 받아들일 것이다. 까미노의 천사들은 인간이 본래 선하다는 믿음에 작지만 확실한 증거가 되어준다. 그들은 말없이 증명한다. 인류 공동체의 이상이 허상이 아니란 것을.

까미노의 천사를 생물유전학으로 풀면, 이는 곧 이기적 유전자가 빚어낸 이타적 행동이라 할 수 있다. 순례길에서 내가 특별히 더 착해진 건 아니다. 이타적 행동의 주체는 '나'라는 개체가 아니라, 그 개체를 구성하는 '유전자'다. 자연선택 이론에 따르면, 선행 과정에서 일부 유전자가 희생되더라도 전체적으로 생존과 복제에 유리하면 그 선택이 지속된다. 즉, 천사의 이타성은 이기적 유전자가 자신에게 유리한 방향으로 내린 진화적 선택의 산물이다. 여기서 '이기적'이란 자기중심성이 아니라, 자기 복제를 극대화하려는 유전자의 속성을 뜻한다. 결론적으로 천사의 선행은, 유전자가 생존 전략의 일환으로 개체의 행동을 조절한 결과에 불과하다.

이런 해석이 냉혹하게 들릴지 몰라도, 그것이 과학적 사실이라면, 이를 받아들이는 일은 각박함이 아니라 통찰의 출발이다. 설령 이기적 유전자가 천사를 탄생시킨 '창조주'라는 주장이 마음에 들지 않더라도, 산티아고까지 무사히 가기 위해 선행을 적립해두는 걸 마다할 이유는 없다. 언젠가 피치 못할 곤란한 때에, 또 다른 천사의 도움을 받을 수도 있을테니 말이다.

불현듯 드는 생각, 이기적 유전자는 파레토 최적을 바랄까? 경제학의 파레토 최적은, 누구의 이익도 해치지 않고 전체 효율을 끌어올리는 상태다. 이를 유전자 수준으로 환산하면, 다른 유전자의 복제를 침해하지 않고 자기 복제를 최적화하는 조화의 상태라 할 수 있다. 그러나 유전자는 본성상 타인의 자원을 이용해 자기 생존을 극대화하려 하기에, 그런 이상적 조화는 현실에선 거의 불가능하다. 하지만 개체나 집단의 관섬에서는 이야기가 달라진다. 이기적 유진자가 때때로 개체의 이타성을 허용하듯, 파레토 최적 또한 집단의 생존 전략으로 기능할 수 있다. 내게 남는 자원을 이웃에게 내주고, 내가 필요한 자원을 공동체로부터 돌려받는 상호작용은 전체 효율을 높이고 소속 집단의 생존 가능성을 키운다. 조화는 개인의 양보가 아닌 집단의 최적화에서 비롯된다.

디페쉬 모드 Depeche Mode의 〈Personal Jesus〉(368위)는 이 주제와 묘하게 겹친다. 이 곡은 프리실라 프레슬리 Priscilla Presley의 회고록 *Elvis and Me* (1985)에서 영감을 받았다. 프리실라는 남편인 엘비스가 자신을 어떻게 정신적으로 구원했는지 고백했고, 밴드의 리더 마틴 고어 Martin Gore는 그 안에서 '신과 인간 사이의 공명'을 떠올렸다. 누구나 자신의 '퍼스널 예수'를 갖고 있으며, 위기의 순간 그 존재로부터 위안을 얻는다는 메시지를 곡에 담았다. 그렇다면, 모두가 자신만의 예수를 갖는 세상은 어떨까? 각기 다른 신념과 기준이 충돌할 때, 조화로운 파레토 최적은 가능한가?

Depeche Mode, 〈Personal Jesus〉(1989, 368위)

하느님의 말씀을 담은 성경은 시대와 문화, 풀이하는 사람의 시선에 따라 다양하게 해석된다. "오른뺨을 치거든 왼뺨도 돌려 대라"는 구절도 그렇다. 겉보기에는 무조건적인 용서를 말하는 듯하나, 성경학자들은 이를 다르게 읽는다. 고대 유대 사회에서 오른손은 고귀하고 신성한 도구, 왼손은 비천함과 불결함의 상징이었다. 누군가의 왼뺨을 치려면 오른손으로 쳐야 한다. 즉, 상대가 누군가에게 폭력을 행사하려면 자신의 신성한 손을 더럽혀야 한다. 이 구절은 상대의 폭력에 대한 수동적 인내가 아니라, 이를 윤리적으로 되받아치는 비폭력 저항일 수 있다. 마찬가지로 예수님이 예루살렘의 성전이 무너질 것이라던 말

몬테 데 라 페드라하 1936 추모비와 순례자 돌무덤

씀도 단순한 예언이 아니라, 낡은 종교 질서를 허물고 사랑의 새 질서를 제시한 혁명적 선언이었을지도 모른다.

   신의 메시지는 언제나 다의적이다. 그 간극에서 우리는 서로 다른 해석으로, 다른 믿음으로 살아간다. 신을 앞세운 이견들 틈에서 파레토 최적이라는 조화가 과연 가능할지 매우 의심스럽다.

   이런 사유에 잠긴 채, 비야프랑카 몬테스 데 오카Villafranca Montes de Oca를 지나 오카산을 넘었다. 숲길에는 나무 그림자가 어른거렸고, 그늘은 오아시스처럼 청량했다. 그러나 구릉 정상 너머로 이어진 신작로는 달랐다. 평탄한 흙길 위로 태양이 화살처럼 쏟아졌고, 피할 그늘 하나 없이 내리쬐는 햇살을 온몸이 방패 되어 막아냈다. 터덜터덜 걸어 산을 거의 다 내려올 무렵, 길 오른편에 서 있는 구조물이 떡하니 눈에 들어왔다. 시멘트와 돌로 이루어진 간결한 기념비 — 프랑코 정권에 의해 희생된 이들을 추모하는 '몬테 데 라 페드라하'Monte de la Pedraja 1936 ―, 그 옆에는 순례 중 세상을 떠난 이를 추모하는 돌무덤이 놓여 있었다. 그 앞에서 가슴 한쪽이 묵직해졌다. 빛과 어둠, 고통과 위로, 선과 악, 이 길 위에서 그 모든 것이 겹쳐진다. 까미노는 단순한 여정이 아니라, 존재와 삶의 경계를 넘나드는 담대한 질문이다.

1936년, 프란시스코 프랑코 장군은 제2공화국을 전복하기 위한 쿠데타를 일으켰다. 그해 여름, 반란군은 공화정을 지키려던 300여 명을 이곳에서 집단 처형했다. 그들을 추모하는 기념비가 여기에 외롭게 서 있다. 프랑코는 보수적 가톨릭 신자였고, 그의 독재를 지지한 세력 중에는 극우 성향의 스페인 가톨릭 교회가 있었다. 독재 정권은 구약의 야훼처럼 단호하고 가차 없었다.

여호와를 따르지 않는 이방인을 가차없이 섬멸하라는 야훼의 명을 수행하듯, 반란군에 맞선 정부군과 시민들을 무자비하게 처단했다. 왜 그들은 "원수를 사랑하라", "너희를 박해하는 자를 위해 기도하라"는 신약의 말씀은 외면했을까? 예수님은 분명 말씀하셨다. "너희는 이웃과 적을 가리지 말고 사랑하라. 심판의 날에 하느님께서 무도한 자들을 벌하시리라."

프랑코 정권은 20만 명에 가까운 생명을 앗아갔다. 그는 과연 하느님의 심판을 받았을까? 기념비 앞에서 그 질문이 처연히 가슴에 내려앉았다.

모든 전쟁은, 그 명분과 무관하게 반인권적이다. 권력을 찬탈하려는 내전이나 명백히 부당한 침략 전쟁은 물론, 식민 지배에 맞선 독립운동이거나 독재에 항거하는 자유혁명일지라도 전쟁은 언제나 무고한 민간인의 피를 요구한다. 아무리 정의로운 이유가 있어도, 그 과정의 희생 모두를 정당화할 수 없다. 그래서 우리는 전쟁의 불가피함을 말하면서도, 동시에 반전과 휴머니즘을 노래해야 한다.

그 반전의 노래 중 하나가 비틀스The Beatles의 〈All You Need Is Love〉(362위)다. BBC가 전 세계 여섯 대륙을 위성으로 연결해 방송한 'Our World' 프로그램을 위해, 영국 대표 밴드였던 비틀스에게 이 곡을 의뢰했다. 존 레논John Lennon이 작곡한 이 노래는 당시 유럽과 미국을 휩쓴 반전운동의 구호를 제목으로 삼았다. 그는 자신을 '혁명을 꿈꾸는 예술가'라 불렀고, 사랑이라는 보편 언어로 세상의 부조리를 타파하고자 했다. 우리에게는 〈러브 액츄얼리〉(2003)의 오프닝 곡으로 익숙하지만, 그 이면에는 시대의 절규와 평화의 염원이 담겨 있다.

🎧 The Beatles, 〈All You Need Is Love〉(1967, 362위)

기념비 앞에 선 순간, 광주의 5월이 떠올랐다. 1980년, 독재에 맞서 일어섰던 시민들의 의로운 항쟁. 그 숭고한 뜻 앞에 담담히 고개를 숙였다. 먼 이국의 산기슭에서 나는 5·18 민주화운동이 지닌 역사적 의미를 가슴속에 되새겼다. 한동안 마음은 무거웠는데, 비야프랑카Villafranca에서 산 후안 데 오르테가San Juan de Ortega까지 이어진 12km의 고요한 숲길이 위로해주었다. 거센 풍랑이 잦아들듯, 평온한 산길은 내 안의 격랑을 함께 덮었다. 오크 숲은 오래된 기도처럼 평화를 불러왔고, 나는 모처럼 깊은 심호흡을 할 수 있었다. 아헤스Agès까지 이어진 4km 남짓의 길도 여운 가득한 심정을 달래주었다. 아쉬운 건 오후 들어 기온이 꽤 올랐다는 것 하나. 그러나 뜨거운 그 햇살마저도 앞서 지나온 기념비의 냉기를 천천히 녹여주는 것 같았다.

까미노는 이런 길이다. 상처와 회한, 성찰과 위로가 겹치는 길. 그 모든 것들이 그렇게 한 걸음씩 내 안에 자연스레 스며든다.

사흘 전 나헤라를 떠난 이래, 까미노는 점차 고도를 높여왔다. 목적지 아타푸에르카는 해발 900미터가 넘는 고지대 마을. 내일 아타푸에르카산맥을 넘어 부르고스Burgos에 도착하면, 레온León까지 약 178km에 이르는 광활한 메세타 고원을 가로질러야 한다. 지루한 평원이 이어지지만, 20년 전에 접했던 그 장대한 풍경을 나는 오래도록 동경해왔다. 해발 800~900미터 고원 위, 메마른 대지에 끝없이 펼쳐진 밀밭 사이로 저 멀리 오른편 지평선 너머 우뚝 솟은 산맥이 출정을 앞둔 군대처럼 도열해 있는 풍경. 곧 그곳에 선다 생각하니 마음이 설렌다.

아타푸에르카는 유럽을 대표하는 구석기 유적지다. 흔히 구석기인은 미개하고 나약한 존재로 묘사된다. 간신히 유인원을 벗어난 듯한 인물들. 굶주림에 허덕이고 맹수에 속수무책으로 당하는 이미지가 주

아타푸에르카 초입을 알리는 이정표

를 이룬다. 그러나 유발 하라리는 『사피엔스』(2011)에서 이 통념을 통쾌하게 반박한다. 인류 역사 중 99% 이상을 차지하는 구석기 수렵·채집 시대야말로 '최초의 풍요로운 사회'였다고 그는 말한다.

당시 인류는 700~800만 명 수준의 저밀도 인구로, 자연과 조화를 이루며 살았다. 주변에는 먹거리가 풍부했고, 잡식성 식단은 건강에 이로웠으며, 노동 시간도 주당 몇십 시간에 불과했다. 가축을 기르지 않았기에 전염병도 드물었다. 되레 오늘날 도시인은 고혈압과 당뇨를 피해 값비싼 유기농 식품을 찾고, 근무 시간을 줄여 여가를 확보하려 애쓴다. 아이러니하게도, 우리가 꿈꾸는 삶의 형태는 이미 수만 년 전 구석기인들이 누렸던 삶과 닮아 있다. 게다가 현대인보다 두뇌 용적이 컸던 덕분에 생존을 위한 다방면의 기술을 익힌 재능인으로, 건장한 체격에 영유아기만 잘 넘기면 평균 수명은 60세 이상, 일부는 80세를 넘기기도 했다. 의학도 복지도 없던 시대를 감안하면 놀라운 수치다. 물론 이 시기가 완전한 낙원은 아니었고, 결핍과 고통에서 완전히 자유롭진 않았지만, 우리가 상상했던 것보다 훨씬 더 풍요로운 삶이었음은 분명하다.

그러나 기원전 1만 년경 농업혁명 이후, 상황은 바뀌었다. 농사를 지어 식량 생산은 비약적으로 늘었지만, 그 열매는 모두에게 고르게 분배되지 않았다. 인구는 폭증했고, 잉여생산물을 독점하는 소수의 엘리트가 등장했다. 20세기 이전까지 농부의 삶은 구석기인보다도 고단했다. 더 많은 노동, 더 열악한 식사. 저자는 이를 '역사상 최대의 사기'라 부른다. 인간이 곡식을 키운 게 아니라 곡식이 인간을 길들였다는 역설. 밀은 이기적 유전자의 교본을 충실히 따라, 인간을 도구 삼아 스스로의 복제와 확산에 성공했다. 인간은 밭을 갈고, 잡초를 뽑고, 물을 대고 병충해를 막는 무한 반복의 노동을 감당해왔다, 오직 밀의 번영을 위해.

이제 AI가 삶을 송두리째 바꾸는 4차 산업혁명 시대. 자원의 양적 총량은 수렵·채집 시대와 비교할 수 없지만, 삶의 질은 과연 얼마나 나아졌는가. 수렵·채집 사회는 공동 규칙에 따라 수확물을 나눴고, 리더에게도 특권을 허용하지 않았다. 나름의 파레토 최적 상태였다. 하지만 지금은 어떤가. 누군가는 수백조 원의 자산을 향유하고, 누군가는 하루 1달러도 벌지 못한다. 세계 인구 중 1억 2천만 명이 절대 빈곤에 놓여 있다. 백 번 양보해 이 상태를 파레토 최적이라 해도, 그것이 공정하거나 정의롭다는 뜻은 아니다.

자본주의 사회에서 '부의 재분배'는 여전히 민감한 주제다. 부유한 이들은 세금의 분배를 꺼린다. 조세는 납세자의 효용을 깎고, 수혜자의 노동 의욕을 해친다는 논리가 따라붙는다. 그러나 부의 한계효용이 0에 가까운 이들에게는, 그 재화는 더 이상 실질적 효용을 창출하지 않는다. 그렇다면 더 절실한 이들에게 자원의 일부를 배분하는 것이야말로 진정한 파레토 개선 아닐까?

AI와 로봇이 몰고 올 생산성 혁신와 노동 해방. 어쩌면 그것은 사피엔스를 새로운 유토피아로 이끄는 노란 벽돌길일 것이다. 나는 아타푸에르카에 도착해 다시 한 번 비틀스의 〈All You Need Is Love〉를 들었다. 그 노래는 단순한 가요가 아니라, 인류의 진보를 위해 사랑으로 새 질서를 요청하는 시대의 구호처럼 들렸다.

저녁 무렵, 숙소 근처에서 예비역 대령 출신의 김 선배를 만났다. 나헤라 이후 알베르게는 대부분 만실이었다. 마침 '라 플라수엘라 베르데'La Plazuela Verde에 침상이 남아 함께 묵게 되었다. 우리는 부르고스에서 이틀 머물 예정이다. 김 선배는 산티아고에서 형수님을 만나 유럽여행을 이어가기에 다음 날 바로 떠난다. 내일부터는 또다시 각자의 길. 아쉽지만, 까미노의 만남이 그러하듯 이별 또한 언제나 준비되어

알베르게, '라 플라수엘라 베르데'

있다. 그래도 카카오톡으로 자주 연락하기로 약속했다.

내일이면 마침내 메세타의 지평선이 열린다. 그리고 나는 그 길 위에 선다.

　　오늘도 장광설을 늘어놓아, 소개하고 싶었던 명곡 몇 곡을 미처 담지 못했다. 다행히 부르고스와 레온에서 하루씩 연박할 예정이니, 그 여유 속에서 못다 한 곡들을 소개하려 한다. 메세타의 끝없는 평원에서 맞이한 바람과 햇살의 여운을 곱씹으면서.

들판에 산재한 구석기 유적

2부
메세타,
그 광야에 서서

오 자유여! 그 기쁨이여

Tears in Heaven: 후배의 영면을 기리며

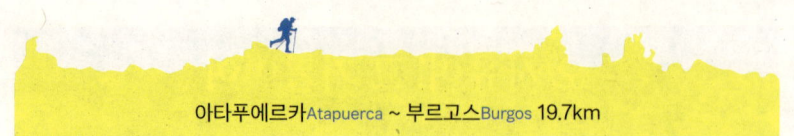

아타푸에르카Atapuerca ~ 부르고스Burgos 19.7km

김 선배와 작별했다. 숙소 앞뜰, 이름 모를 들꽃을 배경 삼아 기념사진 한 장을 남겼다. 발걸음 빠른 선배에게 먼저 출발하시라 권하고는, "건강히, 무사히 완주하시길요"라는 짧은 인사를 나눴다. 로그로뇨 인근에서 두어 시간 함께 걸으며 교감을 나눈 기억이 새삼스러웠다. 말수는 적었지만 마음의 결이 곱고 사려 깊은 분. 이별이 익숙한 까미노지만, 유난히 허전함이 진하게 남았다.

출발하자마자 완만한 비탈길이 펼쳐진다. 철조망 너머 너른 초지에는 수백 마리의 양들이 평화롭게 풀을 뜯고 있었다. 개중 몇 마리가 아침부터 왜 그리 바쁘냐는 듯한 눈빛으로 힐끔거린다. 언덕을 오르며 몸이 서서히 달아오른다. 거센 바람과 흐린 하늘에도 불구하고 체온은 금세 후끈해졌다. 발밑에는 크고 작은 자갈들이 흩어진 너덜길. 발끝에 차이는 그 돌멩이 하나하나가 이 땅 어딘가에 살았던 구석기인의 손에서 타제석기 하나로 태어났을지도 모른다는 상상을 해본다.

누나의 발가락이 아직 완쾌되지 않아, 자갈길은 부담이 될 터다. "서두르지 말고 천천히 가요." 오늘 걸을 거리는 고작 20km 남짓. 체크인 예정 시각은 오후 2시 30분. 현재 시각 오전 7시 50분. 충분히 여유 있다. 오히려 부르고스 대성당에 너무 일찍 도착하면 남은 시간을 어떻게 보낼지 고민해야 할 정도다. 그렇게 느릿느릿, 양반 행차하듯 걸어 40분 만에 언덕 정상에 올랐다.

정상 옆에는 커다란 나무 십자가가 우뚝 서 있다. 이 길을 지나온 순례자들이 마음의 짐을 하나둘 내려놓듯 조약돌을 놓고 간 흔적이 십자가 아래 수북이 쌓였다. 바라보는 것만으로도 죄가 사해지는 듯한

아타푸에르카 언덕 위의 십자가

착각이 들 만큼 마음이 경건해졌다. 한국의 산은 대개 정상이 협소하지만, 이곳은 사방이 탁 트여 광장처럼 너르다. 전쟁의 신 아레스가 거대한 산허리를 단숨에 한 칼로 베어낸 듯한 풍광이다. 얼핏 보면 수십만 군중이 모여도 넉넉할 듯하다. 저 아래 어딘가, 앞선 순례자들이 사라진 너머로는 비야발Villaval의 마을이 드넓게 펼쳐져 있으리라.

까미노 위에서 처음 마주한 풍경들과, 어렴풋이 감지한 낯선 감각들이 있다. 가장 먼저 눈을 사로잡은 것은 유난히 낮게 깔린 뭉게구

오르바네하 리오피코 가는 길

름. 조금 과장하자면, 멀리 떠 있는 구름을 향해 한 걸음씩 다가설 때마다 머리끝에 닿을 듯한 기분이었다. 서울 하늘을 떠다니던 구름보다 훨씬 가까이 내려앉은 듯했다. 처음엔 고지대 탓이라 생각했지만 곧 의문이 들었다. 그렇다면 백록담이나 천왕봉 아래에도 이런 구름이 깔려 있어야 하지 않을까? 정확한 원리는 모르지만 섣불리 짐작했다. 비가 갠 직후에도 습하지 않은 공기, 그리고 강한 태양 복사열이 맞물려

이슬점이 높게 형성된 탓이겠거니. 어쨌든, 정수리에 사뿐히 내려앉을 듯한 구름은 이방인의 시선을 단박에 사로잡았다. 낯설고 이국적인, 마치 피안을 유영하는 한 조각 구름이었다.

다음으로 감각을 자극한 건 숲 너머에서 들려오는 새들의 합창이다. 방금도 십자가로 오르는 너덜길을 지날 무렵, 나무 사이에서 지지배배, 짹짹, 서로 다른 음절을 주고받으며 퍼져나간 소리가 마치 조율

된 중창처럼 들려왔다. 자연이 선사하는 한정판 ASMR처럼, 지친 발걸음에 생기를 불어넣는다. 도심에서 흔히 듣는 버스 타이어 마찰음이나 지하철 쇳소리와는 질감부터 다르다. 도시의 소음이 귀를 찢는 자극이라면, 까미노의 새소리는 귀를 감싸는 위로다. 숲길을 지날 때면 늘 기다려지는 이름 모를 새들의 삼중창, 사중창. 음악이라기보다 생명의 울림에 가깝다.

셋째, 납작복숭아. 이름처럼 생김새가 독특하다. 위에서 보면 보통 복숭아처럼 둥글지만, 옆에서 보면 위아래로 눌린 도넛 모양이다. 주먹보다 약간 작은 크기에 물렁한 육질, 단물이 그득해 간식으로 그만이다. 오뉴월이 제철이라 순례길 어귀마다 자주 손에 쥐게 된다. 이국적인 외형과 진득한 단맛은 까미노가 내게 건넨 소소한 선물 중 하나였다.

서울 야경을 거닐다 보면, 제법 많은 교회 십자가들이 네온사인처럼 빛난다. 하지만 그 풍경에 별다른 감흥을 느낀 적은 없었다. "교회가 참 많구나." 딱 그 정도였다. 그런데 까미노에 접어들고부터 무언가 달라졌다. 지나치는 마을마다 조그만 성당이 꼭 하나씩, 더러는 두서너 개가 있었고, 성모 마리아상이나 예수님 조각상처럼 가톨릭을 상징하는 형상들이 차분히 순례자를 맞이했다. 그 앞을 지날 때면 나도 모르게 걸음을 늦추고 마음을 가다듬게 되었다.

왜 그랬는지 설명하기 어렵다. 다만 '마주하면 정화되어야 한다'는 막연한 강박이 무의식 중에 고개를 들었다. 특히 길가에 세워진 나무 십자가 앞에 이르면 마음 한구석에 남아 있던 찌꺼기들이 느닷없이 고백을 요구했다. 나를 돌아보게 하고, 말로 담지 못할 죄의식이 슬며시 떠올랐다. 내가 짊어진 무게에 비해 참회는 늘 부족했고, 고백은 해도 해도 끝이 없었다. 찰나의 고백으로 정죄를 바라거나 용서를 구하려는 건 아니다. 견딜 수 없어 그저 털어내고 싶을 뿐이다. 그리고 나서야 어머니와 가족, 친구들, 병마와 싸우는 선후배들의 건강과 평안을 간절히 빌었다.

창자가 끊어질 듯한 슬픔은 감히 짐작조차 어렵다. 하지만 단장斷腸의 고통을 노래로 승화시킨 이가 있었다. 에릭 클랩튼Eric Clapton, 그의 〈Tears in Heaven〉(353위)은 사랑하는 아들을 떠나보낸 참척慘慽의 슬픔을 담은 곡이다. 네 살배기 아들 코너는 동물원에 가기로 한 날, 아빠를 기다리며 유모와 숨바꼭질을 하다 베란다에서 추락했다. 창밖으로 나간 코너는 별이 되어 하늘로 올라갔다. 아들이 남긴 처음이자 마지막 편지는 단 한 문장이었다. "I love you, Dad." 깊은 죄책감에 빠진 에릭은 그 짧은 문장에 답을 쓰듯 이 곡을 만들었다. 첫 구절은 그가 직접 적었다. 아마도 눈물을 적시며. 이후 나머지 부분은 작사가 윌 제닝스Will Jennings가 완성했다. "부끄럽지 않은 아버지가 되고 싶다"는 그의 간절함을 담아.

🎧
Eric Clapton, 〈Tears in Heaven〉(1991, 353위)

이 노래에는 또 다른 비극도 얽혀 있다. 사고가 있기 얼마 전, 에릭은 예약해둔 헬기 좌석을 친구 스티비 레이 본Stevie Ray Vaughan에게 양보했고, 그 헬기는 추락했다. 처음에는 그를 위한 추모곡을 구상했지만, 예기치 않은 비극 앞에서 아들을 기려야 했다. 에릭은 이 곡을 상업적으로 이용할 생각이 전혀 없었다. 그러다 2004년에는 "더는 부르지 않겠다"고 선언했다. 슬픔에서 조금씩 멀어졌고, 그 감정을 굳이 꺼내기 싫었기 때문이다. 나는 여전히 MTV 라이브 버전

《Unplugged》(1992)를 가장 아끼는 앨범으로 간직하고 있다. 기타 줄 하나하나, 떨리는 목소리 한 음절마다 부정할 수 없는 사랑과 이별이 서린 이 곡을 듣기 위해서.

아끼던 동아리 후배가 있었다. 병마와 싸우는 중에도 "산티아고 완주 후 늦여름에 꼭 보자"며 희망을 잃지 않던 이였다. 치료가 잘되고 있다 해서 안심했지만, 귀국 후 며칠 지나지 않아 부고를 들었다. 처음에는 믿기지 않아 한동안 아무 말도 할 수 없었다. 그 후로 종종 LP를 꺼내 턴테이블에 올리거나, 스크린을 내렸다. 화면 속 에릭은 눈을 감고 노래하고 있었다. "하늘에서 다시 만날 수 있을까?"라는 물음과 함께. 나는 그 선율 속에서 후배에게 마지막 인사를 한다. 말 없는 작별이자, 가슴 저미는 기도였다.

산길을 내려서니, 마을 하나가 온전히 제 모습을 드러낸다. 비야발. 무심히 떠다니던 뭉게구름은 나무 꼭대기 지척까지 내려앉아 있고, 눈이 시리도록 맑은 햇살은 대지를 가로지르며 그림자를 쫓는다. 태양의 아우라 아래, 온 세상이 연둣빛으로 응답한다. 그 장면은 차안이 아닌 피안의 세상처럼 다가왔다. 이쪽 세계에서 저쪽 세계로 건너가는 길목. 녹음이 썰물처럼 밀려나고, 시간을 머금은 햇살이 나뭇가지 사이로 흘러드는 찰나 몸과 마음이 어느 실루엣 너머로 스며들듯 빨려들었다. 그 몽환적인 감응에 이끌려 나는 천천히 다음 마을로 향했다.

오르바네하 리오피코Orbaneja Riopico를 지나 부르고스 공항이 멀지 않았다. 길은 이곳에서 둘로 갈린다. 하나는 오른편, 비야프리아Villafría를 거쳐 도심으로 곧장 진입하는 지름길, 다른 하나는 왼편으로 공항을 크게 감아 돌아가는 우회로. 나는 주저하지 않았다. 시간이 넉넉했고, 서두를 까닭도 없었다. 공항 왼쪽으로 난 길을 따라 느릿하게 걷기 시작했다. 카스타냐레스Castañares를 지나 아르란손강Río Arlanzón 옆으로 이어지는 숲길은 마치 도심 속 공원처럼 고요하고 평화로웠다.

며칠 전 다짐한 말을 되새겼다. '서두르면 후회만 남는다.' 그 깨달음 이후, 나는 매일을 더 깊고 찬찬히 누리기로 했다. 그러니 이 고즈넉한 산책길을 마다할 이유는 없었다. 그 결정은 탁월했다. 나무 아래로 쏟아지는 햇살, 물가를 스치는 바람, 그 안에서 여유롭게 걷는 사람들의 발걸음까지 모든 것이 완벽히 조화를 이뤘다. 그 갈림길에서 "왼쪽으로 가라"고 말한 이는 없었다. 그 선택은 온전히 내 몫이었다. 자유의 이름으로 내가 택한 길.

기타의 전설, 지미 헨드릭스Jimi Hendrix의 〈Little Wing〉(357위)이 들려온다. 슬픔에 잠긴 화자에게, 천 개의 미소를 품은 연인이 다가와 다정히 속삭인다. "원하는 건 무엇이든 가져도 좋아." 그러자 그는 곧 제약 없는 자유를 향유한다. 그러나 무한한 자유는 때로 유혹만큼이나 위험하다. 존 스튜어트 밀 John Stuart Mill은 "남에게 직접적인 해를 끼치지 않는 한, 개인의 자유는 최대한 보장되어야 한다"며 '자유의 파레토 최적'을 말했다. 그는 사회가 일정한 불편함을 감수하더라도, 타인의 권리를 해치지 않는 한 자유를 허용해야 한다고 했다. 다만 그 자유가 해악이 아니라는 증명을 전제로.

밀이 말한 자유는 '프리덤'Freedom보다 '리버티'Liberty에 가깝다. 억압과 간섭이 없는 상태이되, 타인의 권리를 존중하며 자율적 절제를 수반하는 자유. 우리 사회는 '자유민주주의'를 외치면서도 그 자유 안에 깃든 책임과 균형을 놓치는 경우가 많다. 그들이 말하는 자유는 과연 프리덤일까, 리버티일까. 나는 안타깝지만 전자일 거라 추측한다. 그러나 자유가 진정 공동체 안에서 균형을 이루려면, 강자가 약자를 삼키는 '강자존'强者存의 정글이 아니라 강자가 존중받고 약자도 배려받는, 그런 '강자존'强者尊의 자유가 되어야 하지 않을까.

이런 생각을 품은 채 나는 부르고스로 향하는 숲길에 접어들었다. 아르란손 강의 잔잔한 여울을 건너며, 피안의 세계에서 차안의 현실로 되돌아오는 기분이었다. 연두빛이 물결치는 비야발의 몽환적인 풍경은 유리스믹스Eurythmics의 〈Sweet Dreams (Are Made of This)〉(356위)와 겹쳐진다. 낮게 깔린 신시사이저 베이스와 드럼 리듬은 비현실적인 공간으로 이끄는 듯하다. 애니 레녹스Annie Lennox의 중성적인 보컬과 가녀린 백 코러스는 꿈인지 현실인지 모를 어느 경계에서 나를 애틋하게 어루만진다. "달콤한 꿈은 무엇으로 만들어질까?"라는 물음은 달리 말하면 유토피아에 대한 질문이기도 하다.

Eurythmics, 〈Sweet Dreams (Are Made of This)〉(1983, 356위)

아이러니하게도, 이 곡은 애니와 그의 연인 데이비드 스튜어트 David Stewart가 극심한 경제난 속에서 파경 직전에 만들어낸 작품이다. "누군가는 너를 이용하고, 누군가는 네게 이용당하길 원한다." 그 가사는 묘한 여운을 남긴다.

남에게 피해를 주는 것도, 휘둘리는 것도 견디기 어려운 내 성향 탓에 나는 늘 나대지 않되, 내 방식대로 살아가고자 했다. 그래서일까. 나는 이 사회가 천박한 약육강식을 넘어서, 공정한 경쟁이 가능한 공동체로 발전하길 바란다. 그리고 그 길 끝에는, 언젠가 내가 꿈꾸는 '작은 유토피아'를 만나게 되리라 믿는다.

강을 따라 이어지는 숲길은 도심 깊숙한 곳까지 이어진다. 월요일 아침, 한창 바쁠 시간이건만, 이곳 사람들은 강가를 여유롭게 거닐고 있었다. "Hola(안녕하세요)" 인사를 건네면, 대부분 미소와 함께

"Buen Camino(좋은 여정되세요)"로 화답했다. 삶에 쫓기지 않는 얼굴들, 시간에 휘둘리지 않는 태도. 부러움과 동시에 낯섦이 밀려왔다. 한국에서라면 낯선 사람이 웃으며 다가오면 경계부터 앞섰을 것이다. '무슨 속셈이지?' 하는 의심스런 눈초리로 스치듯 지나쳤을 게다. 여기선 다르다. 미소 하나에 인색하지 않고, 인사 한마디에 따뜻함이 묻어난다. 경제 규모로만 보면 북유럽에 비할 바 못 되지만, 일상의 품격만큼은 진정한 선진국임을 실감했다.

무엇보다 감탄스러웠던 것은 공공의식이었다. 횡단보도 앞에 보행자가 서기만 하면 차량은 자연스레 멈춘다. 무단횡단 역시 보행자가 우선이다. 몇십 미터 떨어진 사람을 보고도 미리 속도를 줄이며 정지한다. 운전자에게 '먼저 가시라' 손짓을 해도, 그들은 차를 세우고 기다린다. 법이나 규제에 앞서 배려가 습관이 된 문화였다. 일상의 질서가 공동체적 감수성 위에 세워진 사회, 이런 곳이야말로 우리가 꿈꾸어야 할 삶의 형태가 아닐까.

이런 소소한 경험들이 차곡차곡 쌓이며, 내가 품고 있던 스페인에 대한 편견도 하나씩 무너졌다. 2011년 유럽 재정 위기 당시, 전 세계는 포르투갈·이탈리아·그리스·스페인을 싸잡아 'PIGS'라 조롱하고 비웃었다. 남부의 돼지들이란 냉소적인 별칭. 그러나 아이러니하게도 이 네 나라들은 모두, 한때 세계를 호령하던 제국의 후예들이다. 그중 스페인은 '태양이 지지 않는 나라'라 불릴 만큼 광활한 강역을 지배하며 찬란한 영광을 누렸다. 신대륙에서 약탈한 금과 은에 지나치게 의존한 결과, 화려한 제국은 내실을 잃었고, 쓸쓸히 무대를 내려온 배우처럼 역사의 중심에서 밀려나야 했다.

그 희미해진 영광의 잔상은 부르고스 시정 광장에서 마주친 엘 시드El Cid의 기마상에서 어렴풋이 감지되었다. 레콘키스타의 주역이자 국토 회복의 상징. 그가 속했던 카스티야 왕국의 옛 수도가 바로 이 부르고스였으니, 훗날 스페인 통일의 초석이라 해도 지나치지 않을 터였다.

정오를 넘긴 시각, 부르고스 대성당에 도착했다. 작열하는 태양 아래 텅 빈 광장은 숨죽인 무대처럼 정적이 감돌았다. 햇볕 쬐는 고양이처럼, 한참을 벤치에 앉아 대성당을 바라보았다. '순례에 지친 나그네' 동상 곁에 앉아 기념사진을 찍고, 인근 바에서 타파스로 점심을 해결했다. 이날은 알베르게가 아닌 호스텔을 예약해두었기에, 체크인 시간에 맞춰 숙소로 향했다. 깔끔하고 편리했지만 아쉽게도 세탁기가 없었다. 더는 빨래를 미룰 수 없어 시립 알베르게로 '세탁 원정'을 감행했다. 입구에서 제지당할까 긴장했지만, 다행히 아무도 신경 쓰지 않았다. 안도의 숨을 내쉬며 세탁기를 기다리는데, 마침 젊은 한국 여성이 다가왔다. 빈 세탁기가 없어 난감해하던 그녀에게 내가 막 돌리려던 세탁기를 함께 쓰자고 제안하자, 고맙다며 웃으며 응했다. 별것 아닌 친절이지만, 낯선 땅에서 이런 일이 따뜻한 기억으로 남을 수도 있다는 생각이 들었다. 물론 천사라 불리기엔 턱없이 부족한 일이지만 상관없다. 선행이란 늘 다음 기회를 남겨두는 법이니.

저녁은 부르고스에서 평이 좋은 식당을 찾았다. 메뉴는 스페인 순대, 모르시야와 오징어 튀김, 깔라마리Calamari. 입맛을 제대로 살리는 한 끼였다. 술을 입에 대지 못하여, 누나가 마시는 상그리아를 곁눈질하며 탄산수와 콜라로 만족했다. 놀라운 건, 이곳에 와서 열이틀 동안 마신 콜라의 양이 지난 5년치를 합한 것보다 많다는 사실. 탄산과 카페인의 덩어리라 해도, 알코올보다는 낫지 않느냐며 스스로를 타일러 입맛을 다시는 중이다.

순례에 지친 나그네 동상에서

엘 시드 기사상

패션 오브 크라이스트

소개하지 못했던 명곡들(상)

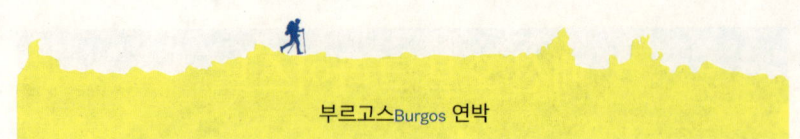

부르고스Burgos 연박

　부르고스에서 하루를 더 묵었다. 순례길을 준비하며 만일의 상황을 대비해 사흘의 여유를 따로 떼어두었다. 대도시 부르고스와 레온에서 하루씩, 그리고 산티아고 도착 직전에 위치한 라바코야Lavacolla에서 1박을 지내기로 했다. 연박하는 여유로운 일정 덕분에 도심을 좀 더 깊이 들여다볼 수 있고, 산티아고 대성당 광장에서 마지막 날의 여운을 오래 누리고 싶었다. 그뿐인가. 혹시라도 병치레나 부상 같은 변수가 생긴다면 이 여유분 덕에 전체 여정이 무너지지 않을 수 있다. 게다가 산티아고와 마드리드에서 머무는 나흘까지 포함하면, 귀국 전까지 총 이레의 유동성이 확보된 셈이다. 인생이란 본디 계획대로만 흐르지 않으니, 내가 확실히 정해둔 건 단 하나, 출국 43일째에는 반드시 귀국편 비행기를 타야 한다는 사실뿐이었다.

　당초에는 구겐하임 미술관Museo Guggenheim을 관람하러 빌바오Bilbao에 갈 생각이었다. 그러나 어제 부르고스 대성당Catedral de Burgos을 들르지 않아 일정에 차질이 생겼다. 미술관을 다녀와 산타 마리아 대성당까지 구경하려면 이른 새벽부터 부지런을 떨어야 했다. 누나와 장시간 상의 끝에 미술관은 다음 기회로 미루기로 했다. 오랜만에 맞이하는 늦잠의 유혹이 더 컸다. 다시금 시간 관리의 중요성을 체감했다. 어제 조금만 부지런했더라면, 쇠락한 철강 도시를 세계적인 관광지로 탈바꿈시킨 그 찬란한 미술관을 두 눈으로 담을 수 있었을 것이다. 법구경의 한 구절이 떠올랐다. "부지런함은 생명의 길이요, 게으름은 죽음의 길이다. 부지런한 이는 죽지 않지만, 게으른 자는 죽은 자와 다름없다." 잠깐의 게으름이 세계적인 명소를 마주할 기회를 깔끔하게 앗아갔다.

    미술관 일정을 접으니 마음이 느긋해졌다. 9시가 넘은 시간, 침낭 속에서 한참을 뒹굴다 일어났다. 부처님의 가르침을 의도적으로 무시해본 셈이다. 간단히 바나나와 빵으로 브런치를 때운 후, 어슬렁거리며 산타 마리아 대성당으로 향했다. 성모 마리아에게 봉헌된 이 성당은 외관부터 압도적인 위엄을 드러냈다. 웅장한 첨탑과 정교한 부조 장식, 그리고 고딕 양식의 정수를 담은 내부 구조까지, 그야말로 인고의 결작이었다. 스테인드글라스가 뿜어내는 찬란한 색채, 화려한 주 제단과 장

부르고스 대성당 제대와 후진

성 레스메스 수도원장 교회

식벽, 왕권의 위엄이 묻어나는 북쪽 익랑의 섬세한 구성은 방문객의 시선을 사로잡았다. 300년에 걸쳐 완성된 이 아름다움이 경이로우면서도 한편으로는 불편하게 다가왔다. 신앙의 경건함보다는 중세 교회의 위세와 봉건 왕가의 허영이 전면에 드러난 듯한 느낌. 마치 신실한 봉헌보다는 남의 눈을 의식한 과시적 욕망이 집약된 듯했다.

성당 내부를 채운 수많은 조형물 가운데, 기둥에 새겨진 다섯 개의 부조 작품이 눈길을 끌었다. 예수 그리스도의 죽음과 부활, 그리고 승천을 묘사한 작품이었다. 아침에 들은 노래와 꽤나 어울렸다. 노먼

그린바움Norman Greenbaum의 〈Spirit in the Sky〉(333위). 유대인 노먼이 예수님의 부활과 천국의 영생을 노래했으니 참 아이러니하다. 그가 기독교로 개종한 것은 아니었다. 복음의 시장 규모가 유대교의 그것보다 더 크다는 현실적 선택이었을 것이다.

🎧
Norman Greenbaum, 〈Spirit in the Sky〉(1970, 333위)

　십자가를 진 채 골고다 언덕을 오르던 예수님의 모습을 재현한 조각상 앞에서 발길을 떼지 못했다. 머릿속에는 멜 깁슨Mel Gibson이 제작한 영화 〈패션 오브 크라이스트〉(2004)의 장면이 교차했다. 피범벅이 된 예수님이 채찍에 만신창이가 되어 힘겹게 십자가를 짊어진다. 모진 고통 속에서도 예수님은 아버지 하느님께 가해자들을 용서해달라 간구한다. 지미 클리프Jimmy Cliff는 〈The Harder They Come〉(341위)에서 『루카복음서』 23장 34절을 인용하며, "죽어 관에 묻히는 한이 있어도 꼭두각시로 살진 않겠다"고 노래했다. 천국에서 맞을 파이보다, 차라리 현세의 햇살 아래 자신의 몫을 찾겠다는 다짐이다. 〈Spirit in the Sky〉와 〈The Harder They Come〉은 서로 다른 지향점을 향하지만, 예수님의 죽음을 소재로 했다는 공통점을 지닌다. 둘 다 부르고스 대성당을 감상하며 떠올리기에 알맞은 선율이었다.

🎧
Jimmy Cliff, 〈The Harder They Come〉(1972, 341위)

　대성당을 나와 산 미구엘San Miguel 언덕 전망대에 올랐다. 탁 트인 시야 아래, 부르고스 시내가 한눈에 내려다보인다. 화창한 햇살이 새

산 미구엘 언덕에서 바라본 부르고스 전경

들을 어루만지고, 오수午睡를 부르는 간지러운 미풍이 시간을 빨리 흐르게 한다. 오전에 시립 알베르게 앞 스낵바에서 군것질을 했건만, 이내 허기가 진다. 오랜만에 따끈한 우동이 간절했다. 누나는 미소수프와 교자 몇 알로도 충분하다며 만족했다. 하지만 나는 국물 한 방울 남김없이 비워도 허전했다. 멍석 깔고 들어앉은 걸귀마냥 허기만 채웠을 뿐, 포만감은 없었다. 누적된 체력 소모 탓이리라. 걸음을 멈춘 오늘이

었기에, 육류 섭취의 중요성을 다시금 절감했다. 코로나 팬데믹 기간 중에 물가가 올랐다지만, 까미노의 식당들은 여전히 가성비 좋은 고기 요리를 내놓는다. 그럼에도 이를 기피했던 건, 동물성 단백질에 소극적인 식습관과 내가 열혈 '면 마니아'이기 때문이다. 체력 보충을 위해서라도 이제는 육식 위주의 식단을 진지하게 고민해야 할 듯하다.

또 하나, 순례길에서 신경이 쓰였던 지병이 있다. 다름 아닌 급성 현훈증, 세상이 빙글빙글 도는 회전성 어지럼증이다. 이석증이나 메니에르 증후군으로 오인될 수 있지만, 안타깝게 어떤 진단도 명확하지 않았다. 증상이 시작되면 도무지 꼼짝할 수 없다. 속이 메슥거려 눈을 감고 누워야 겨우 진정된다. 반나절이면 다행이고, 대부분은 하루 이상 앓아누워야 했다. 연중 예고 없이 서너 차례 찾아오는데, 그 주기가 일정치 않아 곤혹스럽다. 과로, 격한 운동, 고강도 스트레스가 원인이라는 건 경험으로 체득했다. 내가 위장 출혈 가능성보다 순례길에서 더 걱정했던 변수였다. 마을이나 숙소에서라면 하루를 통째로 휴식에 써도 되지만, 산길 도중이라면 이야기가 달라진다. 나헤라에 도착하던 날도 예후가 감지돼 조심스럽게 조처한 끝에 무사히 넘겼다. 무릎도 멀쩡하고 발바닥에도 물집 하나 없는데, 현기증만은 언제 고개를 들지 알 길이 없다. 그저 남은 여정이 순탄하기만을 바랄 뿐이다.

십자가에 매달리신 예수님

지면의 한계로 소개하지 못한 명곡들(상)

- 마이클 잭슨Michael Jackson, 〈Beat It〉(337위)

　언제부터였을까. 까미노 주변 나무둥치나 낡은 담벼락에 'Michael Jackson'이라 휘갈긴 검정 스프레이 낙서가 눈에 띄기 시작했다. 그러다 잊을 만하면 다시금 눈앞에 나타났다. 세상을 떠난 '팝의 황제'를 그리워하는 이가 남긴 조촐한 추모의 흔적일까. 문득 그가 남긴 유작 가운데 롤링스톤지 선정 500대 명곡에 오른 곡이 무엇인지 궁금해졌다. 그러던 차에 반가운 얼굴처럼 〈Beat It〉이 등장했다. 이 곡의 뮤직비디오에는 로스앤젤레스를 주름잡던 실제 갱단, 크립스파와 블러드파의 조직원들이 출연했다. 철천지 원수처럼 대립하던 양대 세력을 화해시키기 위해, 마이클이 직접 출연을 제안했다는 일화가 무척 흥미롭다. 그의 이름을 까미노 어디에선가 마주할 때마다, 폭력적 해결이 아닌 춤과 노래로 갈등을 풀려 했던 그 배려 깊고 현명한 용기에 박수를 보낸다.

Michael Jackson, 〈Beat It〉(1982, 337위)

- 조앤 제트Joan Jett, 〈I Love Rock 'n' Roll〉(484위)

　1980년대 초반을 대표하는 아이콘이었다. 원곡은 영국의 록밴드 애로우스Arrows의 곡으로, 남성이 이성을 유혹하는 내용이었다. 하지만 영국 공연 중 우연히 이 노래를 접한 조앤은, 여성이 먼저 남성을 유혹하는 가사로 곡의 주제를 과감히 바꾸었다. 밴드 멤버들의 반대에도 불구하고 끝내 리메이크를 강행했다. 중성적인 목소리, 전주에서 폭발하는 기타 리프, 그리고 단숨에 분위기를 압도하는 박자감. 그녀는 록의 역사에 새로운 흔적을 남겼다.

🎧
Joan Jett, ⟨I Love Rock 'n' Roll⟩(1982, 484위)

- 투츠 앤 더 메이털스Toots and the Maytals, ⟨Pressure Drop⟩(446위)

투츠라는 예명으로 알려진 프레데릭 히버트는, 레게 음악을 세계에 알리는 데 혁혁한 공을 세운 인물이다. 이 곡은 그의 대표곡으로 레게 음악 영화의 고전이라 할 수 있는 ⟨The Harder They Come⟩(1972)의 OST로 사용되며 전 세계에 레게의 매력을 알리는 데 큰 역할을 했다. 리듬보다 감정이 앞서는 이 곡은 억눌린 자들의 분노를 토해낸다.

🎧
Toots and the Maytals, ⟨Pressure Drop⟩(1970, 446위)

- 존 쿠거 멜렌캠프John Cougar Mellencamp, ⟨Pink Houses⟩(439위)

존이 희망 없는 미국 사회를 향해 던진 절규다. 핑크색 집은, 서민의 터전이자 한때 '아메리칸 드림'의 상징이었다. 그러나 점점 사라져가는 그 핑크 하우스를 통해 중산층 붕괴의 서글픈 현실을 증언한다. 세계 곳곳에서 벌어지는 부의 양극화, 그리고 민주주의의 핵심 가치인 양보와 타협이 설 자리를 잃어가는 작금의 정치 현장을 돌아보게 한다.

🎧
John Cougar Mellencamp, ⟨Pink Houses⟩(1983, 439위)

- 닥터 드레Dr. Dre, 〈Nuthin' But a "G" Thang〉(419위)

　닥터 드레의 솔로 데뷔 앨범에 수록된 곡으로, 스눕 독Snoop Dogg과 함께 작곡했다. 이 곡은 갱스터 랩이 문화의 주류로 떠오르던 시대를 상징한다. 당시의 서부 힙합은 불평등과 억압, 흑인 커뮤니티의 분노와 자존감을 음악으로 풀어냈고, 이 곡은 그 정점을 찍는다. 우리나라의 '서태지와 아이들'이 발표한 〈컴백 홈〉(1995) 역시 이 곡의 영향을 받았다고 알려진다. 나처럼 보수적인 음악 취향을 지닌 이들에게는 다소 낯선 장르였지만, 한참의 시간이 흐른 뒤에서야 비로소 랩과 레게가 표현의 수단이자 예술이 될 수 있다는 사실을 받아들였다.

Dr. Dre, 〈Nuthin' But a "G" Thang〉(1993, 419위)

- 돈 헨리Don Henry, 〈The Boys of Summer〉(416위)

　여름에서 가을로 넘어가는 계절의 감정을 고스란히 담은, 이글스Eagles의 리드 보컬이었던 돈 헨리의 솔로 곡이다. 잊힌 연인을 떠올리는 이 곡은 MTV에서 올해의 뮤직비디오상을 받을 만큼 영상미 또한 돋보인다. 순례길 어딘가에서 문득 되살아나는 과거의 감정들에 잘 어울리는 곡이다.

Don Henry, 〈The Boys of Summer〉(1984, 416위)

- 엘튼 존Elton John, 〈Goodbye Yellow Brick Road〉(380위)

　이름만 들어도 알 만한 명곡이다. 노란 벽돌길. 동화 속 판타지의 길이자 삶의 진실에 다가가는 여정이다. 순례길에 그려진 노란 화살표와 묘하게 닮았다. 결국 우리 모두는 각자의 '옐로 브릭 로드'를 걷는 순례자 아닐까.

🎧 Elton John, 〈Goodbye Yellow Brick Road〉(1973, 380위)

● 비지스 The Bee Gees, 〈How Deep is Your Love〉(366위)

　구원의 힘이 사랑에서 비롯된다는 사실을 조용히 일깨운다. 끝 모를 어둠에 갇힌 영혼에게 마지막 빛줄기를 내미는 이는 연인이요, 곁에 있는 단 한 사람이다. 사랑은 종종 절망을 건너게 하는 유일한 다리이기도 하다.

🎧 The Bee Gees, 〈How Deep is Your Love〉(1977, 366위)

● 밥 딜런 Bob Dylan, 〈Highway 61 Revisited〉(364위)

　밥 딜런의 은유와 상징이 가득한 곡으로, 해석에 따라 부조리에 대한 묵상이자 도피일 수도 있다. 미네소타에서 루이지애나 뉴올리언스까지 이어지는 이 도로는, 밥 딜런에게는 재즈와 자유, 새로운 세상으로 향하는 출구였을 것이다. 흑인들에게는 미국 남부의 억압에서 벗어나 북동부로 탈출하는 황금길로 여겨졌을 게고.

🎧 Bob Dylan, 〈Highway 61 Revisited〉(1965, 364위)

- 크리던스 클리어워터 리바이벌Creedence Clearwater Revival,
  〈Bad Moon Rising〉(355위)

종말론을 주제로 한 이 노래는, 미국이 전후 황금기를 끝내고 스태그플레이션의 터널로 들어서기 직전에 발표되었다. 혹자는 1969년 아폴로 11호의 달 착륙을 계기로, 인류가 금기를 건드렸다고 해석하기도 한다. 하지만 정작 리드 보컬 존 포거티John Fogerty는 단지 허리케인이 마을을 덮치는 영화의 한 장면에서 영감을 받았다고 밝혔다. 진실은 하나, 해석은 여럿이다.

이 노래는 개인적으로도 의미가 깊다. C.C.R.은 큰매형이 좋아하는 밴드 중 하나다. 하드 록과 메탈을 섭렵한 매형은 록 장르만 천 장이 넘게 CD를 수집하셨다. 매형을 위해 그 CD를 빌려 목록을 만들고 음원을 리핑해드리기로 했는데, 번번이 게으름에 밀렸다. 까미노가 끝나고 귀국하면 차일피일 미뤄둔 그 일을, 마음을 다잡고 새롭게 시작해야겠다. 음악은 그렇게 때론 삶을 반성하게 만들고, 때론 잊고 있던 약속을 다시금 꺼내게 한다.

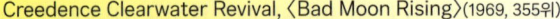
Creedence Clearwater Revival, 〈Bad Moon Rising〉(1969, 355위)

청춘열정

We Will Rock You: 가슴을 뛰게 하는 요동

어제, 그제 머물렀던 부르고스를 떠나 오며 길에서 이름도 모른 작은 성당. 봉사자 한 분이 적극 순례자된 맛이 있다. 뜻 모를 성가가 울려 퍼지는 순간 눈물이 나서 콧물까지 흘리며 감자 기운을 느꼈다.
5. 24

부르고스Burgos ~ **오르니요스 델 까미노**Hornillos del Camino **20.3km**

어느새 이른 출발이 제법 익숙해졌다. '펜시온 페냐'Pensión Peña를 나선 시각은 오전 6시 30분. 아직 해가 떠오르지 않았지만, 주위는 사방을 분간할 만큼 밝아 있었다. 순례길에 들어선 지 벌써 2주가 되었다. 하루 20km 남짓 걷는 일은 이제 동네 마실 가듯 자연스러운 행차다. 무리하지 않아도 오후 1시 전에 숙소에 닿는다. 하루의 일정이 점차 리듬을 갖추고, 자유 시간도 넉넉해지자 도리어 그 시간을 어떻게 채워야 할지 고민하게 된다. 이것 또한 걷기의 선물이다.

아침부터 왠지 운수가 좋은 날이다. 오전 8시 이후 비가 올 걸로 예보되었으나, 구름만 드문드문 떠 있고 하늘은 맑았다. 불시에 마주한 맑은 하늘이 기대하지 않은 횡재처럼 느껴졌다. 더욱이 오늘은 그토록 기다려온 메세타 고원에 첫 발걸음을 디디는 날. 해발 800미터가 넘는 황금빛 평원이 내게 팔을 벌려 반긴다. 가벼운 흥분이 발걸음을 부드럽게 밀어올린다. 이 기분 좋은 들뜸이 하루 내내 이어지길 바랄 뿐이다. 제발, 현진건의「운수 좋은 날」(1924)처럼 끝맛이 씁쓸하지 않기를.

부르고스 시내를 벗어나기 전, 작은 바에 들러 간단히 아침을 해결했다. 육류를 충분히 챙기겠다는 결심은 아침 식사 앞에서 언제나 무기력하다. 나그네의 진수성찬은 토르티야에 바게트, 생과일주스, 그리고 바나나 하나. 고행을 자처하는 순례자에게는 이것이야말로 '왕후의 밥'이다. 도시 외곽을 빠져나오자 한적한 비포장 흙길이 우리를 맞이한다. 청량한 하늘 아래 낮게 흐르는 구름들, 그리고 멀리서 들려오는 새들의 합창. 등산스틱이 바닥을 치는 소리와 자연의 지저귐이 묘

여명 직전의 부르고스 대성당

하게 어우러진다. 그 조화로운 불협화음 속을 지나 비얄비야 데 부르고스Villalbilla de Burgos를 물 흐르듯 통과했다.

 길을 걷던 중, 새벽에 꾸었던 기이한 꿈을 회상했다. 누나와 동아리 수련회에 참석했다. 술에 취해 인사불성인 누나와 실랑이를 벌이던 선배 한 분이 거인으로 변해 우리를 맹렬히 추격해왔다. 필사의 도주 끝에 도착한 곳은 테구. 그곳에서 순례를 이어가던 중 쏟아지는 폭우로 길은 침수되고, 범람해 들이닥치는 물살을 피해 어찌어찌 북한까지 흘러 들어간 우리는 곧바로 경비병에게 들켜 허둥지둥하다 잠을 깼다. 아, 정말이지 동남아와 극동을 종횡무진하는 드림팬 로드무비였다. 꿈은 뇌에 저장된 정보가 무작위로 재조합되는 장면들이라고 한다. 당연히 평소 자주 생각하던 것들이 꿈에 등장할 확률이 높을 것이다. 그러나 회피하고 싶은 기억이나 억눌린 감정이 더 자주 나타난다는 연구도 있다. 까미노에서 마음의 평화를 찾았다고 여겼지만, 내 무의식 안에 감춰진 원초아id는 여전히 긴장과 불안 속에 웅크리고 있었나 보다.

꿈속의 거인 선배에서, 정복자 코르테즈가 뇌리에 스친다. 닐 영Neil Young의 〈Cortez the Killer〉(321위)는 정복자에게 유린당한 아즈텍 문명의 슬픔을 담아낸 곡이다. 원주민의 눈에는 케찰코아틀의 재림처럼 보였을 코르테즈는, 실상 문명을 파괴하고 중남미 문명에 자신만의 역사를 새긴 인물이었다. 잔인한 정복자이자 유럽계 백인과 아메리칸 인디언의 혼혈인 메스티소의 시조이기도 했으니. 이 노래는 프랑코 독재 정권 시절, 스페인에서 금지곡이었다고 한다.

그나저나, 내가 오늘 새벽의 꿈에 어울릴 메인 테마곡을 고른다면, 퀸Queen의 〈We Will Rock You〉(330위)를 선정할 것 같다. 간결하고도 강렬한 쿵쿵짝, 삼박자의 리듬에 관중이 떼창하는 후렴은 승리를 갈구하는 염원과 생존을 향한 본능적인 외침이다. 프레디 머큐리Freddie Mercury의 힘 있는 음색, 마지막 30초를 장식하는 브라이언 메이Brian May의 기타 솔로, 그 모든 게 생사가 급박한 런어웨이 무비의 엔딩 크레딧처럼 느껴진다. 브라이언 메이가 관중과 함께 부를 목적으로 만든 이 곡은 팝의 영역을 뛰어넘어 영화 음악, 스포츠 응원가, 게임과 CF 등 다양한 분야에서 활용되고 있다. 특히 수많은 아티스트들이 이 곡을 리메이크 내지 리믹스하거나 샘플링할 만큼, 엔터테인먼트 산업에 지대한 영향을 미쳤다.

🎧 Queen, 〈We Will Rock You〉(1977, 330위)

　　타르다호스Tardajos를 지나면서 한 순례자가 바나나로 늦은 아침을 해결하는 모습이 눈에 들어왔다. 언덕 위 자그마한 성당 계단에 앉아 허기를 달래는 그의 모습이 정겹게 다가왔다. 내가 '걸인의 찬'을 면했듯이 그에게도 풍성한 브런치였기를 바랐다. 곧 라베 데 라스 칼사다스Rabé de las Calzadas에 도착했다. 마을 중심의 산타 마리나Santa Marina 성당을 지나쳐 외곽으로 나설 즈음, 기묘한 그래피티가 눈을 사로잡았다. 기도하는 이슬람 신자, 기모노를 입은 일본 여성, 그리고 찬미의 손을 들어올린 순례객. 그 옆에 자리한 작은 수도원에서는 노 수녀님 한 분이 순례자들에게 기도와 함께 조촐한 축복의 목걸이를 건네주신다. 1930년, 이곳 소속의 카타리나 수녀님에게 성모 마리아가

라베 데 라스 칼사다스의 그래피티

발현한 기념으로 과객들을 축원해주는 걸로 유명하다. 소박한 제단과 몇 점의 성화만이 놓인 예배당이었지만, 오히려 산타 마리아 대성당보다 더 깊은 위로가 느껴졌다. 눈시울이 붉어진 누나는 진심을 다해 감사 기도를 드렸다.

마을을 빠져나오자 메세타 평원이 본격적으로 시작된다. 드넓은 밀밭과 청량한 하늘 위를 수놓은 뭉게구름, 그 틈을 따라 걷는 까미노는 흡사 수묵화의 한 장면 같다. 지평선은 멀고, 풍경은 고요하게 제자리를 지킨다. 내가 앞으로 나아가고 있는데도 주위의 풍경이 되려 내게 다가오는 듯 착시가 일어난다. 시간이 좀 더 흘러 저 멀리, 구름과 땅이 맞닿은 지평선이 눈에 들어온다. 이제 목적지에 가까워졌다는 예감이 든다.

기대했던 대로 메세타는 결코 지루하지 않았다. 건조한 초지와 포도밭이 어우러진 나바라 지방과는 비교가 불가능할 정도로 스케일이 광활하다. 구름을 벗 삼아 메세타를 걷는 나그네에게 심심할 틈이 없다. 어디선가 불쑥 솟아오른 둥그런 나무 하나, 석양처럼 붉게 물든 양귀비꽃 하나에도 시선이 가고 마음은 평화로워진다. 이 길 위에서 들은 펑크 밴드, 어스 윈드 앤 파이어Earth, Wind & Fire의 〈That's the Way of the World〉(329위)는, 삶의 쓴맛을 녹여낸 위로의 선율처럼 다가왔다. 동명의 영화에서 이들은 카펜터스와 같은 백인 아티스트에게만 스포트라이트를 비추던 당시 음반 산업의 편향성을 날카롭게 비판했다. 실력은 갖추었으나 피부색이 다르다는 이유로 기회를 얻지 못한 흑인 아티스트들의 설움을 노래에 담아낸 것이다.

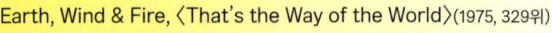
Earth, Wind & Fire, 〈That's the Way of the World〉(1975, 329위)

이들은 말한다. 정열은 분명 인간을 앞으로 나아가게 하는 원동력이다. 그러나 그 정열이 외부를 향해 마냥 불타오르기만 해서는 안 된다. 세상의 차가운 벽 앞에서 청춘을 잃지 않으려면, 때로는 가슴과 영혼을 다독이며 마음속 평화를 지켜야 한다고. 과거의 상처에 발목 잡혀 영감은 고갈되고, 대신 비애와 냉소만 남은 상태, 그것은 더 이상 청춘이라 부를 수 없다. "세상은 정열만으로는 버텨지지 않아. 마음을 다스려야 진짜 청춘을 간직할 수 있어." 노래는 내게 그렇게 속삭였다.

한때, 청춘이라는 단어에 설렘과 반항이 공존하던 시절이 있었다. 이제는 아득해진 시절, 내가 오래전 몸담았던 자산운용사에는 따뜻한 품성과 걸출한 실력을 겸비한 사장님이 계셨다. 운용본부 직원들은 그분을 존경과 애정의 뜻을 담아 '대장님'이라 불렀다. 대장님께서 임기를 마치고 회사를 떠나시던 날, 작별 인사 대신 손수 작성한 시 한 편을 나눠주셨다. 사무엘 울만Samuel Ullman의「청춘」(1922). 그날 받은 한 장의 시는 오랜 세월 내 삶의 나침반이 되어주었다. 삶이 권태롭고 마음이 식어갈 때면, 나는 종종 그 시를 꺼내 펼쳐 들곤 했다.

짧게나마 사무엘 울만의「청춘」을 소개해본다. 청춘이란 인생의 어느 한 시기가 아니라 마음가짐을 말하니 두려움을 이겨내는 용기요, 안락함을 거부하는 모험심이며, 내면 깊은 곳에서 솟구치는 열정의 불꽃이다. 세월이 지나 얼굴에 주름이 늘어날지언정, 열망으로 가득 찬 정신은 시들지 않는다. 영감이 메마르고 정신이 냉소의 안개에 휩싸여 비탄의 얼음 속에 갇힐 때, 비록 스무 살이라도 이미 늙은 것이다. 반대로 고개를 들고 희망의 물결을 좇는 한, 여든의 노인도 여전히 푸른 청춘이라 그는 노래했다.

나는 한창 청춘일 때 이 시를 만났다. 그리고 이제, 인생의 후반전, 오십 중반에 들어서 다시금 그 구절을 곱씹는다. 그리고 진지하게 되묻는다. 내 안에 여전히 청춘의 숨결이 살아 있는지를. 지금도 세상

오르니요스 델 까미노 전경

을 동경하는 경이의 눈빛이 살아 있는가. 아이처럼 무한한 궁금증으로 삶을 향해 질문을 던지고 있는가. 사소한 일상에서도 기쁨을 길어 올릴 줄 아는 갈망이 아직도 타오르는가. '욕심을 덜었다'는 말로 타협하지 않으며, 불꽃 같은 기백을 간직하고 있는가. 혹여 그렇지 않다면, 이 메세타 평원의 고행이 그 메마른 심정心井에 청춘의 물꼬를 다시 틔워주기를 간절히 바랐다.

    지평선 끝자락을 넘어서니 언덕 아래로 오르니요스 델 까미노 Hornillos del Camino가 펼쳐진다. 황금빛 평원을 굽이치는 흙길의 여운을 그대로 품은 채, 마을로 천천히 걸어 내려간다. 아침부터 부지런히 걸은 덕에 우리가 예약한 알베르게에 첫 번째로 도착하는 영예를 누렸다. 숙소에서 느긋하게 간단히 정비를 마친 후, 근처 바에 들렀다. 따가운 햇살 아래에서도 바람이 선선하게 불어와 손님들 대부분은 야외 테이블에 자리를 잡고 있었다. 우리도 굳이 실내를 고집할 까닭이 없었다. 바깥 자리에 앉아 식사를 즐기는 중에, 옆 테이블의 대화가 슬쩍 귀에 들어왔다. 월가 출신으로 보이는 30대 남성 순례자가 지금이 PEF, 그러니까 경영참여형 사모펀드와 대체 투자의 전성기라며 자신의 성과를 자랑하고 있었다. 그 테이블에 동석한 중국계 여성은 대학에서 해당 과목을 수강했다며 격렬하게 동의했다. 말끝마다 고개를 끄덕이는 모습에서 금융 시장에 대한 확신과 젊은 열정이 느껴졌다. 언제 올지 모를 버블의 낙일에 대한 우려는 잠시뿐, 그들 안에 넘치는 확신이 부러웠다.

간단히 인사를 주고받은 뒤, 나는 모처럼 식사에 집중했다. 그러다 오스트레일리아에서 왔다는 중국계 여성 순례자가 호기심어린 목소리로 내게 물었다.

"어디서부터 오셨어요?"

"부르고스요."

"거기서부터 순례를 시작하신 거예요?"

"아뇨, 생장에서요."

그 말을 듣자 그녀는 눈을 크게 떴다.

"정말요? 믿을 수가 없네요. 하나도 안 타셨어요! 전 벌써 이렇게 까매졌는데."

피부가 예민한 체질이라 늘 버프와 팔토시를 하고 다녔다고 설명해주자, 그녀는 고개를 끄덕이며 자기도 챙겨올 걸 그랬다며 아쉬워했다. 사실 짐을 쌀 때는 괜히 번거롭기만 했던 것들이 이렇게 소소한 만족을 안겨줄 줄이야. 순례길에는 그런 뜻밖의 보람이 하나둘 숨어있다.

'엘 알파르'El Alfar 알베르게는 이 순례길에서 가장 평온한 숙소였다. 소박하고 고요해서 정감이 간다. 잔디밭을 바라보며 선베드에 누워 맛깔난 상념에 잠겼다. 누나는 초반의 발가락 염증을 이겨내고 이제 20km쯤은 거뜬히 소화한다. 생활 패턴이나 순례하는 스타일이 나와 다를 텐데도 함께 걷는 내내 나의 선택을 존중해준 누나 덕에 이 길이 순탄했다. 누나의 티 나지 않는 배려는 내가 받은 굿 러빈, 〈Good Lovin'〉(325위)이었다. 록 밴드 영 래스컬스The Young Rascals가 1966년에 노래했던 바로 그 사랑.

 방 안에서는 호주에서 오신 웬디Wendy 할머니가 짐을 풀고 계셨다. 막 도착한 터라 피곤하셨을 텐데도 환하게 웃으시는 모습에 내 마음도 따뜻해졌다. 웬디는 이후에도 자주 마주친 순례 동지였다. 매번 누나와 반가운 인사를 나누던 그녀의 모습은 나이와는 상관없는 청춘의 증표였다. 그 누구보다 뜨거운 열정으로 이 길 위를 걷고 있었으니까.

알베르게 '엘 알파르'

부조리의 미학

That's Entertainment: 성숙한 중산층의 자격

멀리서 보면
중세 어느 시대로 들어갈 것만 같은
분위기의 마을 Castrojeriz
순례객들 많아도 맞는 사람들은 찾아보기 어려움도
지쳐가지 기색은 마음순리 같다.
다들 원을 하며 걸어간다....

5.25

오르니요스 델 까미노Hornillos del Camino ~ 까스트로헤리스Castrojeriz 19.9 km

오르니요스 델 까미노에는 세월에 깎인 예스러운 벽돌집들이 가지런히 늘어서 있다. 삐걱이는 창문, 빛바랜 담벼락. 고택의 낡은 처마 아래 둥지를 튼 새들이 아침을 알리려는 듯 지저귄다. 맑은 울음소리가 대기를 흔들며 골목마다 생기를 불어넣는다. 오늘 따라 유난히 분주한 날갯짓은 낯선 순례자에게 아쉬운 작별 인사를 건네려는 모양이다. 떠남보다 머묾이 어울리는 적요한 아침, 그 환송의 합창에 발걸음이 쉽게 떨어지지 않는다.

그러다 귓가를 스친 미풍이 나를 낯선 길 위로 이끈다. 보폭은 자연스레 넓어지고, 몸에 경쾌한 리듬이 퍼진다. 10kg이 넘는 배낭을 멘 몸은 노르딕 워킹 자세에 익숙해졌다. 두 손에 쥔 스틱에 의지해 하체 부담을 나누며, 복부에 무게중심을 두고 폴을 뒤로 밀면서 전진한다. 새들의 노래에 마음이 들뜬 나는 뜬금없이 보법을 바꿔보았다. 발끝을 평소보다 높이 들어올려 유영하듯 걸었다. 걷는 리듬이 정교하게 안정되어 종아리의 부담이 줄고, 걸음은 더 탄탄해졌다. 걸음걸이마저 새롭게 느껴지는 까미노의 아침, 새들이 건넨 작은 선물이었다.

무협 소설의 고수가 발바닥의 용천혈에 기를 실어 경공을 펼치듯, 노르딕 워킹의 폴질도 그 경지에 닿는다. 맨몸으로 걷는 것이 범인의 행보라면, 스틱과 함께 나아가는 이 보법은 고수의 경신술이다. 풀 위를 나는 초상비草上飛 내지 눈 위를 흔적 없이 걷는 답설무흔踏雪無痕 같은. 잠시나마 물 위를 거니는 등평도수登萍渡水의 망상에 젖어본다. 이 모든 착각을 진지하게 받아들이게 만드는 까미노의 풍광은 그야말로 수채화다.

다시 만난 키다리 아저씨

사진에 마음을 빼앗겨 걸음이 처진 사이, 어제 만났던 중국계 처자가 성큼 나를 지나쳐갔다. 허공을 내달린다는 능공허도凌空虛道마저

도 뚜벅뚜벅 내딛는 성실한 발걸음 앞에 끝내 무릎 꿇는 법. 공간을 접어 대지 위를 가로질러 표표히 앞서 나간 그녀의 걸음은 기술이 아니라 결심의 예술이었다. 꾸준함이 만든 우보만리의 기예.

　메세타 초원 위, 산등성이마다 줄지어 선 풍력발전기들이 바람을 맞는다. 그 광경에는 태양의 나라라 불린 스페인의 또 다른 얼굴이 서려 있다. 사방 어디에도 태양광 패널은 보이지 않고 풍력이 재생에너지 발전량의 절반 가까이를 차지한다니, 이젠 '바람의 제국'이라 불러야 맞지 않겠나.

　풍력과 태양광, 수소가 이끄는 에너지 전환의 흐름은 분명해 보인다. 재생에너지의 발전 단가는 해마다 떨어지고 있고, 시대는 그 방향으로 향하고 있다. 그럼에도 정부의 화석연료 의존 정책을 보면 미래가 불안해진다. 아직 화석연료보다 재생에너지의 '균등화 발전 단가LCOE'가 높다는 이유만으로, 글로벌 추세에 역행해도 되는 건지. 2030년대에는 탈탄소 역량과 에너지 비용 구조가 곧 국가 경쟁력을 좌우할 텐데. 물론 지난 정부가 태양광 정책 자금을 제대로 관리하지 못한 책임은 결코 가볍지 않다. 하지만 그 허점을 빌미로 친환경 정책을 대폭 철회하는 현 정부의 근시안 또한 우려스럽다.

　국가 정책을 100년의 대계로 바라지는 않는다. 하지만 10년짜리 소책일지언정 정권이 바뀌어도 일관성은 있어야 한다. 정책이 정권의 입맛 따라 손바닥 뒤집히듯 바뀌는 나라에서 정책 신뢰는 무너질 수밖에 없다. 더 절망스러운 건, 정권에 따라 논리를 바꾸는 주무 부처의 자가당착이다. 그 앞에서 시민은 무력하고, 때론 분노한다. 설명되지 않는 부조리, 이해할 수 없는 현실이다.

　그 '부조리'라는 단어에서 떠오른 곡이 있다. 지미 클리프Jimmy Cliff의 〈Many Rivers to Cross〉(317위). 유럽 투어가 뜻대로 풀리지 않던 어느 날, 그는 도버해협을 건너며 무력감에 잠긴다. 갈 길은 많은데 어디로 가야 할지 모를 막막함. 그는 이 노래를 들은 지인의 추천으로 영화 〈The Harder They Come〉(1972)에 출연하며 인생이 바뀐다. 인생은 때때로 건널 수 없는 강 앞에서 절망하는 그 순간에 또 다른 기회를 선물하곤 한다. 사랑도 떠나고, 실마리도 보이지 않는 난감한 현실 속에서, 우리는 삶의 의미를 잃고 자아를 놓치기 쉽다. 그렇게 부조리의 늪에 빠져드는 건 어쩌면 너무도 자연스럽다. 그래서 지미의 절규는 한 사람의 외침을 넘어, 길을 잃은 모두의 내면을 건드린다.

Jimmy Cliff, 〈Many Rivers to Cross〉(1969, 317위)

　　종교를 부정한 근대인이 자유를 좇다 죽음 앞에서 어이없게도 다시 종교에 귀의하는 모순. 알베르 카뮈Albert Camus는 이처럼 삶과 죽음, 자유와 굴복 사이를 오가는 인간 존재의 이율배반을 '부조리'라 명했다. 살아야 할 이유는 사라졌지만 그래도 살아야만 하는 모순된 상황. 『이방인』(1942)의 주인공 뫼르소가 그 전형이다. 그는 무덤덤하게 어머니의 장례를 치르고, 정오의 태양 아래 현기증을 느껴 충동적으로 살인을 저지른다. 다른 평론가와는 달리, 김진영 교수는 이 장면에서 '태양이 정지한다'는 데 주목했다. 태양이 정지한다는 건, 생명의 원천이 멈춘다는 뜻이다. 정지된 태양은 곧 죽음이니, 뫼르소는 그늘을 되찾기 위해 방아쇠를 당긴다. 그는 살인을 통해 삶의 무기력과 부조리에서 벗어나지만, 그 대가로 또 다른 부조리의 공간인 감옥에 갇힌다. 그럼에도 그는 '별이 반짝이던 밤의 냄새, 소금과 흙 냄새'를 기억하며 깨어난다. 태양 살인이 전한 죽음을 통해, 오히려 진정한 삶의 가능성에 다가선 해방의 미학이다.

고등학교 2학년 무렵, 처음 '미학'이라는 단어를 접했다. 김민기의 시 같은 노랫말에 이끌려 미의 근원을 설명하는 학문을 동경했지만, 진중권식의 난삽하고 과시적 언변에 밀려 돌아섰다. 오랫동안 미학은 내게 천왕봉 같았다. 감히 넘볼 수 없는 봉우리. 노고단에서 바라보던 그 고절한 자태.

그러다 김진영 교수의 글을 통해 조금씩 문턱을 넘기 시작했다. 미학이 다루는 객체인 아름다움과 추함이 차안과 카오스라면, 미학 그 자체는 피안과 코스모스. 둘은 서로 한 끗 차이로 이어져 있다는 통찰을 어렴풋이 깨닫게 되었다.*

그런 의미에서 더 잼The Jam의 〈That's Entertainment〉(306위)는 또 다른 방식의 미학을 말한다. 이 곡은 무력감 속에서도 삶을 살아가는 영국 노동자 계층의 일상을 그린다. 경찰차 사이렌, 벽에 뿌려진 페인트, 느릿한 월요일, 이렇게 지극히 평범하게 반복되는 일상을 '엔터테인먼트'라 부르는 그들만의 유머와 자존감. 일종의 골계미다.

The Jams, 〈That's Entertainment〉(1980, 306위)

2013년, 한국에서는 중산층 기준을 '가구소득 월 1천만 원, 30평 아파트, 중형차, 1억 이상 금융자산, 연 1회 이상의 해외여행'이라 제시해 논란이 됐다. 당시 언론과 여론은 이를 '속물근성'이라 비판했다. 어느 신문은 각국이 바라보는 중산층의 기준을 흥미롭게 소개했다. "미국은 신념에 당당하고 사회적 약자를 도우며 부정과 불법에 저항하고 정기적으로 비평지를 구독하는 자, 영국은 페어플레이 정신과 강

---

*   김진영, 『철학자 김진영의 전복적 소설 읽기』(메멘토, 2019)

자에 맞서 약자를 보호하는 자, 프랑스는 외국어와 스포츠·예술·요리에 능하고 타인의 자녀에게도 충고할 수 있는 자." 들으면 그럴 듯하지만, 정작 이 문장들은 '팩트'보다 '분위기'에 이끌린 출처 불명의 복제 콘텐츠로, 도시 전설처럼 인터넷에 퍼져 있다.

중산층middle class은 본디 경제적 개념이다. 단어 그대로 소득 기준으로 '중간'에 위치한 계층을 뜻한다. 애당초 비경제적 요소가 개입할 여지가 없다. OECD도 명확히 정의한다. 중위소득의 75~200%에 해당하는 집단이라고. 2023년 기준, 우리나라 중위소득은 가구당 월 540만 원. 따라서 405만 원에서 1,080만 원 사이의 가구가 중산층에 해당한다.

문제는 이 개념의 왜곡이다. 10여 년 전 우리가 스스로 설정한 중산층 기준은 실은 그 당시 가구소득 상위 10%에 가까웠다. 사실상 상류층을 중산층이라 착각한 셈이다. 그 결과 대다수 시민은 상대적 박탈감에 시달렸다.

왜 중산층은 제 자리를 인정하지 못하는 걸까. 해방 이후 한국 사회는 무한경쟁의 궤도 위에 있었다. 불균형 성장과 낙수효과, 압축 개발의 이면에는 늘 구조화된 경제적 불안이 도사리고 있었다. 정규직을 잃는 순간 최저임금 일자리로 추락하는 현실. 쌓아둔 자산이 없다면 '중산층'이라는 타이틀은 쉽게 박탈당한다. 퇴로 없는 저성장과 구멍 뚫린 사회 안전망이 바로 문제의 본질이다.

또 하나의 원인, '근거 없는 주장에 대한 맹신'. 나 역시 한때 선진국의 시민의식에 감탄했고, 이들의 중산층 개념도 다를 것이라 철석같이 믿었다. 그러나 어느 순간, 그 믿음의 근거가 너무도 희박하다는 생각이 들었다. 의심스러워 아무리 구글을 뒤져도 외국 정부나 학계의 공식 정의는 찾기 어려웠다. 앞서 인용된 선진국의 중신층 기준들은 사실, 공화국 시민으로서 응당 지녀야 할 덕목에 가깝다. 중산층만의 규율이 아닌 사회적 약자를 배려하고 공정과 상식을 중시하는 '공화국 시민의 이상형'! 결국 해답은 단순하다. 우리도 중산층에게 성숙한 시민의식과 공공의 덕목을 요구하면 된다.

그러니 더는 우리 사회를 향해 '속물적'이라 비하하지 말자. 한국은 산업 인프라와 경제 규모 면에서 이미 세계 최상위권에 도달했다. 다만 아직 미완의 영역이 있다면, 그것은 시민 의식의 깊이와 공공성일 것이다.

유럽은 수백 년에 걸쳐 피 흘리며 자유와 평등의 가치를 체화했다. 우리의 민주공화정은 이제 고작 80년 역사를 향해 가는 중이다. 각자도생과 구조적 저성장의 고단함 속에서도, 우리는 앞으로 나아가고 있다. 지금 우리에게 필요한 건 조급한 자조보다 느긋한 성찰일지 모른다.

온타나스Hontanas에 닿자, 그간 머릿속을 맴돌던 부조리와 실존, 중산층에 대한 생각들을 깨끗이 접었다. 쾌청한 햇살 아래에서의 짧은 쉼이 그 모든 의념을 말끔히 말려버렸다. 새침데기 길냥이와의 스침도 정겨웠다. 이곳은 시간이 멈춘 듯 한갓진 시골 마을이다. 구름 한 점 없이 맑은 하늘 아래, 초원과 돌담 사이로 이어진 골목길이 한 폭의 풍경화처럼 펼쳐졌다. 메세타의 오아시스, 산볼San Bol이나 이곳에서 하루를 마무리하는 것도 분명 근사한 선택이었겠지만, 카스트로헤리스에 숙소를 예약한 탓에 아쉬움을 뒤로한 채 초원길로 발걸음을 옮겼다. 초원 속 마을에서 맛본 평화는 그저 스쳐 지나가는 선물처럼, 내 마음속에 고요한 흔적 하나를 남긴 채 그렇게 멀어졌다.

성 안톤 수녀원Convento de San Antón 유적지에 닿기 직전, 트랙터 한 대가 넓은 밭에서 밀짚을 정리하고 있었다. 이만한 규모를 혼자 감당하는 건 오롯이 기계 덕분이다. 몇 해 전, 농기계 회사 존 디어John

Deere가 자율주행 트랙터를 개발했다. 메세타처럼 광활한 평원이라면 이 혁신 기술이 진가를 발휘하기에 더없이 좋은 무대다. 물론 AI와 로봇 기술은 고용 감소에 대한 우려도 안긴다. 하지만 인구 유출로 공동화가 심각하게 진행 중인 농촌이라면, 지속 가능성을 위한 불가피한 해법일 수 있다.

이윽고 수녀원 유적이 모습을 드러냈다. 세월에 닳아 기둥만 남았지만, 그 고딕 아치는 여전히 순례자를 맞고 있었다. 유구한 시간을 견딘 구조물 너머로 통과하며 오래된 숨결을 느꼈다. 신의 이름 아래 삶과 기도가 교차했을 이곳에는 여전히 침묵의 위엄이 깃들어 있었다.

드디어 카스트로헤리스가 모습을 드러냈다. 둥근 종지 같은 야산 아래 마을이 소담히 펼쳐져 있고, 산 정상에는 중세의 요새, 마을 초입에는 성당의 종탑이 우뚝하다. 메세타의 마을들이 각자 다른 빛을 품고 있는데, 특히 이곳은 골목 곳곳마다 중세의 정취가 짙게 배어 있다.

굳이 이 마을을 택한 이유가 있다. 한인 여사장이 운영하는 알베르게에서 파는 라면과 김밥 때문이었다. 먼 이국 땅, 피곤한 순례길 끝에서 같은 말을 쓰는 동포의 미소가 반가울 것 같았다. 특별한 환대나 서비스를 바란 것은 아니었다. 알베르게에 도착한 시각은 정오. 아직 문을 열지 않았다. 뙤약볕을 피할 마땅한 그늘이 없어 망설이다 예약해둔 '로사리아'Rosalia로 향했다. 간단히 짐을 정리하고 세탁을 했다. 햇살과 바람이 좋아 자연 건조를 시도했다. 그러고 나서 라면 한 그릇과 김밥 한 줄을 위해 왕복 30분 거리의 길을 나섰다. 까미노는 때로는 이런 일상의 소망조차도 여정으로 만들어준다.

하지만 기대가 크면 실망도 크다. 이른 오후의 한산한 리셉션 홀, 주인장의 얼굴에는 미소 하나 없었다. 한국인 순례자가 흔한 탓인지, 성숭한 인사에도 무심한 반응이다. 반면 현지 주민에게는 활짝 웃으

온타나스 초입

며 다정히 인사를 건넨다. 한민족보다 이웃사촌이 더 반가운 모양이다. 낯선 곳에서 기대했던 따뜻함은 무안으로 돌아왔고, 간절하던 라면조차 마음의 온기를 채우지 못했다. 그나마 누나가 모처럼 만족스러웠다고 해 다행이었다. 식사 후 예의상 웃으며 "잘 먹었다"는 인사를 건넸지만, 주인장이 유독 한국인 손님에게만 덜 살가운 이유는 끝내 알 수 없었다.

초록이 동색이라지만, 여자 마음은 늘 헤아리기 어렵다. 아내가 속상한 날이면 나는 이유도 모른 채 "미안하다"고 말한다. 하지만 돌아오는 질문은 언제나 같다. "뭐가 미안한데?" 속수무책이다. 이유를 도통 몰라 눈치 보며 침묵을 지키면, 그것이 더 크게 화를 돋운다. 이런 어설픈 남편의 서러운 심정을 고스란히 담은 노래가 있다. 바로 애니멀스The Animals의 〈Don't Let Me Be Misunderstood〉(315위). 세상의 모든 아내들이여, 이 곡을 들으며 당신 곁을 맴도는 서투른 남편의 진심을 가끔은 오해하지 말아주길. 물론 아내가 실망하지 않기 위해 먼저 신경써야 할 쪽이 남편이라는 사실에는 변함이 없겠지만.

The Animals, 〈Don't Let Me Be Misunderstood〉(1965, 315위)

저녁에는 알베르게에서 만난 한국인 부부와 식사를 함께했다. 대화 중 한국인 부부가 유심 기한이 만료되었는데 충전 방법을 몰라 곤란하다는 이야기를 꺼냈다. 순례길에서 유심이 꺼지면 통신은 물론 숙소 예약도 막힌다. 나라도 답답했을 것이다. 문득 충전이 가능한 ATM이 떠올랐다. 몇 군데를 돌아보다가 슈퍼마켓에서 친절히 위치를 안내받고, 직접 충전을 도와드렸다. 마침내 모든 절차가 끝났을 때, 부부의 얼굴에는 안도와 기쁨이 번졌다. 내 기분도 뿌듯하고 개운했다. 오늘은 '충전 천사'로 불러도 괜찮겠다는, 작은 자부심 같은 감정이었다. 누나는 충전 중 그 한국인 남편의 휴대폰에서 슬쩍 보게 된 아내분의 애칭을 귀엽게 웃으며 들려줬다. 그 이름은 '스페인 젤라'였다.

그 말에 나도 모르게 휴대폰을 꺼냈다. 배경화면은 그랜드 캐니언 밤하늘을 향해 두 팔을 활짝 든 아내의 뒷모습. 수년 전 아내 홀로 미국 서부 여행 중 나에게 보내줬던 한 장의 사진. 당시 메시지를 받았을 때, 가슴 한가운데가 시리고 눈망울이 흐려졌다. 바쁜 회사 일에 시달려 숨막혀 하던 아내가, 머나먼 타지에서 자유를 만끽하고 있다는 사실이 무척이나 애틋했기 때문이다. 메세타의 바람 속에서 나는 별무리 아래에서 활짝 웃었을 아내의 모습을 그려보았다. 카스트로헤리스의 검푸른 밤하늘 위, 그 총총한 별 사이로, 익숙하고 그리운 얼굴 하나가 천천히 떠올랐다. 마치 하늘 어딘가에 아로새겨진 것처럼.

시대는 불행 없이 넘을 수 없는가?

Get Up Stand Up: 행복은 희생 없이 얻을 수 없는가?

카스트로헤리스Castrojeriz ~ 프로미스타Frómista 24.7km

　기대 밖의 하이라이트는 모스텔라레스 언덕Alto de Mostelares의 절승이었다. 카스트로헤리스에서 4km쯤 떨어진 이 언덕은 주변 평지보다 120미터가량 솟아올라 언덕 아래 경치를 내려다보기에 안성맞춤이다. 하루 앞서 지나간 김 선배는 "여기서 맞는 일출은 가히 장관"이라 했지만, 신새벽 하늘에는 먹구름이 가득했다. 강우 예보도 있어 일출의 황홀경을 기대하기 어려워 보였다. 그래서 6시 50분, 모처럼 여유를 부리며 출발했다. 바람이 매섭게 불었다. 끈을 단단히 조이지 않으면 모자가 날아갈 정도였다. 까미노를 걷는 내내 경험한 바람 중 가장 거셌지만, 발길은 더욱 단단해졌다. 이미 나는 길 위의 존재, 강풍 따위가 내 전진을 막을 수 없다.

　정상은 언제나 아득한 천정처럼 느껴지지만, 묵묵히 걷다 보면 마침내 닿게 된다. 그렇게 도달한 모스텔라레스 정상에서 바라본 사방은 이루 말할 수 없을 정도로 압도적이다. 초원이 발아래 고개를 숙이고 엎드려 있는 풍경. 마치 천하를 호령하는 황제가 되어 만인지상의 권좌에 앉아 만물을 오시하는 기분이 들었다. 스페인 젤라 부부를 여기서 만났다. 그들 부부는 천천히 걷는다 했기에 아마도 이곳에서의 만남이 마지막일 것이다. 부부에게 사진 한 장 찍어주고, 서로의 순례길에 축복을 담아 인사를 나눈 뒤 세찬 바람 속으로 각자의 길을 걸어갔다.

　돌풍은 마치 굉음을 내지르며 질주하는 기관차 같았다. 그 바람에 맘껏 풍경을 즐길 여유조차 허락되지 않았다. 끊임없이 몰아치는 강풍에 메세타 고지대마다 줄지어 자리 잡은 풍력발전기가 숨을 헐떡

모스텔라레스에서 바라본 카스트로헤리스

이며 쌩쌩 돌아간다. 블레이드를 일정한 속도로 회전시키기 위해 등골이 휘도록 일할 감속기나, 폭풍에 휘둘리는 우리나 애처롭기가 별반 다르지 않았다. 언덕을 내려서자 바람은 잦아들었지만, 여전히 사위가 뻥 뚫린 평원 위를 휘몰아쳤다. 새들의 노랫소리조차 들리지 않는다. 아마도 바람에 쫓겨 풀숲 어딘가에 숨어 있겠지. 만물의 영장조차 폭력 앞에 굴복하는 세상인데, 연약한 새라고 해서 다르겠는가.

우리 사회가 선진국 위상에 걸맞은 제도적 성숙과 권력 감시 체계를 갖췄는지에 대해서는 여전히 의문이 남는다. 특히 언론과 권력기관이 보여주는 이중적 태도와 선택적 용기는 한국 민주주의의 한계를 드러낸다.

정치 환경에 따라 언론은 극명한 대도를 반복한다. 때로는 권력 비판에 적극적이지만, 다른 때는 지나치게 신중하거나 아예 침묵한다.

자발적 위축과 자기검열은 언론의 독립성과 중립성에 의문을 제기한다. 민주주의는 권력에 대한 지속적인 감시와 비판이 필요한데 기성 언론은 그 역할을 일관되게 수행한다고 보기 어렵다.

검찰도 다르지 않다. 자신들의 권한을 제한하려는 시도에는 민감하게 반응하면서도, 내부의 부패나 권력의 비리 의혹은 대체로 회피한다. 정치적 유불리를 따져 수사와 기소를 고무줄 잣대로 들이대는 행태는 스스로 사법권의 공정성과 신뢰를 훼손하는 일이다. 검찰 내부 게시판 '이프로스'에 비판의 목소리가 활발할 때도 있지만, 정적만이 감도는 경우도 잦다. 권력을 비판하던 공간이, 어느새 그 눈치를 보는 공간으로 바뀌는 것이다.

프리덤하우스나 국경 없는 기자회 같은 국제기구들도 이러한 흐름을 주시하고 있다. 한국의 언론자유지수는 최근 수년간 꾸준히 하락하고 있다. 이는 자유의 기반이 얼마나 지속적인 주의와 노력을 요하는지를 보여준다. 우리는 이제 다시금 되새겨야 한다. 자유란 저절로 주어진 권리가 아니라, 끊임없는 견제와 질문, 그리고 원칙에 충실한 태도에서 지켜지는 가치라는 점을.

이럴 때 내 마음을 달래주는 음악이 있다. 바로 밥 말리의 〈Get Up, Stand Up〉(296위). "잠에서 깨어나, 너의 권리를 외쳐라"라는 가사로 시작하는 이 노래는 자메이카의 빈민가뿐 아니라 전 세계의 억눌린 이들에게 보내는 해방의 외침이다. 우리에게 '김민기'가 있다면, 그들에게는 '밥 말리'가 있었다. 레게의 신, 저항의 목소리, 자유의 사도. 그는 생애 마지막 무대에서 이 곡을 부르며 퇴장했다. 개인적으로는 밥의 추모 앨범 《Legend》(1984)에서 애청하는 작품 중 하나다.

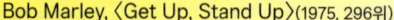
Bob Marley, 〈Get Up, Stand Up〉(1975, 296위)

밥 말리는 생전에 자메이카에서 시작된 라스타파리 운동에 깊이 심취해 있었다. 이들은 아프리카인을 고대 히브리 민족의 후손으로 여기며, 신에 대한 불경으로 인해 백인의 지배를 받게 되었다고 믿었다. 에티오피아 황제 하일레 셀라시에 1세를 재림 예수로 간주하고, 그가 '디아스포라'를 조상의 땅으로 인도해줄 존재라 여겼다. 라스타파리아니즘은 내세보다는 현실의 억압에 저항하는 데 무게를 두었다. 이들은 특유의 헤어스타일인 '드레드록스'로 정체성을 표현했는데, 이는 사자 갈기처럼 땋은 머리다. 하지만 1968년, 밥 말리는 상징과 같던 드레드록스를 자르고 '아프로' 스타일로 바꾼 뒤 거리 시위에 동참했다. 그 선택은 그가 신념을 행동으로 실천했음을 보여주는 상징적 장면이었다.

1968년은 전 세계가 혁명의 열기로 들끓던 해였다. 변화의 물결은 프랑스 낭테르 대학에서 시작됐다. 학생들은 기숙사 통금과 성별 간 출입 제한에 항의했고, 시위가 장기화되자 정부는 대학을 폐쇄했다. 이에 반발한 소르본 대학생들이 거리로 나섰고, 파리 노동자의 3분의 2가 연대 파업에 동참했다. 국가 기능이 마비되자 드 골 정부는 의회를 해산했다. 이 불씨는 유럽 전역으로 확산된 끝에, 대서양을 건너 미국과 영국으로 번졌다. 반전운동으로 고무된 청년들이 캠퍼스를 점거하고 거리로 나섰다. 남미와 일본에까지 시위가 이어지는 과정에서, 많은 이들이 희생되었다.

시위대의 요구는 단순한 학내 문제를 넘어 보편적 가치로 확장됐다. 성평등과 여성해방, 인권과 평등, 반전과 평화 등 진보의 목소리가 울려 퍼졌다. 롤링 스톤스The Rolling Stones의 믹 재거Mick Jagger는 3월 런던의 베트남 반전 시위에 참여한 이후, 파리 시위에서 영감을 받아 대표곡 〈Street Fighting Man〉(295쪽)을 만들었다. 그는 노래로밖에 저항할 수 없는 현실을 담담히 토로했다.

🎧 The Rolling Stones, 〈Street Fighting Man〉(1968, 295위)

훗날 '프랑스 5월 혁명' 또는 '68 운동'이라 불린 대규모 시위는 열악한 교육환경이 촉발 요인이었으나, 그 뿌리는 전후 세대 간 가치 충돌에 있었다. 전쟁을 겪은 기성세대는 생존과 재건을 삶의 과제로 삼았다. 나치 점령과 비시 정부 시절을 견뎌내며, 폐허 위에 국가를 일으킨 자부심이 강했다. 이들은 국익과 질서를 중시했고, 기독교 윤리에 기반한 도덕적 절제를 삶의 기준으로 삼았다. 경제성장을 이끈 '영광의 30년'을 경험하며 소비자본주의를 당연한 보상으로 여겼다. 반면 68세대는 권위주의와 물질주의에 반기를 들었다. 더 많은 자유와 자아의 해방을 추구했고, 낡은 가치와 질서를 거부했다. 이렇게 5월 혁명은 세대 간 누적된 갈등이 폭발한 사건이었다. 오늘날 한국 사회에서 점차 뚜렷해지는 세대 간 가치 충돌과 닮은 점이 적지 않다. 이 역사적 사건은 오늘날 한국의 부모 세대와 자녀들이 함께 되새겨야 할 기억이다.

자유에 대한 열망은 흑인 사회에서도 이어졌다. 오랜 차별에 맞선 흑인들은 혁명의 바통을 이어받았다. 제임스 브라운James Brown은 〈Say It Loud — I'm Black and I'm Proud〉(305위)에서 흑인의 자긍심을 외치며, 편견과 억압에 굴복하지 말고 권리를 당당히 요구하라고 노래했다. 이 곡을 들으며, 한국의 진보와 보수 양 진영이 각자의 긍지를 잃지 않기를 바랐다. 흔히 진보는 도덕성, 보수는 유능함으로 상징되곤 한다. 이 명제의 옳고 그름을 논하려는 것은 아니다. 다만, 그에 걸맞은 책임과 품위를 각 진영이 스스로 지켜야 한다는 점을 강조하고 싶다. 그러나 최근 시민들은 진보의 도덕성을 의심하고 보수의 무능함을 비판한다. 두 진영 모두 존립의 근거가 흔들리고 있다.

나는 다르게 말하고 싶다. 진보는 부도덕한 게 아니라 불완전한 존재다. 누구나 흠결은 있다. 중요한 것은 끊임없이 성찰하며 더 나은 방향으로 나아가려는 의지다. 그것이 진보가 존재할 이유이자 자격이다. 보수가 신뢰를 회복하려면 자기부정에서 벗어나야 한다. 보수주의는 전통과 질서, 역사적 연속성을 중시하는 이념이다. 자유와 민주, 공화주의를 수용하면서도 민족주의와 결합해 한국적 맥락에서의 보수 가치를 지켜왔다. 그러나 일제 강점과 분단, 전쟁의 격랑 속에서 보수는 본래의 정체성을 온전히 계승하지 못했다. 시대착오적 발언을 일삼는 극우 인사들과, 외세의 이해를 우선하는 인물들을 무분별하게 받아들인 결과, 보수의 정체성을 스스로 부정하게 되었다. 진정한 보수는 편협한 민족주의가 아닌, 인류 보편의 가치를 바탕으로 외세의 부당한 개입과 침탈에 단호히 맞서는 이념이어야 한다. 민족의 이익을 훼손하는 세력에 경계심을 잃지 않아야 한다.

제헌 헌법의 전문은 "기미 삼일운동으로 대한민국을 건립하였다"고 명시한다. 뉴라이트가 국부로 추앙하는 이승만은 제헌국회 의장으로서 이를 천명했다. 그런데도 1919년 임시정부의 법통을 부정하고 8.15를 건국절이라 주장하는 일부는, 역설적으로 보수의 정통성을 스스로 부정하고 있다. 정체성을 잃은 괴이한 주장은 보수의 이름으로 결코 감출 수 없다.

부르고스를 떠난 지 사흘째. 메세타가 지루하다는 말은 지금껏 와닿지 않는다. 아직 겪지 못한 이후 구간은 모르겠지만, 지나온 풍경 중 마음에 담기 싫은 곳은 하나도 없었다. 현대판 죽장망혜竹杖芒鞋의 소박한 순례자의 걸음으로 마주한 대지는 무위자연의 장관이었다. 그런데 그런 자연 속에서 이념과 혁명의 역사를 곱씹는 나는 누구인가? 도를 이루지 못한 채 다시 속세로 내려온 도인인가, 아니면 단편적 지식을 꿰맞추는 아마추어 지식인일까. 그저 지금이라도 인간의 손길이 닿지 않은 자연을 있는 그대로 누리고 싶을 뿐이다.

모스텔라레스 언덕을 내려와 한 시간 남짓 걸었을 무렵, 들판 한가운데 소박한 성당 하나가 눈에 들어왔다. 바로, 성 니콜라스 소성당 Ermita de San Nicolás. 순례자들이 편히 쉴 수 있도록 마련된 벤치와, 제단 앞에 놓인 조그마한 탁자와 의자들이 안온한 분위기를 자아낸다. 누군가는 이곳을 '마음이 쉬어가는 성소'라 불렀다. 요란한 종소리 하나 없이, 바람과 햇살과 기억으로만 존재를 알리는 이 작은 성소는, 한없이 겸허하게 순례자들을 품는다. 바깥세상의 시끄러운 이념도, 일그러진 욕망도 이 문턱을 넘지 못한 채 되돌아갈 뿐이다. 잠시 자리에 앉아 눈을 감았다. 귓가에 들리는 건 멀리서 흐르는 물소리인지, 흙길 위로 스미는 순례자 발자국의 잔향인지 분간이 되지 않았다. 어쩌면 그 모든 소리는 내 안에서 울리고 있었는지도 모르겠다. 피로가 느긋하게 풀리며 마음이 고요해졌다. 순간, 지금 이 길 위를 걷는 이유가 선명해졌다. 단순히 종점에 이르는 것이 아니라, 나를 비워가는 여정. 나의 시간을, 나의 기억을, 나의 신념을 하나하나 천천히 돌아보며 불필요한 짐을 덜어내는 여정이었다.

이테로 델 카스티요Itero del Castillo를 거쳐, 마침내 카스티야 운하 Canal de Castilla가 흐르는 보아디야 델 까미노Boadilla del Camino에 닿았다. 운하를 따라 이어지는 이 길은 메세타의 심연을 스치듯 흐른다. 오른편에 물길을 끼고 걷는 동안, 미경에 취해 어느덧 프로미스타에 도착했다. 오늘도 어김없이 일찍 도착한 덕에, 예약해둔 '루스 데 프로미스타 알베르게'Albergue Luz de Frómista 앞에 도착했을 때는 단 두 명만 대기 중이었다. 입장은 오후 1시 30분. 아직 40분은 더 기다려야 했다.

인류 역사 속에서 혁명의 도미노가 세계를 휩쓴 것은 단 두 차례였다. 1848년 2월 혁명과 1968년 5월 혁명. 공교롭게도 둘 다 프랑스에서 불이 붙었다. 그러나 안타깝게도 두 혁명 모두 완전한 결실을 맺지 못했다. 전자는 제정 복귀로 마무리되었고, 후자는 드 골 정부의 총선 승리와 그 후계자 퐁피두의 대통령 취임으로 일단락되었다. 자본주의에 공짜 점심은 없다는 격언처럼, 시대의 전환 또한 대가 없이는 불가능하다. 일본 로봇 애니메이션의 거장 요코야마 미츠테루橫山光輝의 명작 〈자이언트 로보 OVA〉(1992)에서는 그 대가의 본질을 묻는 비정한 질문이 등장한다.

"행복은 희생 없이 얻을 수 없는가? 시대는 불행 없이 넘을 수 없는가?"

1968년의 열기는 아직 모든 것이 가능하리라 믿었던 청춘의 들불이었다. 그러나 찬란했던 그 불꽃은 정오를 넘기지 못하고 서산으로 기운 태양처럼 이내 꺼져갔다. 괴테는 말했다.

"모든 이론은 회색이요, 오직 푸르른 것은 생명의 나무뿐."

이념 그 자체가 목적일 수는 없다. 이념이 중요한 건, 그것이 인간을 더 자유롭고 윤택하게 만들 수 있을 때에 한해서다. 고착된 사고는 시대를 읽지 못한다. 과거를 절대화한 채 현재를 재단하려 드는 이론이나 이데올로기는, 정작 미래를 위한 해답을 내놓지 못할 때가 많다.

그러니 파우스트 박사의 말을 떠올려본다. 인간의 삶은 이론이 아니라, 그 이론을 넘어서려는 고귀한 시도 자체에 있다. 그가 추구했던 최후의 프로젝트는 '자유로운 공동체'였다. 개인의 자유와 공동의 책임이 조화를 이루는 유토피아. 만일 그 공동체가 실현된다면, 그는 악마에게 영혼을 넘겨야 했다. 그 마지막 순간, 파우스트 박사는 이렇게 유언한다.

"자유도, 생명도 날마다 싸워서 얻는 자만이 그것을 누릴 자격이

이테로 델 카스티요를 향해

있다. 나는 자유로운 땅에서 자유로운 백성과 더불어 살고 싶다. 그러면 지금 멈추라고 말해도 좋으리라."

　혁명의 깃발은 갈갈이 찢겨 흩어졌을지 모르지만, 그 숭고한 기치는 헛되이 사라지지 않았다. 세월이 흘러 그 씨앗은 인간의 가슴에서 기어이 싹을 틔웠다. 1848년의 이상은 오늘날 프랑스 민주공화국의 기틀이 되었고, 1968년의 열망은 자유와 평등, 평화와 인권이라는

시대정신으로 여전히 프랑스인의 정신에 숨 쉰다. 프랑스인들은 '자유'를 공허하게 외치지 않았다.

    인류는 자유라는 이름 아래 무수히 피를 흘렸고, 때로는 목숨을 초개처럼 버렸다. 그 대가 없이는 자유도 없다. 자기애에 빠져 거울 속 사아를 향해 자유민주주의를 수백 번 되뇌는 나르키소스Narcissus의 독백으로는 자유를 얻을 수 없다. 1년에 몇 차례 기념식 단상에 올라 암송하듯 읊조리는 정치 수사의 진정성으로도, 이 묵직한 개념은 결코 담아지지 않는다. 진정한 자유는 그것을 이야기할 자격이 있는 이의 언어에서만 생명을 얻는다.

때마침 알베르게 문이 열렸다. 나는 서둘러 짐을 정리하고 길 건너 식당으로 향했다. 돼지 안심 스테이크를 푸짐하게 주문해 허기를 달랬다. 며칠 전만 해도 허기와 기력 저하에 시달렸지만, 이제는 그런 결핍이 남의 일처럼 멀게 느껴졌다. 배고픈 소크라테스보다 배부른 돼지가 더 어울리는 것 같아 마음이 불편하면서도, 이율배반적으로 만족스러웠다.

점심과 저녁을 겸한 듀얼 식사인 던치Dunch를 끝낸 후, 후원 마당에 앉아 볕을 쬐었다. 한적한 시간 속에 길냥이 한 마리가 순례자들 틈을 유유히 누볐다. 그 모습을 보자 갑자기 하쿠가 그리워졌다. 아내의 말로는 집에 돌아오지 않는 나를 찾아 며칠 전부터 칭얼대기 시작했다던 하쿠. 영상통화로 마주한 녀석은 액정 화면 속의 나를 알아보지 못하고 거실을 두리번거린다. 마음이 시렸다. 아내도, 하쿠도, 타타도 그립다.

창밖으로는 순례자들의 왁자지껄한 수다가 들려오고, 객실 한편에는 침대에 가만히 웅크려 누운 내가 있었다.『필론과 돼지』*가 그러했듯, 나도 이렇게 하루를 마무리했다. 순례는 걸어서만 완성되는 것이 아니다. 때론 북쩍이는 바깥 일에 관심을 끊고, 아무 말 없이 등을 돌려 누워 있는 이 순간에도 길은 계속되고 있었다.

---

* 이문열,『필론과 돼지』(민음사, 2016). 1980년에 발표한 단편소설로 원제는 『필론의 돼지』.

돌아보니 과분했던 인생

Peace, Love and Understanding: 측은지심

하늘과 맞닿은 들판
푸른 들판과 황금빛 들판이 교차되며
안으로 내는 풍경은 그냥 그냥 같다.
파란 하늘, 초록빛 잎밭, 누렇게 익어가는 미밭
대낮에 지루하지 않았던 오늘의 길.

5.27

프로미스타 Frómista ~ 카리온 데 로스 콘데스 Carrión de los Condes 18.8 km

어머니께서 치통으로 고생하신다는 연락을 받았다. 평생 어디가 아프다는 말씀 한번 없으셨기에 염려가 컸다. 주치의의 학회 일정 때문에 진료 예약이 일주일 뒤로 미뤄져 있었다. 그때까지 통증을 안고 기다리시게 할 수 없어 친한 후배 S 원장에게 정중하게 부탁했다. 탁월한 실력과 환자와의 신뢰를 중시하는 이 후배는 기꺼이 어머니를 모시라 했다. 막내누나로부터 어제 염증 치료를 마쳤다는 소식이 왔다. 그제야 안심이 되었고, 고마운 마음을 담아 프로미스타에서 안부를 전했다. 소중한 인연에 대한 감사도 함께였다.

치통이 가라앉았다는 말에 무거운 짐을 내려놓은 듯 하루가 가볍게 시작됐다. 이튿째 같은 방에 묵은 아르헨티나 순례자들과 눈인사를 나눈 뒤, 누나는 숙소 앞에서 만난 웬디와 작별 사진을 찍었다. 마을을 벗어날 즈음, 수평선 너머로 붉은 기운이 번졌다. 6시 54분, 마침내 해가 얼굴을 내밀었다. 순례길에서 비로소 제대로 맞이한 일출 장관이었다. 신자가 아님에도 기도하게 되는 순간이었다. 환희의 태양을 등지고 촉촉한 들길을 따라 걸었다. 30분쯤 지나 포블라시온 데 캄포스 Población de Campos 에 이르렀다.

마을 끝자락에서 작은 다리를 왼편에 두고 노란 화살표를 따라 직진했다. 10여 분쯤 걸었을까, 앞서던 순례자들이 어느새 보이지 않았다. 길 위에는 소 배설물이 잔뜩 널려 있어 발걸음을 떼기 어려웠다. 그제서야 길을 잘못 들었다는 걸 깨달았다. 다리를 지나치며 표지판을 놓친 게 화근이었다. 까미노에서 왔던 길을 되돌아가는 건 망설여지는

포블라시온 데 캄포스를 향해

일이나. 기력과 시간을 허비하는 데서 오는 심리적 타격이 적지 않기 때문이다. 그래도 늦지 않게 눈치챈 걸 다행이라 여겼다.

돌아오는 길목, 도로 옆 길섶에서 검은 고양이와 눈이 마주쳤다. 혹시 널 만나러 이 길로 잘못 들어선 걸까? 가까이 다가서자 경계하는 눈빛이 느껴졌다. 누나가 수풀 안에 새끼들이 있다고 알려줬다. 아깽이들이 아프지 말고 건강하게 자라기를 바랐다.
　놓쳤던 화살표를 다시 찾고서야 안도의 숨을 내쉬었다. 생각해보면 내 인생도 이정표를 놓쳐 엉뚱한 길로 들어선 적이 많았다. 그때마다 힘겨웠지만, 주위의 따스한 손길 덕분에 나락으로 몰리지는 않았다. 우여곡절 속에서도 어렵사리 원래의 제 길로 돌아올 수 있었다.
　새벽녘, 어김없이 꿈을 꿨다. 이번에는 과 동기들이 나왔다. 동아리 후배와 함께 등장한 얼굴들, 내용은 흐릿했다. 그래도 졸업을 놓친 악몽은 아니었다. 꿈이 또렷하지 않은 이유야 과학적으로 설명 가능하다. 꿈은 단기 기억의 영역이기에, 깨자마자 뇌가 저장하지 않으면 쉽게 잊힌다. 하지만 내면은 다르게 말하는 듯했다. 부끄러운 과거는 이제 잊으라는 조언처럼.
　입학 초기에, 과 동기들과 적잖은 교분을 나눴다. 친구들은 학회 활동을 하지 않고 야학과 동아리에만 열심이던 나를 이해해주었다. 2학년 2학기에는 휴학 아닌 휴학을 했고, 이후 정식으로 1년간 쉰 탓에 더 이상 과 동기들과 수업을 함께 듣지 못했다. 트리플 A형에 MBTI 'I'형인 성격 탓에 연락도 잘 못 해서 관계가 자연스레 멀어졌다. 그럼에도 동기들은 나를 밀어내지 않았다. 교내에서 마주칠 때면 다들 잘 지내냐며 격려해주었다.
　그중 특히 각별했던 이가 예비역 J 형이다. 내 방황이 절정에 달했을 무렵, 형이 술자리를 제안했다. 그 자리에는 당시 여자친구(지금의 형수님)도 함께였다. 다소 어색한 자리였지만 대화는 유쾌했다. 막걸리 몇 통이 비어갈 즈음 형이 CPA를 준비해보라 권했다. 시험에 별 뜻이 없어 흘려 넘긴 기억을 끝으로, 정신을 차려보니 택시 안이었다. 바지

끝단과 신발에는 토사물이 묻어 있었다. 형수님께 실례했을까 걱정돼 며칠을 망설이다가 사과 전화를 드렸더니, 괘념치 말라는 말에 안도했다. 그러나 진실은 달랐다.

오랜 시간이 흐른 후, 당시 학과 조교였던 선배에게서 그날 이야기를 들었다. 형이 고시반을 보여주겠다고 양형관으로 자리를 옮긴 뒤, 나는 만취해 소란을 피웠다. 암울한 시국에 고시만 준비해서 되겠냐며 객기를 부렸다는 것이다. 떳떳하지 못한 자책감을 드러낸 취중 고백이었지만, 형에게도 고시생들에게도 당혹스러웠을 일이다. 그 자리를 수습하느라 형이 적잖이 애를 먹었다고 했다. 그런데도 그날 이후 단 한 번도 내게 불쾌한 기색을 비친 적 없었다. 언제나 웃으며 나를 대했다. 그 너그러운 배려가 지금도 잊히지 않는다.

'고시반 난동사건'만으로도 충분히 민망한데, J 형에게 죄송한, 또 하나의 부끄러운 기억이 있다. 4학년 2학기에, 2학년 때 이수하지 못한 전공필수 과목을 재수강했다. 졸업하려면 반드시 취득해야 할 과목인데도 첫 수업 이후 무단 결강했고 중간고사조차 치르지 않았다. 당시 해당 과목 교수님의 조교였던 J 형에게 사정을 전했다. 무리한 부탁이었지만 형은 애써 도와주었다. 그러나 예상치 못하게 교수님께서는 F학점 처리를 예고하셨다.

교수님을 찾아가 고개를 숙였다. 성적은 통과했지만, 출석 미달은 어쩔 수 없다고 하셨다. 불성실한 태도에 대해 따끔히 꾸짖으신 뒤, 학교를 더 다녀야 한다고 말씀하셨다. 꿀 먹은 벙어리가 되어 아무 말도 못했지만, 자리를 뜨지 못했다. 한참이 지난 뒤, 교수님은 한숨 섞인 목소리로 "어떻게 하길 원하냐"고 물으셨다. 나는 기다렸다는 듯, 800쪽 분량의 고급회계 교과서를 정독해 일주일 내에 두 권짜리 리포트로 요약해 제출하겠다고 약속드렸다. 어렵게 얻은 마지막 기회였다. 반성하는 마음으로 온 힘을 다해 간신히 F학점을 면했다. 지금도 가끔

출석 미달로 졸업하지 못하는 악몽을 꾸는 이유이자, J 형에게 평생 고마워하면서도 미안해야 할 기억이다.

고마움을 전해야 할 이들은 J 형과 학부 동기들만이 아니다. 대학원 진학 당시에는 부족한 입학금을 큰형에게 부탁했다. 그 일로 형은 재학 중이던 대학원을 중도에 포기해야 했다. 석사 과정을 밟는 동안에는 지도교수님의 경제적 지원에 힘입었다. 장학금으로 등록금은 해결했지만, 교수님이 아니었다면 생활비 마련을 위해 휴학해야 했을지도 모른다. 거처가 마땅치 않은 상태에서 독립한 탓에 박사 선배와 석사 동기의 자취방을 전전하기도 했다. 취업 이후에도 직장 상사와 선배, 동료, 후배들이 부족한 나를 너그러이 감싸주었다. 대학교와 대학원, 두 군데 직장까지 인연을 같이한 고등학교 동문 선배 J 형은, 한때 큰 실수를 하여 낙담해 있던 나를 위로하고자 1박 2일 여행을 준비해주었다. 격포 해수욕장 모래사장에서 밤하늘로 불꽃을 쏘아올리며 고민을 달래주던 그 밤은 지금도 잊지 못할 빛나는 기억이다.

돌이켜보면, 언제나 분에 넘치는 조력자들이 내 곁에 있어주었다. 길을 잃고 주저앉을 때마다, "힘내"라고 말해준 사람들이 있었다. 스티비 원더Stevie Wonder의 〈You are the Sunshine of My Life〉(281위)처럼, 그들은 내 인생을 환하게 밝혀준 햇살이었다. 그들이 없었다면 지금의 나도 없다. 내가 걸어온 길은 결코 혼자의 길이 아니었다. 내 모든 인연들과 어깨를 맞대고 걸어온 여정이었다. 김남주 시인의 시처럼, 들판과 산을 만나면 어기여차 넘겨주고, 사나운 파도를 만나면 어기여차 건너 주었을 그런 길이었다. 재능도, 노력도 두드러지지 않은 나를 이끌어 과분한 삶을 살게 해준 모든 인연들에게, 마음 깊이 감사드린다.

지인들은 어떤 마음으로 내게 손을 내밀어주었을까? '인'仁은 사람 두 명이 함께 있는 형상을 본뜬 글자다. 혼자가 아닌, 서로를 인식하고 연결된 존재임을 전제로 한 개념이다. 함께 의지하고 존중하며

웬디와 누나, 그리고 나

살아가는 삶. 인간을 인간답게 하는 덕성이자, 하늘이 인간의 마음속에 선천적으로 심어놓은 어진 마음씨다. 맹자는 사단설四端說에서 인간 본성의 네 가지 덕성 중 '인'과 '측은지심'惻隱之心의 관계를 설파했다. 측은지심이란 타인의 고통과 어려움에 자연스럽게 공감하고 슬퍼하는 마음이다. 고단한 이들을 돕고자 스스로 샘솟는 마음이 바로 어짊이며, 인간에게 가장 자연스러운 덕목이다.

  내가 도움이 절실했던 순간, 조건 없이 손을 내밀어준 지인들의 마음에도 그 같은 인의 향기가 배어 있었을 것이다. 까미노에서 만난 '천사'들도 마찬가지다. 측은지심을 실천하는 이들 덕에 세상은 아직 살 만하다. 하지만 어느새 감탄고토甘呑苦吐, 곧 달면 삼키고 쓰면 뱉는 태도가 인지상정이 되어버린 현실이 안타깝다. 점점 각박해지는 인심이 하늘 마음인 '천심'을 밀어내는 시대를 마주하며, 불현듯 쓸쓸함이 밀려든다.

엘비스 코스텔로 앤 어트랙션스Elvis Costello & the Attractions는 〈Peace, Love and Understanding〉(284위)에서 이런 세태를 꼬집는다. 진심을 다해 사랑과 이해를 말하는 이들이 오히려 조롱받는 시대, 온정은 순진함으로 치부되고, 이익 앞에서는 누구도 예외 없이 냉정해지는 현실. 물신주의가 팽배할수록, 공동체를 위한 이타적 가치는 점점 낯선 말이 되어간다. 지금은 평화, 사랑, 이해심 같은 단어가 왠지 낯설게 느껴지는 시대다. 그 어색함이 슬프다.

Elvis Costello & the Attractions,
〈Peace Love and Understanding〉(1978, 284위)

잠시 헤매던 길을 바로잡고 나니 이후는 한결 수월했다. 2차선 도로를 왼편에 두고 그대로 따라가면 되는 단순한 경로였다. 다만 길 위에는 조심해야 할 '지뢰'들이 있었다. 목장과 마을 진입로마다 가축의 배설물이 어김없이 발길을 가로막는다. 똥이야 밟아도 흙에 문질러 닦아내면 그만이지만, 문제는 이슬 머금은 땅 위를 느릿느릿 기어가는 달팽이들이다. 시선이 닿는 곳마다 달팽이들이 꼬물거리며 지나간다. 몸집보다 큰 껍데기를 짊어진 채 풀섶을 향해 나아가는 모습이, 무거운 배낭을 멘 순례자들과 겹쳐 보여 괜스레 짠하다. 어떤 녀석은 길 한가운데서 멈춰선 채 꿈쩍도 않는다. 껍데기 없는 민달팽이도 크게 다르지 않다. 근심 없는 것처럼, 제 세상인 양 느긋하게, 여유롭게 멈춘 듯 기어간다.

혹시나 밟을까 조심스레 발을 옮겼다. 녀석들이 짓이겨진 자국을 볼 때마다, 앞만 보고 걷다 무심결에 밟고 간 순례자들이 야속하게 느껴졌다. 생명은 무엇이든 그 자체로 소중한 존재. 인간은 살아가기 위해 다른 생명의 희생을 피할 수 없다. 그것이 가축이든, 곡물이든, 채소든 다르지 않다. 예로부터 자연과 더불어 살아온 이들은 사냥한 짐승의 넋을 위로하며 그 희생에 감사하는 마음을 잊지 않았다. 아침 산책에 나섰다가 뜻하지 않게 목숨을 잃었을 달팽이들을 떠올리며, 그들의 안녕을 빌며 길을 나섰다.

메세타 초원의 광활함은 이 지역 사람들의 삶에 깊이 스며든 듯하다. 아침에 길을 잃었던 마을 이름이 '캄포스'로 끝나더니, 이후 만난 곳들도 마찬가지였다. 레벤가 데 캄포스Revenga de Campos, 비야르멘테로 데 캄포스Villarmentero de Campos. 우리 말로 초원의 레벤가, 초원의 비야르멘테로쯤 될까. 메세타 길은 단순하다. 풀밭을 가득 그린 도화지 위에 점 몇 개를 찍고 얇은 선으로 이으면 그날의 여정이 그려진다. 길을 잃기 어렵다던 메세타에서 잠깐이나마 까막눈이 되어보았다.

어느 바에서 동양계 젊은 여성을 만났다. 누나가 한국인이라 착각해 인사를 건넸지만, 그녀는 대만에서 왔다고 했다. 외모만으로 사람을 단정 짓는 실수는 언제나 경계해야 함을 새삼 되새겼다. 대만 처자는 이후 땡볕 아래서, 카페에서, 알베르게에서 여러 차례 마주쳤는데, 첫 만남에서 가벼운 결례를 범했지만 이것도 인연인지 만날수록 친해졌다.

6월이 가까워선지 아직 정오가 멀었건만 햇살이 무섭게 내리쬐었다. 순례길에서 처음으로 더위를 느끼며, 내일은 좀 더 이른 출발을 해야겠다고 생각했다. 그렇게 들어선 카리온 데 로스 콘데스. 마을 중심가 사거리 위로 새들이 떼 지어 하늘을 가르며 날았다 개선장군을 맞이하듯 사방으로 흩어지는 모습에 김단이 절로 나왔다. 어제 들리지 않던 새들의 노랫소리는 군무에 더해진 뜻밖의 보너스였다.

이번 숙소는 수녀원에서 운영하는 기부제 알베르게, '에스피리투 산토'Albergue Espiritu Santo. 11시 반도 되기 전에 도착했는데 이미 두 팀이 그늘 아래 대기 중이었다. 우리는 세 번째로 체크인했다. 곱고 인자한 인상의 노수녀님이 반갑게 맞아주셨다. 이곳의 객실은 대륙 이름으로 나뉘며, 우리는 '아프리카 방'을 배정받았다. 널찍한 방에는 단층 침대 아홉 개가 단정하게 놓여 있었다. 샤워실과 세탁실 등 편의시설도 깔끔하게 관리되어, 수녀원 특유의 정성과 배려가 느껴졌다.

샤워를 하고 배낭을 정리하는 사이, 맞은편 침대에 아르헨티나에서 왔다는 부부가 짐을 풀었다. 한동안 침대에서 푹 쉬다가 세탁실로 갔다. 출입문이 잠겨 있었다. 한참 동안 손빨래를 해 햇볕 아래 옷을 널고 있었는데, 한 순례자가 반대편 문을 열고 나오는 걸 보고 허탈한 표정을 지었다. 그래도 세탁비를 아꼈다며 서로 위로했다. 소소한 정신승리였지만, 모처럼 노동의 즐거움을 만끽했다. 스페인은 빨래하기 좋은 나라다. 강한 햇볕에 자연 살균되고 건조한 바람에 금세 보송보송하게 마른다. 꿉꿉함도, 군내도 없다.

노수녀님이 추천해주신 식당에서 이른 저녁을 든든히 먹고 나오는 길에, 체크인을 함께 기다렸던 한국인 부자를 만났다. 그들에게 여기가 음식도 훌륭하고 가성비도 좋다고 추천해주었다. 쾌청하던 하늘은 어느새 어두워졌다. 바람이 세차게 불고 먹구름이 몰려오더니 곧 소나기가 퍼부을 기세였다. 때마침 숙소 문을 열고 들어서자마자 굵은 빗줄기가 쏟아지기 시작했다. 우리는 미리 빨래를 걷어 피해가 없었지만, 한국인 부자의 빨래는 여전히 밖에 널려 있었다. 그냥 두면 그대로 젖을 게 뻔했다. 누나와 눈빛을 주고받고는, 비를 맞더라도 옮겨두자고 결정했다. 주섬주섬 빨래를 거둬 처마 밑에 들여놓으면서, 우리 안에 아직 남아 있는 작은 측은지심에 감사했다.

일광욕을 즐기는 빨래

흔히 돈 이야기를 입에 올리는 이를 속물이라 말한다. 돈을 거론하는 것 자체를 꺼리는 분위기 속에서, 독일 철학자 게오르크 지멜

Georg Simmel은 『돈의 철학』(2013)에서 화폐의 두 얼굴을 짚었다. 돈은 개인에게 자유를 주는 동시에 인간을 소외시키는 원인이 되기도 한다. 사람들은 돈을 벌기 전에는 축적에 몰두하지만, 일정 수준 이상을 벌면 삶의 양식이나 인간관계에 더 큰 집착을 보인다.

미래에 대한 불안 속에 살아가는 젊은 세대는 파이어족을 동경한다. 이는 MZ 세대만의 바람이 아니다. 많은 직장인들 또한 경제적 자립을 기반으로 조기 은퇴 후의 자유로운 삶을 꿈꾼다. 그러나 풍요로운 은퇴에 대한 지나친 열망은 공동체 유지를 위한 공공비용 부담에 인색하게 만들고, 분업이 낳은 노동 소외에도 눈을 감게 한다.

돈은 자유의 수단이자 소외의 그림자. 이를 각각 다른 시선으로 노래한 곡들이 있다. 배럿 스트롱Barrett Strong의 〈Money (That's What I Want)〉(288위)는 자유보다 중요한 건 돈이라며, 돈 없이는 아무것도 할 수 없다고 단언한다. 단, 모든 걸 살 수는 없다는 전제하에. 반면 비틀스의 〈Can't Buy Me Love〉(289위)는 사랑은 돈으로 살 수 없다고 말한다. 이 곡을 발표하기 2년 전, 비틀스는 배럿 스트롱의 〈Money〉를 리메이크해 부르기도 했다. 내게는 원곡 쪽이 더 진정성 있게 다가온다.

이러쿵저러쿵, 돈 이야기에 지친 이들을 위해 마련한 곡이 있다. 블론디Blondie의 〈Call Me〉(283위)는 경쾌한 펑크 록 리듬으로 단순한 즐거움을 선사한다. 〈Heart of Glass〉(1979)에 이어 세계적인 인기를 끌게 해준 대표작이기도 하다. 가끔은 머리를 비우고 경쾌한 리듬에 몸을 맡기는 것만으로도 삶은 충분히 아름다워진다.

🎧 Blondie, 〈Call Me〉(1980, 283위)

까미노의 오아시스

Born in the U.S.A.: 니즈굴에 희생된 베테랑

오늘은 이 푸드 트럭이 유일한 Bar.
가격도 그래서 말도 안되게 비싸지만
깨끗하고, 일단 온기를 한숨 얻어
중인다 우리에게 일용할 양식을 주고고….

5. 28

카리온 데 로스 콘데스Carrión de los Condes ~ 테라디요스 데 로스 템프라리오스Terradillos de los Templarios 26.3km

　숙소에서 첫 번째 마을, 칼사디야 데 라 쿠에사Calzadilla de la Cueza까지의 거리는 무려 17.2km. 프랑스 루트 중 마을 간 거리가 가장 먼 구간으로, 하루 여정의 3분의 2를 차지한다. 중간에 쉴 만한 곳도, 물 한 잔 보충할 공간도 마땅치 않다. 알려진 바로는 출발 후 약 7km 지점에 있는 푸드트럭이 유일한 쉼터다. 4~5km마다 마을을 지나던 여정에 익숙해진 탓에, 평지라 해도 그 공백이 크게 느껴진다. 체력 좋은 김 선배조차 이틀 전 이 구간이 만만치 않았다고 귀띔했을 정도니 단단한 각오가 필요했다. 비록 햇볕을 가려줄 나무 그늘 하나 없겠지만, 길가에 벤치 하나만 있어도 충분하다는 심정이었다. 맨바닥에만 주저앉지 않아도 무척 감사할테니까.

　한낮의 작열하는 햇볕을 피하려 평소보다 이른 출발을 고민했지만, 일기예보에 비 소식이 있어 평소대로 움직이기로 했다. 메세타 구간은 비만 내리면 금세 진창으로 변해 걷기가 불편하여 동키를 사전 예약해두었다. 다행히도 전날 저녁부터 내리던 비는 새벽녘에 그쳤다. 걱정했던 비가 그쳐 고마웠다. 요 며칠을 보면, 비는 주로 새벽까지 내리고 해가 뜨면 언제 그랬냐는 듯 맑아졌다. 건기에 접어든 이 지역의 특성인지, 새벽비와 더불어 하늘이 걷히는 아침이 반복되고 있었다.

　17km라는 거리는 아무리 평지라 해도 쉬운 여정이 아니다. 그러나 마음먹기에 따라 무게는 달라진다. 험한 산을 하루 종일 오르내리는 종주에 비하면, 옆 동네에 장 보러 다녀오는 셈이다. 논스톱 구간이

라는 심리적 부담만 덜어낸다면, 거리는 사실 대수롭지 않았다. 진짜 문제는 따로 있었다. 메세타 고원 전체를 통째로 달굴듯 솟구친 태양이었다. 일출 직후 기온은 19도. 선선하던 아침이 시작된 지 얼마 지나지 않아, 공기가 점차 달아올랐다. 정오가 한참 남았건만, 구름이 걷히자 뜨거운 햇살이 그대로 쏟아졌다. 이곳의 5월 말 평균 기온은 섭씨 20도 안팎이라지만, 햇볕의 강도는 그 수치를 훌쩍 넘어섰다.

이유가 궁금해 챗지피티에 물었다. 우선 태양의 고도와 일사 각도의 영향 때문이란다. 스페인 북부는 이맘때쯤 해가 부쩍 높아지고, 햇살은 거의 수직으로 내려꽂힌다. 맑고 건조한 지형 탓에 햇빛을 가릴 구름도, 산란시킬 수분도 부족하다. 태양광이 필터링 없이 그대로 피부에 닿는다. 아울러 고도가 높아 대기층이 얇으니 선크림을 발라도 화상을 입을 만큼 햇살이 거세다. 지나가는 순례자들이 나를 가끔씩 마스크맨이라 부르는 것은, 얼굴을 완전히 가린 스포츠 버프 덕이다. 그걸 벗기엔 태양이 너무 사납다.

한 시간쯤 걸었을까. 2411번 지방도로를 따라 걷던 길에 다정히 손을 맞잡고 걷는 부부가 눈에 들어왔다. 보기만 해도 흐뭇한 광경이었다. 동시에 아내 생각이 떠올라 괜스레 마음이 허해졌다. 우리 역시 몇 해 전까지만 해도 외출할 때마다 손을 꼭 잡고 걸었다. 내가 다정한 편은 아니지만, 그래도 그 손끝의 온기를 즐기던 때가 있었다. 그렇게 기억을 더듬다 보니 결혼 전 미사리 공원 잔디밭에서 보낸 봄날이 떠올랐다. 딕시 컵스The Dixie Cups의 〈Chapel of Love〉(279위) 가사처럼, 맑은 햇살과 초록의 신록이 어우러진 날이었다. 아내가 정성껏 싸온 김밥을 나눠 먹고, 피크닉 매트에 누워 새들의 노래를 들으며 나란히 하늘을 바라보던 순간. 사랑의 예배당이 아닌 잔디밭 위에서, 우리는 둘만의 미래를 아름답게 그려나갔다.

🎧 The Dixie Cups, 〈Chapel of Love〉(1964, 279위)

아내는 유럽 도시 구석구석을 누비는 여행을 즐긴다. 아침에 호텔을 나서면 해가 질 때까지 성당과 미술관, 박물관을 종횡무진하며 도시를 누빈다. 반면, 자연 속을 묵묵히 걷는 순례길은 고행처럼 느껴져서인지, 그다지 내켜하지 않는다. 언젠가 같이 걷자고 제안했을 때, 아내는 열악한 숙소와 고된 일정이 못마땅하다며 정중히 거절했다. 대신 자신은 스페인과 동유럽을 여행하다가, 내가 산티아고에 도착하면 합류하겠다는 타협안을 내놨다. 나쁘지 않은 제안이라 여겼는데, 재작년 입양한 반려묘 하쿠와 타타를 돌봐야 해 부부 동반의 장기 외유가 현실적으로 어려워졌다.

베네비베레 수도원Abadía de Santa María de Benevívere 유적을 지나 찻길을 벗어나자, 고대 로마 도로인 아퀴타니아 가도Via Aquitania가 모습을 드러냈다. 기원전 2세기경 조성된 이 길은 마치 순례자들을 메세타 던전으로 이끄는 포탈처럼 느껴졌다. 찻길이 끊기자 까미노 본연의 기운이 되살아났다.

"떠돌이 나그네여, 과연 그대는 별빛이 쏟아지는 들판에서 야고보를 만날 자격이 있는가? 자, 이 황량하고 거친 던전을 무사히 지나보게나."

귀를 간질이는 속삭임이 영화 〈반지의 제왕〉(2001) 속 사우론의 하수인, 나즈굴의 음성을 닮았다. 나는 백색 간달프처럼 손에 쥔 스틱을 머리 위로 높이 들었다가 앞으로 내리그었다. 순간, 스틱 끝에서 퍼져나간 한 줄기 빛이 어둠을 밀어내고 움츠렸던 광명이 본래 모습을 드러내는 즐거운 상상을 해보았다.

하지만 누구나 어둠을 몰아낼 수 있는 건 아니다. 지옥 같은 미혹에서 간신히 벗어나도 후유증에 시달리는 이들이 있다. 베트남전쟁을 온몸으로 겪고 돌아온 미군들이 그렇다. 많은 이들이 외상 후 스트레스 장애PTSD로 고통받았고, 2차 세계대전이나 한국전 참전용사와 달리 사회로부터 외면과 냉대를 받아야 했다. 전쟁의 정당성이 부족했고, 결과 역시 참패에 가까웠던 탓이다.

브루스 스프링스틴Bruce Springsteen은 그런 이들의 상처에 귀를 기울였다. 그의 대표곡 〈Born in the U.S.A.〉(275위)는 베트남에 다녀온 그의 친구들과 모든 참전용사에게 바치는 노래다. 정부의 무리한 개입, 도미노 이론과 '조작된' 통킹만 사건을 내세운 개전 명분, 그리고 참전용사에 대한 사회의 냉대를 싸잡아 질타했다. 하지만 대통령 레이건이 이 곡을 선거 캠페인에 활용한 탓에 노래는 강인하고 마초적인 이미지로 소비됐다. 힘찬 록 사운드와 반복되는 "Born in the U.S.A." 후렴구가 애국심으로 들릴 수 있지만, 가사 속 주인공은 전쟁터에 끌려간 아버지의 허망한 회한을 토로한다. 브루스는 이런 오해가 못내 불편했던지, 이후 어쿠스틱 버전으로 편곡했다. 분위기는 완전히 다르다. 기회가 된다면, 두 버전을 비교해 듣는 것도 흥미로울 것이다.

Bruce Springsteen, 〈Born in the U.S.A.〉(1984, 275위)

나즈굴의 희생자는 참전 군인만이 아니다. 이념과 갈등의 소용돌이 속에서 억울하게 목숨을 잃은 이들도 있다. 전장이 아니라 일상의 공간에서 피를 흘려야 했던 사람들. 베트남과 이라크가 미국의 어두운 기억이라면, 영국에게는 아일랜드가 그렇다. 아일랜드 시민들은 두 차례 '피의 일요일'을 겪었다. 첫 번째는 1920년. 아일랜드 공화국군IRA

이 영국 첩보원을 암살한 직후, 보복에 나선 영국군은 더블린의 축구장 관중을 향해 무차별 사격을 가했다. 14명이 숨지고 60여 명이 다쳤다. 분노한 IRA는 곧바로 영국군 정찰병 18명을 사살하며 응수했다. '눈에는 눈, 이에는 이'의 악순환은 금세 격화됐고, 단 7개월 만에 군인과 민간인 1천여 명이 목숨을 잃었다. 그것이 바로 첫 번째 피의 일요일이었다.

1972년 1월 30일, 북아일랜드 런던데리에서 아일랜드계에 대한 차별에 항의하고 자치를 요구하는 평화 시위가 벌어졌다. 폭력 사태로 번질 것을 우려한 영국군이 진압에 나섰는데, 그 과정에서 공수연대 1대대가 일부 격앙된 시위대를 향해 과잉 대응하며 발포했다. 이로 인해 14명이 숨지고, 15명 이상이 다쳤다. 비무장 민간인을 향한 집단 발포도 끔찍했지만, 더 큰 문제는 사건 이후 영국 정부의 대응이었다. 정부는 진상 조사 끝에 일부 시위대가 무장 테러범이었다고 발표했고, 이들의 거처에서 무기와 폭발물이 발견됐다고 주장했다. 법원은 발포자 전원에게 무죄를 선고했으며, 엘리자베스 2세는 당시 진압군 지휘관에게 훈장까지 수여했다.

1998년, 토니 블레어Tony Blair 총리가 진상 재조사를 지시한 지, 12년이 지난 2010년, 데이비드 캐머런David Cameron 총리는 마침내 공식 사과에 나섰다. 피의 일요일은 비무장 시위대를 향한 무차별 학살이었다고 인정한 것이다. 아무리 진실을 감추려 해도 세상이 기억하는 한, 역사는 결국 거짓을 드러낸다는 사실을 보여준 사건이었다. 아일랜드를 대표하는 록 밴드 U2는 1983년 발표한 세 번째 앨범에 이 비극을 추모하는 곡 〈Sunday Bloody Sunday〉(268위)를 수록했다. 그들은 이 곡이 정치적 색채를 띤 저항가요는 아니라고 했지만, 피로 얼룩진 그날을 기억하면서도 총을 내려놓고 갈등의 정치를 끝내자는 간절한 염원을 담았다.

17km 구간의 유일한 보급기지

한참을 걷다 푸드 트럭 앞에 멈췄다. 더 걸을 수 있을 것 같았지만, 어디서 쉴 수 있을지 몰라 일단 여기서 쉬기로 했다. 늘 하던 대로 토르티야로 아침을 간단히 요기했다. 옆 테이블에는 한국인 부부가 배낭을 내려놓고 있었다. 누나는 따로 걷는 걸 봤다며 의아해했는데, 이야기를 나눠보니 부부였고, 친구 부부와 모자 커플까지 여섯 명이 함께 걷고 있는 중이라 했다. 남편분은 작년에 까미노를 완주한 경험이 있어, 자연스레 길잡이 역할을 맡은 듯 보였다. "부엔 까미노!" 인사를 나누며, 이들의 무사 완주를 마음으로 응원했다.

한 시간 반쯤 더 걸었을까. 오른편에 작은 구조물이 나타났다. 순례자를 위해 마련된 그늘집 쉼터였다. 아직 10시도 되지 않았건만 이미 따가워진 햇살로 인해 이 그늘이 그토록 반가울 수 없었다. 스테이플 싱어스The Staple Singers의 〈I'll Take You There〉(276위)는 말한다. 근

출발후 12km만에 만난 오아시스

심도 없고, 자비로 가득한 그곳으로 데려가겠노라고. 척박한 삶이라면, 갈라진 입술을 적셔줄 단물이 그리운 법이다. 내게는 푸른 수풀에 둘러싸인 이 그늘진 오아시스가 그곳이었다. 잠깐 동안 이곳에서 물장구치듯 해갈하는 상상을 해봤다. 속고 속이는 블러핑으로 가득한 포커판 같은 경쟁 사회에서 멀리 벗어난 기분이었다. 그늘에 들어서자 열기가 스르르 가셨다. 누나는 양말을 벗고 발을 말리더니, 나무 아래 돌벤치에 드러누웠다. 햇살은 뜨거웠지만, 습도가 낮아 그늘 아래는 제법 시원했다. 까미노에서 만난 이 작은 그늘집처럼, 인생에도 이렇게 편안히 숨 돌릴 곳이 있다면 얼마나 좋을까. 사회가 만들어준 그늘 아래, 약자들이 기댈 수 있는 그런 쉼터 말이다. 잠시 후, 푸드 트럭에서 만났던 부부가 인사를 건네고 먼저 길을 나섰다. 까미노는 언제나 그렇다. 앞서거니 뒤서거니, 서로 부대끼며 스쳐가는 여정. 어디선가 다시 마주칠 수 있는, 인생처럼 예측할 수 없는 길.

  드디어 칼사디야 데 라 쿠에사에 도착했다. 오늘 구간 중에 유일하게 바가 있는 동네다. 마을 초입에 다다르기 전, 마치 환영 인사를 건네듯 길냥이 두 마리가 먼저 모습을 드러냈다. 짙은 고동색 고등어 한 마리, 그리고 시커먼 깜냥이. 바를 지나쳐 다음 바에서 쉬려던 계획은 이내 어긋났다. 마을이 끝나가도록 바는커녕 가게 하나 보이지 않았다. 되돌아가기가 애매해 그늘진 담벼락 아래 몸을 기대었다. 그러자 노란 화살표 위에 앉아 놀던 밤색 얼룩 고양이가 조심스레 다가왔다. 무언가 얻어먹고 싶어 하는 눈치였지만, 마땅한 간식이 없어 미안했다. 한두 살쯤 되어 보이는, 사람 손길에 익숙한 귀여운 녀석이다. 하쿠와 타타가 떠올라, 챙겨주지 못하는 마음을 달래며 살짝 쓰다듬어주었다.

  산타 마리아 데 라스 티엔다스Santa Maria de las Tiendas를 지나고 나서 도로가 나타났다. 건너편 언덕 위에 작은 쉼터가 눈에 들어왔다. 무성한 나무 그늘 아래에는 이미 선객들이 자리를 잡고 있었다. 이탈리아에서 온 MTB 순례자들이었다. 주로 비포장 평지나 차도를 따라가

레디고스 가기 전에 만난 쉼터

고, 험한 산길은 피한다 했다. 예전에 푸엔테 라 레이나에서 만났던 천사 아주머니도 같은 방식으로 순례한다던 말이 떠올랐다. 반면, 숙련된 라이더들은 풀샥 MTB로 도보 순례자들이나 갈 수 있는 까미노의 거친 산악 구간을 똑같이 완주한다. 나도 자전거를 즐기긴 하지만, 자전거 도로나 공도 또는 정비된 임도를 주로 달린다. 그들이 타고 넘는 메세타의 산길은 나로서는 상상만으로도 감탄이 나온다. 라이더들이 사고 없이 산티아고에 무사히 도착하길 빌었다. 정오를 넘기자 슬슬 허기가 밀려왔다. 행동식으로 챙겨온 복숭아와 감자칩으로 당과 염분을 채웠다. 남은 거리는 이제 4km도 채 되지 않았다.

　언덕을 내려선 지 얼마 되지 않아 길이 두 갈래로 갈라졌다. 좁은 내리막길 초입, 조약돌로 정성껏 새겨진 한글 문구, "사랑해, 여보. 힘내"가 눈길을 끌었다. 분명 부부가 함께 순례하던 중, 지친 배우자를 위해 남긴 응원이었을 것이다. 그 글귀 앞에 선 누군가의 눈시울이 붉어졌을 장면을 상상했다. 아침에 손을 잡고 나란히 걷던 부부의 모습이 다시금 스쳤다. 그렇게 서로를 의지하며 한 걸음씩 내딛고 있었으리라. 남남으로 태어나 인생의 먼 길을 함께 걷는 부부의 인연은, 까미노에서 마주치는 찰나의 인연들과 닮아 있다. 다만, 부부는 평생을 함께 걷고, 순례자들은 목적지가 같아도 언젠가는 스쳐 지나가는 우연偶然이라는 점만 다를 뿐.

오후가 되자 레디고스Ledigos를 앞두고 누나의 컨디션이 눈에 띄게 떨어졌다. 더위가 원인인 듯하다. 걸음이 느려졌고, 가벼운 에코 배낭조차 등이 뻐근하다며 숨을 돌리셨다. 나 역시 뜨거운 햇볕에 체력이 방전되는 게 느껴졌지만, 숙소가 머지않았다 생각하니 마음이 놓였다. 향기 짙은 노란 꽃나무 사이를 천천히 걸으며 묵묵히 걸음을 옮겼다. 그렇게 한 걸음, 또 한 걸음. 마침내 '야케스 데 모라이'Albergue Jacques de Molay에 도착했다. 체크인을 마치고 배정받은 2인실에 들어서자 가벼운 어지럼증이 스쳐갔다. 다행히 전용실이라 남의 눈치를 보지 않아도 되어 마음 편히 낮잠을 청할 수 있었다.

저녁 무렵 식당으로 내려갔더니 이미 만석이었다. 어디서 기다릴까 망설이던 찰나, 어제 알베르게에서 마주쳤던 한국인 부자가 손을 들어 자리를 내주었다. 김 선배 이후, 이틀 연속 한국 순례자와 마주 앉게 되었다. 아버님은 우리가 전날 빨래를 걷어준 일을 어떻게 아셨는지, 고맙다며 인사를 건넸다. 별일 아니라며 손사래를 쳤지만, 뜻밖의 감사 인사에 가슴이 따뜻해졌다. 은퇴하신 초등학교 교장 선생님이라 소개하셨는데, 단정한 인상과 조근조근한 말투가 잘 어울렸다. 누나 역시 최근 초등학교에서 명예퇴직 한 터라, 반갑다며 대화를 이어갔다. 오랜만에 한국 이야기로 꽃이 피었다. 나는 2인 전용실을 종종 이용하시라 권했다. 숙박비 부담으로 망설였다 하셨지만, 대략적인 숙박 요금을 알려드렸더니 고려해보겠다고 웃으며 답하셨다. 까미노는 이처럼 서로에게 필요한 정보를 나누는 길이기도 하다.

식사를 마친 뒤 알베르게 앞마당을 거닐었다. 하얀 수염이 인상적인 고양이 한 마리가 잔디밭을 느긋하게 어슬렁거린다. 이곳에서 키우는 고양이인 듯했다. 오늘은 유난히 고양이를 많이 만났다. 하쿠와 타타 — 한꺼번에 부를 땐 하타 — 가 우리 가족이 된 지 꼭 2년째 되는 날이라 그런 걸까. 핸드폰을 꺼내 하타 사진을 열었다. 처음 우리 집에 왔던 날, 호기심 가득한 눈으로 킁킁거리며 내 무릎 위로 조심스레 올라앉던 모습이 아련했다. 두 손바닥에 쏙 들어오던 아깽이들이 어느덧 의젓하게 자라 건강히 잘 지내고 있다. 멀리 떨어져 있어도, 하쿠와 타타가 아빠를 그리워하고 있을 그 마음이 전해지는 듯했다. 내가 돌아갈 때까지 아내와 하타 모두 무탈하기를 마음속으로 빌었다.

힘이 부칠 때 만나 더 반가운 화살표

어떤 죽음(1)

Highway to Hell: 지옥으로 이르게 하는 치명적 유혹

오늘 시하군 성당에서 점만을 걷었다는 등러를
받고 시원한 나무 그늘을 따라서 걸어왔다.
마을 초입에 서 있는 이 알베르게 LA perala
대형 알베르게임에도 편안함과 친절함.
할머니의 따뜻함이 느껴지는 시설도 짱! 음식도 짱!
모두게 좋은 하루였다.

5. 29

테라디요스 데 로스 템프라리오스 Terradillos de los Templarios ~
베르시아노스 델 레알 까미노 Bercianos del Real Camino 23.3km

아침부터 돌이킬 수 없는 실수를 저질렀다. 조심한다고 했건만, 부지불식간에 발을 헛디며 기어가던 달팽이를 밟고 말았다. "뚜~둑." 껍질이 깨지는 소리와 발바닥으로 전해진 물컹한 감촉은, 한 생명이 내 부주의로 희생됐음을 분명히 일러주었다. 며칠 전부터 유난히 자주 눈에 띄기에 신경 써 걸었는데, 다른 부주의한 순례자들처럼 나 역시 선업을 쌓으며 살아가려는 아무 죄 없는 달팽이의 엔트로피를 무심결에 증가시키고 말았다.

잘 알려진 열역학 제1법칙은 '에너지 보존'의 법칙이다. 에너지는 다양한 형태로 변할 수 있지만, 그 총량은 언제나 일정하다. 반면, 제2법칙은 '시간이 흐를수록 닫힌 계System 안의 엔트로피, 즉 무질서도가 증가한다'는 원리다. 모든 실존의 영역은 필연적으로 무질서한 방향으로 나아간다. 보통 엔트로피를 '무질서도'로 설명하지만, 보다 정확하게는 '에너지가 균일하게 퍼져 평형 상태로 수렴하는 경향'이라 보는 편이 낫다. 계가 열적 평형에 도달하면, 더는 거시적인 수준에서 에너지의 흐름이나 변화가 일어나지 않는다. 반대로, 엔탈피는 그 계 안의 구성 요소들이 지닌 결합 에너지로, 계를 묶는 끈이라 할 수 있다. 이 두 개념은 반비례한다. 엔트로피가 높아질수록 엔탈피는 줄고, 엔트로피가 낮아지면 엔탈피는 커진다.

이를 신병 훈련소에 비유해보자. 유격 훈련 중인 병사들은 조교의 엄격한 통제 아래 정해진 자세를 유지한다. 이때는 질서 정연한 상태, 즉 낮은 엔트로피와 높은 엔탈피가 유지된다. 반면, 휴식 시간이 되면 병사들은 각자 흩어져 쉬며 무질서한 상태로 돌아간다. 곧 엔트로피는 높아지고, 결속 에너지는 줄어든다.

이 원리를 우주라는 가장 거대한 '계'에 적용해보자. 우주의 엔트로피가 극대화되면, 별의 탄생과 소멸, 에너지의 흐름조차 멈춘다. 모든 연결 에너지가 무질서한 상태로 전환되며, 우주는 '열적 죽음'에 이른다. 만약 암흑 에너지까지 고갈된다고 가정하면, 우주는 마침내 팽창을 멈추고 수축해 결국 모든 질량이 하나의 점으로 붕괴되는 '빅 크런치'에 도달할지도 모른다. 어느 경우든, 엔트로피의 증가는 우주의 불가피한 종말을 예고하는 것이다.

이처럼, 열역학 제2법칙은 궁극적으로 '모든 것은 죽음을 향해 나아간다'는 명제로 귀결된다. 인간도 예외는 아니다. 인체를 하나의 '계'로 본다면, 그것은 수많은 세포, 그리고 그 세포를 구성하는 생체 고분자로 이루어져 있다. 이 생명체가 엔트로피의 극한에 이르면, 고분자 사이의 결합 에너지가 사라지고, 대사와 복제 활동이 정지한다. 생물로서의 조건을 잃게 되는 순간이다. 인문학에서는 죽음을 '자연으로의 귀환'이라 말하지만, 과학적으로는 하나의 계가 해체되어 상위 생태계로 흡수되는 현상에 가깝다. 우리가 음식을 섭취해 에너지를 얻듯, 죽은 생명체도 분해되어 생태계의 자양분으로 환원된다. 그것이 바로 생명의 순환이니, 인간의 죽음이라 해서 다른 종보다 더 특별하거나 고귀하다고 단언할 수는 없는 이유이기도 하다.

생명현상 그 자체는 엔트로피 증가에 맞서는 고유한 저항이다. 외부로부터 에너지를 흡수하고 결합 에너지를 높여, 가능한 한 질서 있는 상태를 유지하려 한다. 자기 복제를 통해 계를 지속시키려는 노력 또한 그 일환이다. '살기 위해 먹는다'는 말 속에는, 엔트로피를 낮추기 위한 인간의 본능적이자 의식적인 의지가 깃들어 있다.

엔트로피의 법칙은 결코 물리학의 울타리 안에만 머무르지 않는

바에서 밀크티를 우아하게 드신 영국 할머니

다. 부부, 가족, 친구, 직장, 그리고 사회처럼 인간의 다양한 관계에도 충분히 적용될 수 있다. 부부 사이를 지탱하던 결합 에너지가 소진되면 이혼이라는 결과로 이어지고, 친구는 멀어지며, 직장은 퇴직이나 해고로 마무리된다. 공동체는 해체되고, 국가는 무너진다. 이는 구성원들 사이를 잇던 엔탈피가 바닥을 드러내고, 집단 전체의 엔트로피가 극대화된 결과다. 각자가 관계를 유지하기 위해 들여야 할 최소한의 에너지를 외면한 끝에, 질서가 무너지고 관계는 해체된다.

    이런 파국을 막기 위해서는 무엇보다도 과도한 부의 집중을 완화하고, 사회적 약자를 보호할 촘촘한 안전망이 필요하다. 물론 그 대가가 결코 작지는 않다. 그러나 열역학이 우리에게 남긴 교훈은 분명하다. 무질서를 방치하지 않으려면, 질서를 유지하는 에너지를 게을리해선 안 된다는 것. 이 질서는 결코 시장 경쟁의 논리만으로 지탱되지 않으며, 비용이 많이 든다는 이유만으로 외면해서도 안 된다는 인문학적 통찰을 남긴다.

    자연에서 가장 무질서한 에너지는 열이다. 열은 방향성을 갖지 않고, 접촉하는 모든 공간으로 무작위로 흩어지며 복사된다. 모든 에너지는 시간이 흐를수록 점점 더 열에너지로 향하게 된다. 그렇다면 인간 사회가 무질서도가 가장 높은 평형상태로 되돌아간다는 건 어떤 함의를 가질까? 이는 사회 구성원 간 갈등이 극점에 이르렀을 때, 그 근원과 마주하게 되는 순간이라 할 수 있다. 문제는, 이 극한의 엔트로피가 이성을 자극하기보다 광기를 부추길 가능성이 크다는 데 있다. 소요, 폭동, 전쟁과 같은 파괴적 폭력은 물론이고, 낡고 모순된 질서를 무너뜨리려는 혁명조차 이성의 중심을 잃고 광기에 휘말리면, 그 거룩한 대의마저 허망하게 사라지고 만다. 이것이 바로 엔트로피가 이끄는 세계의 어두운 이면이다.

    돌연 스친 생각 하나. 오늘 아침, 내가 한 걸음을 내딛는 데 소모한 결합 에너지와, 그 걸음으로 인해 생명을 잃은 달팽이의 죽음으로 증가한 엔트로피 중 어느 쪽이 더 클까? 만약 세상이 나와 달팽이만 존재하는 하나의 '계'라 가정한다면, 열역학 제2법칙에 따라 생명의 소멸이라는 질적 변화가 야기한 엔트로피의 증가가 더 클 것이다. 한 생명이 사라졌다는 건, 곧 그 계의 질서가 무너졌다는 뜻이니까.

    그러나 실존적 관점에서 보자면, 그렇다고 달팽이의 죽음이 더 자연스럽고 평형에 가까워진 상태라고 쉽게 단정할 수는 없다. 그런 논리라면, 자연법칙을 내세워 누구든 희생시킬 수 있고, 나아가 특정 민족이나 약자를 지배하고 제거하는 것도 '자연의 섭리'라 정당화할 수 있다. 그것은 나치가 저질렀던 반인륜적 궤변과 다를 바 없다. 생명이란, 본질적으로 그런 물리법칙에 맞서 존재하는 이질적인 현상이다. 그렇기에 우리에게 필요한 것은, 엔트로피의 흐름에 순응하는 것이 아니라, 그 흐름을 거슬러 올라가는 결합 에너지, 곧 새로운 엔탈피를 창조해내는 일이다.

열역학 제2법칙에 담긴 철학적 메시지는 불교 사상과도 궤를 같이한다. 엔트로피의 증가는 모든 것이 질서에서 무질서로, 유지에서 변화로 흘러간다는 뜻이다. 이는 곧 불교의 무상無常 사상과 맞닿아 있다. 이 세상의 모든 것은, 물질이든 정신이든, 끝내는 변하고 소멸한다. 고정된 실체란 없으며, 존재하는 모든 것은 덧없다. 불교가 추구하는 궁극의 경지는 바로 열반涅槃이다. 무상과 무아無我를 꿰뚫은 사람만이 더 이상 변화나 고통에 흔들리지 않고, 윤회에서 벗어난 절대 평온의 상태에 이를 수 있다. 이 점에서 자연계의 본질인 엔트로피의 증가는, 불교가 말하는 무상과 무아의 깨달음과 방향을 함께한다. 둘은 나직하게, 그러나 분명하게 묻는다.

"이 변화의 흐름을 기꺼이 받아들이고, 그 너머의 진실을 꿰뚫을 수 있는가?"

불교는 말한다. 모든 생명은 업을 따라 윤회한다고. 달팽이는 이전 생의 카르마에 따라 축생畜生의 삶을 살고 있었을 것이다. 미물이라 할지라도, 선업과 자비를 쌓으면 다음 생에는 인간계, 인도人道에 환생할 수도 있었을 테다. 하지만 나는, 그 가능성을 한순간에 끊어버렸다. 만약 그 달팽이가 살아 있었더라면, 나는 그에게 자비를 베풀어 축생의 업을 조금이나마 덜어줄 수 있었을지 모른다. 아니면 내가 기도하고, 불법佛法을 나누며 선업을 쌓아 인도의 문턱까지 그를 이끌 수도 있었을 것이다. 그러나 나는, 그렇게 하지 못했다. 아니, 하지 않았다. 무심했던 걸음 하나로, 나는 그 생을 끝내고 말았다.

달팽이의 생을 거둬 아침부터 우울했던 마음을 스티비 원더가 달래주었다. "다시 시도할 수 있게 해줘서 고마워"라는 가사에 마음이 누그러졌다. 〈Higher Ground〉(261위)는 그가 교통사고를 당하기 불과 나흘 전에 발표된 곡이다. 공연을 마친 뒤 귀가하던 길, 트럭에서 떨어진 통나무에 치여 중태에 빠진 그가, 이 노래를 들으며 기적처럼 의식을 회복했다는 이야기가 전설로 전해진다. 더 높은 곳을 향해 나아가겠다는 그의 의지처럼, 나도 마음을 가다듬고 달팽이의 명복을 빌었다. 그것이 전생에 누구였든, 부디 죄를 씻고 다시 태어나기를. 그 업을 대신 짊어지고 내가 선업을 쌓겠노라고.

Stevie Wonder, 〈Higher Ground〉(1973, 261위)

어제 더위가 예사롭지 않아 그간 봉인해두었던 반팔을 꺼내 들었다. 아침에는 약간 쌀쌀했지만 팔토시로 견딜 만했고, 얇은 옷과 시원한 바람, 곳곳의 그늘이 체력을 아끼는 데 큰 몫을 했다. 새삼 그늘의 고마움이 느껴졌다. 엔탈피와 엔트로피의 상반 관계와 달리 강한 햇살이 짙은 그늘을 만든다는 사실에서 어둠과 빛은 반대가 아니라 공존하는 관계임을 일깨웠다. 반팔과 바람, 그늘의 삼위일체 속에서, 어제보다 훨씬 가볍게 발걸음을 옮길 수 있었다.

오늘은 순례길의 절반을 지나는 날이다. 이를 기념해 사아군 Sahagún의 순례자 성모 성지Santuario de la virgen peregrina에서 일명 '반주증'을 발급받았다. 공식 인증은 아니지만, 레온 지방의 중심인 이 마을을 지나는 이에게 주는 작은 표식이다. 하루하루 모은 발걸음이 어느새 779km의 중간을 넘겼다는 사실이 뿌듯했다. 성당이 보이는 카페 마당에 앉아, 우보만리의 덕업을 쌓고 우공이산처럼 책으로 산을 쌓았으면 어땠을까 하는 부질없는 상상도 한번 떠올려봤다.

우리 남매의 여정은 특별할 것 없는 고행이지만, 까미노에서 마주치는 이들의 발걸음은 때때로 마음을 울린다. 어떤 이가 다리를 절

사아군 반주증

며 한 걸음씩 나아가는 모습, 팔순이 넘은 노부부가 배낭을 메고 천천히 걷는 모습은 그 자체로 위엄이 있었다. 그들에게 부엔 까미노를 전하며, 대성당 앞에서 반드시 완주의 환희를 즐기길 응원했다. 각자의 소망을 자기 그릇에 알맞게 담아 흘리지 않으려는 발걸음. 그것이 이 길이 품은 진정한 순례의 풍경일지 모른다.

옷깃만 스쳐도 인연인데 전생에 지극히 깊은 업을 쌓았나 보다. 수원에서 온 K 교장 선생님 부자와 사흘째 같은 숙소에서 머물게 되었다. 오후 늦게 마주치자 웃으며 인사를 나눴고, 저녁을 함께하자고 제안했더니 흔쾌히 응하셨다. 아들 K 군의 세례명이 '레오'라, 친한 후배와 겹쳐 더 정이 갔다. 알고 보니 그는 지방 민영방송 아나운서 출신으로, 2년 계약을 마치고 퇴직한 상태였다. 재취업을 준비하던 중 아버지의 제안에 망설이다 무작정 길을 나섰다고 했다. 방송계의 재정 상태가 열악하다는 사실은 익히 들었지만, 아나운서 같은 전문직마저 비정규직으로 채우는 간단치 않은 현실이 못내 안타까웠다. 그런 그에게 위로의 마음을 담아 처칠의 말 한 줄을 전했다.

"성공은 끝이 아니며, 실패는 치명적이지 않다. 중요한 건 계속할 용기다."

구직을 앞둔 입장에서 순례가 부담되지는 않느냐고 묻자, 처음에는 부담되는 마음도 있었지만 지금 생각해보니 의외로 잘한 선택이었다며 까미노에만 집중하고 있다고 했다. 그 말에 깊이 공감했다. 삶에는 집중이 필요한 시기가 있는가 하면, 재충전이 필요한 때도 있다. K 군에게 지금은 잠시 풀어놓을 때다. 아치 벨 앤 더 드렐스Archie Bell & The Drells의 〈Tighten Up〉(265위)처럼, 조이는 건 나중에 해도 늦지 않다. 다만 일단 조이기 시작했다면 유혹은 피하라고 했다. 악마는 늘 달콤하게 유혹하고, 한번 빠지면 도낏자루 썩는 줄도 모르기 때문이다.

호주의 대표 록 밴드 AC/DC의 리더 본 스콧Bon Scott은 캐닝 하이웨이 인근 술집의 단골이었다. 그 일대는 신호등이 없어 교통사고가 잦았고, 단골들 사이에서 그 술집은 '지옥으로 가는 고속도로'라 불렸다. 술 한잔의 유혹이 자칫 죽음으로 이어질 수 있다는 뜻이었다.

AC/DC, 〈Highway to Hell〉(1979, 254위)

생각해보면 나 역시 젊은 시절 그 같은 유혹에 빠져 헛되이 시간을 보냈다. 어쩌면 지금도 지옥행 열차에 올라타 하루하루를 흘려보내는 건 아닐까. K 군보다 먼저, 나 자신에게 건넬 조언이다. 새뮤얼 존슨은 "습관의 사슬은 처음엔 너무 약해 느껴지지 않지만, 나중엔 너무

강해 끊기 어렵다"고 했다. 유혹도 그렇다. 습관이 되면 빠져나오기가 쉽지 않다. 오죽하면 주기도문에서도 말하지 않나. "우리를 시험에 들게 하지 마옵시고." 특히 의지가 약한 나 같은 사람에겐 꼭 필요한 주문이다.

K 군의 발꿈치에 물집이 잡혀 하루 더 머물기로 했다는 교장 선생님 말씀에, 샤모아 버터크림 몇 팩과 응급 키트를 드렸다. 순례 전 S 원장이 선물해준 귀한 크림이었지만, 이럴 때 쓰라고 있는 것이니 필요한 만큼 내놓았다. 물집 방지 밴드와 소독 솜도 함께 챙겨주고, 크림을 바른 물집 위에 밴드를 조심히 덧대주었다. 아침에 주운 모자를 배낭에 달아둔 일이 선업의 브런치였다면, K 군에게 해준 응급조치는 덕행의 만찬이라 부를 만했다. 어쩌면 이 모든 것이, 아침에 짓밟은 달팽이를 대신해 자비를 베풀라는 지엄한 천명이었는지도 모른다.

오후에는 리셉션 근처 소파에 앉아 자료를 들춰보려던 찰나, 맞은편 여성 순례자가 내가 선생님 같다며 농담을 건넸다.

"수업 준비 다 됐어요. 선생님."

"좋습니다, 그럼 이제 시작하죠."

웃으며 응수했다. 모두가 빵 터졌다. 순례길 중간에서 내가 터뜨린 가장 큰 웃음이었다. 나도, 새롭게 시작한 이 여정에 어느새 완전히 녹아든 것 같다. 절반이 끝났다는 건 곧, 진짜 순례가 이제 막 시작됐다는 뜻이기도 하니까.

K 선생님 부자와 함께

'라 페랄라'에서 특강을 시작하기 직전

여기서 네 할 일을 하라

Rocket Man: 로켓맨에게 필요했던 의지와 결단

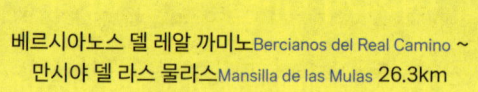

베르시아노스 델 레알 까미노 Bercianos del Real Camino ~
만시야 델 라스 물라스 Mansilla de las Mulas 26.3km

　메세타가 거의 끝나갈 즈음, 나는 순례를 새롭게 시작하겠다는 결의를 다졌다. 내일이면 사자의 도시 레온에 닿고, 곧 이 고원의 여정도 막을 내린다. 세간의 평과는 달리, 내게 이 길은 지루하지 않았다. 고지대의 대평원과 차분히 작별하고 싶어 이른 아침 길을 나섰다. 떠나기 전, 하룻밤 편히 쉴 수 있도록 따뜻하게 맞아준 '라 페랄라'Albergue La Perala의 전경을 눈에 담았다. 낯선 순례자를 반갑게 받아준 주인 할머니께 마음속으로 감사 인사를 올리며.

　어둠이 아직 걷히지 않은 거리에는 고요가 가득하다. 안단테 리듬의 발걸음이 정적을 깨우고, 가로등은 순례자에게 길을 비추며 작별 인사를 건넨다. 푸르스름한 구름 아래 텅 빈 골목을 걷는 감각은 언제나 상쾌하다. 아마 많은 이들이 이 맛에 늦잠의 유혹을 뿌리치고 새벽을 걷는 게 아닐까. 마을을 벗어날 무렵, 전조등을 켠 빨간 SUV가 스치듯 지나간다. 이른 아침부터 어딜 저리 급히 가는지 괜스레 궁금해 고개를 돌리니, 수평선 너머로 붉은빛이 번지기 시작했다. 구름 사이로 비치는 아침노을이 넌지시 세상을 깨운다. 동트기 직전의 늦새벽 분위기가 당나라 시인 온정균의 「상산조행」商山早行과 잘 어울렸다.

　"새벽에 떠나 말방울 울리니 나그네 길 위에 고향 생각이 서럽도다. 닭 우는 소리에 지는 달이 초가에 걸리고 서리 밟은 다리 위로 발자국만 남았네."

　이른 아침에는 억지로 생각을 끌어내지 않는다. 고요히 흘러가는 새벽의 감각을 놓치고 싶지 않기 때문이다. 동이 트는 풍경에 마음을

이른 아침에 어딜 그리 급히 가는 걸까

열고, 그 순간이 주는 평온에 자신을 맡긴다. 그러다 느닷없이 떠오르는 기억이나 다짐이 있다면 순순히 받아들이고 곱씹는다. 후회는 되새기고, 순례길에서 얻은 작은 깨달음은 잊지 않으려 마음에 담는다. 하루 중 가장 평온하고 정적인 시간이다. 이 시간만큼은 롤링스톤 500대 명곡도 듣지 않는다. 음악의 선율은 언제든 다시 흐를 수 있으니.

해가 뜬 지 오래지만 구름은 여전히 성을 내는 듯 잔뜩 찌푸려 있다. 햇살이 대지를 데우지 못해 허한 속을 달랠 따뜻한 음식이 당겼다. 마침 첫 번째 마을, 엘 부르고 라네로 El Burgo Ranero에 라면을 파는 식당이 있다. 현지인이 직접 맞나게 끓여준다기에 애초부터 들를 생각이었다. 프랑스 루트에서 라면을 파는 식당은 내가 아는 한 세 곳. 전에 들렀던 카스트로헤리스의 '오리온 알베르게' Albergue Orion, 이곳의 '펜시온 레스타우란테' Pensión Restaurante, 그리고 엿새 뒤 도착할 라바날 델 까미노 Rabanal del Camino의 '알베르게 필라' Albergue Pilar. 이곳에서는 라면이 스파게티 그릇에 담겨 나온다. 특별한 맛을 기대하진 않는다. 다만, 낯선 땅에서 라면을 먹는 그 자체가 지금 이 길 위에 놓인 작고 소중한 위로일 것이다.

야외 테이블은 이미 MTB 순례자들로 가득 차 있었다. 입간판이 자전거에 가려 여긴 아니겠지 싶어 지나치려던 찰나, 분필로 적힌 '신라면+햇반'이라 적힌 한글 메뉴가 눈에 들어왔다. 반가운 마음에 누나를 이끌고 안으로 들어섰다. "아침에 라면 괜찮지?"라는 말에 누나도 웃으며 고개를 끄덕였다. 그런데 자리가 없었다. 그때 어제 만났던 한국인 여성 순례자가 다 먹었다며 자리를 내주었다. 고맙다는 인사를 건네고 자리에 앉아, 라면을 주문한 뒤 그녀와 짧게 이야기를 나눴다.

사실 그녀를 처음 본 건 10여 일 전, 에스테야 근처였던 것으로 기억된다. 스쳐 지나며 인사를 건넸는데, 돌아온 반응이 차가워 대화할 생각이 싹 가셨다. 순례길에서 한국 청년들이 장년의 한국인과 어설프게 얽혔다가 불편한 요구나 예의 없는 언행에 실망한다는 이야기를 익히 들은 터라, 조심스러웠다. 이후 몇 번 더 마주쳤지만 첫 만남을 기억하며 짐짓 못 본 척 지나쳤다. 그러다 어제, 시에스타*로 인해 문 닫은 식료품점 앞에서 다시 만났다. 늦게 도착한 그녀가 "영업 끝났어요?"라 물었고, 나는 "아직 안 열었어요. 같이 기다리시죠"라고 답했다. 말을 섞는 게 여전히 어색했지만, 인사만큼은 예의였기에. 돌아오는 길에 누나가 툭 던졌다. "급했나 봐. 한국어가 저절로 튀어나온 거 보면."

동석을 제안받은 김에 나는 그녀에게 처음 인사했을 당시 이야기를 꺼냈다. 그때 무표정하여 말을 붙이기 어려웠다면서. 그녀는 당시

---

* Siesta: 낮잠 또는 오후의 휴식시간을 의미, 보통 점심이 지난 오후 2시에서 5시 사이에 취하는 짧은 휴식시간.

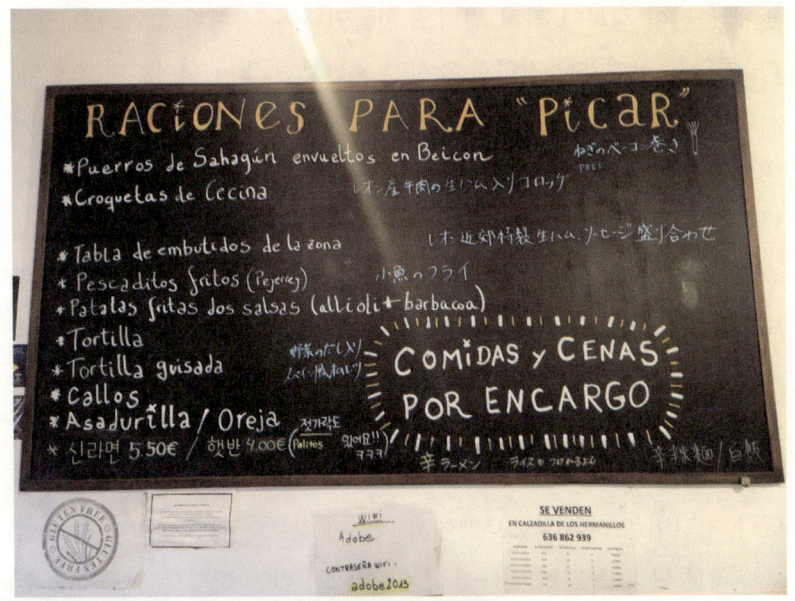

펜시온에서 접한 신라면과 햇반

발에 물집이 심하게 잡혀 걷기도 힘들었다며, 경황이 없었다고 말했다. 지금도 상태가 완전하진 않지만 초반보단 많이 나아졌다고 했다. 사전에 도보 훈련 없이 이곳에 와서 무작정 걷기 시작했기에, 매일이 버거웠고 낯선 언어와 문화 속에서 후회와 포기 사이를 한동안 헤맸다는 고충을 토로했다. 그 말을 듣고서야, 완만한 언덕길을 힘겹게 오르던 그녀의 지친 걸음을 상기했다. 어렴풋이 절뚝이던 기억도 겹쳐졌다. 사정을 모른 채 나는 성급히 판단했고, 불필요한 확증 편향에 사로잡혀 있었다. 미안한 마음에 진심을 담아 조언했다. "절대 무리하지 마세요. 천천히, 컨디션에 맞춰 걷다 보면 산티아고까지 충분히 갈 수 있어요." 라면 한그릇 덕분에 오해가 풀려 다행이었다. 맛도 기대 이상이었다. 지난번 오리온 알베르게에서 먹었던 것보다 훨씬 나았다.

낯선 환경, 무너진 컨디션, 끝이 보이지 않는 순례길. 누구라도 절망에 휩싸이기 쉬운 조건이었다. 나 역시 앞이 보이지 않던 시절이 있었다. 내 인생의 두 번째 전환점은 대학원에 재학할 무렵에 찾아왔다. 석사 1년차 2학기 말, 재무관리 전공 교수를 충원하기 위한 공채 과정에서 최종 후보자들의 공개 프레젠테이션을 진행했다. 대학원생들에게도 참관이 허용되어 PT에 참석했다. 여러 후보자들 중에 두 후보, K 교수와 C 교수가 인상 깊었다. K 교수는 이미 다수의 실증 연구를 여러 학회지에 발표한 반면, C 교수는 비록 통과된 논문 편수가 적지만, 메이저 저널에서 심사 중인 논문이 있었다. 최종적으로 게재만 된다면 연구 역량의 잠재력은 K 교수에 결코 뒤지지 않았다. 내심 C 교수가 오길 바랐다. 그가 마르코프 체인을 활용한 주가 결정모형을 자신 있게 설명하는 과정에서, 수리재무 이론 수업 중 공대 박사들도 풀기 버거운 옵션가격 결정모형의 마지막 증명단계를 넘지 못했던 벽이 떠올랐기 때문이다. 수리이론 분야에서 정평이 난 시카고대학 Ph.D.인 C 교수가 내게 부족한 마지막 조각을 채워줄 존재로 느껴졌다. 하지만 임용된 이는 K 교수였다.

한편 C 교수의 프레젠테이션은 내게 기대만큼이나 절망이기도 했다. "과연 수리재무 이론의 끝을 볼 수 있을까?" 시작도 하기 전에 회의감이 앞섰다. 1990년대 초중반, 미국 대학은 연구 중심 교수와 강의 중심 교수를 명확히 구분했다. 나는 학계에 남는다면 단지 가르치는 데 그치지 않고, 연구에서도 커다란 족적을 남겨야 한다는 강박을 품고 있었다. '티칭 교수'에 만족하고 싶지 않았다. 문제는, 나 자신에게 독창적인 계량 모델을 만들 역량이 있는지 확신하지 못했다는 것이다. 기념비적인 논문 하나조차 남길 자신이 없었다. 산조이 바수$_{Sanjoy Basu}$ 교수는 저PER* 주식의 이례적인 초과 수익을 실증적으로 입증한 인물이다. 그와 관련해 전설처럼 회자되는 일화가 있다. 연구실 벽을 가득 메운 주가와 수익률 데이터를 눈으로 훑기만 해도 PER(X축)과 수익률(Y축)의 분포를 머릿속에 떠올려 연구 결과를 유추했다는 것이다. 나로서는 상상하기 힘든 재능이었다. C 교수 역시 그 범주에 속한 학자처럼 여겨졌다.

서울 소재 대학, 그것도 모교에 임용되는 건 하늘의 별 따기다. 설령 바늘귀를 간신히 통과한 낙타가 된다 해도 만족할 연구 성과를 내지 못할 바에는 더 공부할 이유가 없다는 섣부른 판단하에 박사 진학을 접었다. 떡 줄 사람은 생각도 없는데 김칫국부터 마셨던 것이다. 그래도 언젠가 교단에 선다면 모교에서 강의하고 싶다는 미련은 남았다. 그러자면 유학이 필수였기에, 취업 후 몇 해 동안 유학 자금을 모아보겠다는 막연한 계획만 품고 있었다. 취직한 지 2년째이던 1997년 12월, 정부가 IMF에 구제금융을 요청했고 환율은 순식간에 두 배 가까이 뛰었다. 유학 자금 역시 배로 불어나며 어쩔 수 없이 꿈을 접었다. 그렇게 나는 전업 직장인의 삶에 뿌리를 내렸다.

---

*   PER(Price-to-Earnings Ratio): 주가수익비율

스물아홉의 나는 박사과정을 정말 간절히 원했던 걸까. 천재는 아닐지라도 성실한 노력으로 그 간극을 메워보겠다는 의지, 공부하는 기쁨을 더 누려보려는 절실함이 있었던가. 돌아보면, 그렇지 않았다. 의지는 약했고 계획은 흐릿했으며, 공부에 인생을 걸 각오도 없었다. 스무 살 때와 다를 바 없이 삶과 목표에 대한 진정성이 부족했다. 고민이 많았지만, 끝끝내 그 길에 몸을 던질 용기는 없었던 것이다. 시인 김남주는 「길 2」라는 시에서 이렇게 말한다.

"여기가 너의 장소, 너의 시간이다. 여기서 네 할 일을 하라. 행동의 결단을 요구하는 역사의 목소리가 있다."

오늘 산티아고를 향해 걷고 있는 그녀, 그리고 젊은 시절의 내게 필요한 건 회의나 불신이 아니라 의지와 결단이었다. 자신 앞에 놓인 길을 두고 '길만 멀다, 험하다' 탓해서는 안 된다. 인생에서 가장 중요한 순간은 늘 '결단을 내리는 바로 그때'이다. 청춘 시절만큼의 인생을 한 번 더 살아낸 지금 이 시점에서도 마찬가지다. 여전히 미래는 안개 낀 길이 펼쳐져 있지만, 바로 지금 여기서 해야 할 일을 미루지 말아야 한다. 그래야만 우주 비행사가 느꼈던 고독과 삶의 중압감, 정체성의 혼란에서 벗어날 수 있다.

엘튼 존의 〈Rocket man〉(242위)은 지구를 떠나 화성으로 향하는 우주 비행사의 상실감과 외로움을 노래한다. 하지만 그 이면에는 길을 잃고 방황하던 청춘의 내면이 오롯이 담겨 있다. 작사가 버니 토핀과 엘튼 존이 우주 탐험이라는 비유를 빌려 말하고자 했던 핵심은, 불확실한 미래 앞에 선 인간의 고뇌가 아니었을까.

🎧
Elton John, 〈Rocket Man〉(1972, 242위)

미국 코미디언 스티븐 라이트Steven Wright는 "모든 걸 가질 수는 없다. 다 가진다면 그것들을 어디에 둘 건가?"라며 삶의 진리를 유머러스하게 풍자했다. 정말 그랬다. 동키에 짐을 보내 가볍게 걸었지만, 누나의 컨디션은 오히려 좋지 않았다. 왼쪽 발목과 족삼리 근처가 욱신거려 발걸음이 무거웠다. 페이스를 조절하며 오후 1시경 숙소에 도착했다. 주인 부부의 다정한 환대가 참 반가웠다.

점심 메뉴를 고민하다 구글 검색을 했다. 햄버거나 샌드위치가 당겨 평점이 높은 '카사 토노'Casa Tono를 찾았다. 하지만 점심시간에는 메뉴델디아Menu del día*, 점심 정식만 주문 가능하단다. 가격은 나쁘지 않았지만 아침에 라면을 든든히 먹은 터라 풀코스가 부담스러웠다. 혹시 단품과 정식을 하나씩 나눠 주문할 수 있냐고 물었지만 정중히 거절당했다. 하는 수 없이 숙소로 돌아오는 길에 다른 식당을 찾았다.

평점이 적당한 '라 라구나'La Laguna로 들어섰다. 텅 빈 가게에 손님은 우리뿐이었다. 무료한 표정이던 아주머니가 친절한 미소로 반갑게 맞았다. 문어 요리, 뿔뽀Pulpo와 스페인식 내장 스튜, 카요스Callos를 주문했다. 뿔뽀는 맛있었지만, 카요스는 그렇지 않았다. 한식 소내장탕과 비슷한데 기름지고 향이 강해 입맛에 맞지 않았다. 누나도 마찬가지였다. 낯선 음식을 만나는 일, 그 또한 순례길의 또 다른 복불복이었다.

"맛있냐"는 물음에 나는 떨떠름한 표정으로 고개를 저었다. 그 순간 주인장이 스페인어로 뭐라 뭐라 하여 구글 번역기를 사용하려던 찰나 누나가 말했다. "치킨으로 바꿔주려나 봐." 누나가 스페인어를 알아듣다니! 어딘가 미심쩍었지만, 순례자에게 베푸는 인정이라 여기

* 오늘의 메뉴라는 뜻으로 점심을 가장 중요한 식사로 여기는 스페인에서 단품 메뉴보다 가성비가 좋은 간단한 코스 요리. 가격대는 보통 10~15 유로 수준.

고 고마운 마음으로 고개를 끄덕였다. 흔쾌히 메뉴를 바꿔준 것이 고마워, 배가 부른 상태에서도 남기면 실례일까 싶어 바꿔 내어온 치킨을 어렵사리 비웠다. 식사를 마칠 무렵 아이스크림을 권하길래 후식이겠지 하며 흔쾌히 그러마고 했다.

그렇게 예기치 않게 푸짐한 한 끼를 마치고 계산대에 섰다. 청구된 금액은 43유로, 예상보다 훨씬 많았다. 자초지종을 묻자 치킨, 카요스와 아이스크림, 서비스라 여긴 생수까지 모두 포함된 가격이었고, 뽀뽀 역시 메뉴판과 달리 단품 요금으로 계산되었다. 단품은 원래 더 비싸다는 설명이 덧붙었다. 넉넉한 체형과 온화한 인상에 안심하고 마음을 놓았는데, 뜻하지 않게 순박한 뜨내기 손님이 되고 말았다. 여우를 피하다 호랑이를 만난 격이었다.

하지만 돌아보면 어처구니없는 일만은 아니었다. 순례자를 위해 주문을 바꿔주는 것도, 후식까지 챙겨주는 것도 무료일 거라 믿은 내 착각이 문제였다. 풀코스를 주문하지 않았으니 후식은 당연히 별도였고, 친절도 계산된 서비스였던 셈이다. 까미노에서 순례자라는 이유만으로 특별히 배려받으리라는 막연한 기대가, 결국 세상 물정을 모르는 순진한 믿음에 불과했음을 깨닫게 되었다.

오리온 알베르게의 한국인 여사장이든, 라 라구나의 주인장이든 그들에게 우리는 수많은 손님 중 하나일 뿐이다. 누구를 가객佳客으로 맞을지는 전적으로 그들 마음에 달려 있다. 진객珍客으로 대우받지 못했다고 그들을 원망할 수는 없다. 그저 내가 품었던 과도한 기대가 빗나간 것뿐이다. 더 드리프터즈The Drifters의 〈Money Honey〉(252위)가 이렇게 소리친다. "돈이 필요해! 나랑 잘 지내고 싶다면." 어쩌면 라 라구나 여사장도 속으로 이렇게 말하고 있었는지도 모른다. "내 친절한 서비스를 원해? 그럼 내게 이문을 남겨줘."

🎧
The Drifters, 〈Money Honey〉(1953, 252위)

자본주의 사회에서 돈은 생존의 수단이다. 살아가기 위해서는 일정한 돈이 필요하고, 그것을 추구한다고 해서 비난할 수는 없다. 인간은 유전자의 생존과 확장을 위해 움직이는 존재이고, 돈은 이를 위해 결코 무시할 수 없는 도구다. 여유가 없을수록 돈의 존재감은 더욱 커진다.

사람마다 부에 대한 기준과 철학은 다르다. 나는 돈이 인생의 목적이 되어서는 안 된다는 입장이다. 노후에는 중산층 수준의 소득이면 충분하다 여겨, 돈을 더 벌려고 아등바등하기보다는 안분지족하며 여생을 누리고 싶다. 만약 돈이 관계의 전제가 되어야 한다면, 그 관계는 기꺼이 포기할 수 있다. 다만, 도움이 절실한 이들에게는 조건 없는, 자발적 지원이 여전히 마땅하다고 생각한다.

아침에 이어 점심까지 넉넉히 먹은 터라, 저녁은 간단히 해결하기로 했다. 돌아오는 길에 편의점에 들러 토르티야 하나를 샀다. 침대에 누워 졸다 깨다를 반복하다가, 저녁 무렵 휴게실로 향했다. 순례자 몇 명이 테이블에 둘러앉아 각자 준비한 음식을 나눠 먹고 있었다. 자리가 애매해 망설이는 사이, 아르헨티나 출신의 부자와 스웨덴 여성이 자리를 내주고는 웃으며 말했다.

"어제 페랄라에서 강의 잘 들었어요."

익숙한 얼굴이 있으니 주저할 이유가 없었다.

다른 순례자들도 "우린 충분히 먹었으니, 토마토 빈Tomato Bean 수프와 샐러드를 마음껏 드세요"라며 권했다. 예상치 못한 환대에 순간 낯이 뜨거웠지만, 우리가 준비한 토르티야와 과일을 함께 나누자고 했다. 각자 소박하게 챙긴 음식이었지만, 한자리에 모이자 꽤 푸짐한 저녁상이 되었다. 초면임에도 따뜻한 교감이 오가고, 길 위의 낯선 이들이 서로를 가빈嘉賓으로 맞이한 정겨운 만찬이었다.

점점 햇볕이 부담스러워진다.

2857번 버스

Planet Rock: 마틴 루서 킹 주니어의 꿈

만시야 델 라스 물라스Mansilla de las Mulas ~ 레온León 18.5km

새벽에 뜻밖의 꿈을 꾸었다. 대학 동기이자 H 은행 투자전략부장인 K가 다급하게 조언을 구했다. H 은행의 미래 발전전략을 수립하는 과제를 맡았는데, 방향을 잡기가 쉽지 않다며 도움을 청한 것이다.

염두에 둔 주제가 있냐고 물었다. K는 "아무래도 핀테크가 핵심 아니겠냐"고 반문했다. 하지만 상황은 녹록지 않았다. 자회사 '핀크'의 누적 적자가 이미 1천억 원에 달한 상태였다. 나는 신사업보다 핀크의 사업성 개선이 우선이라며, "뭐라도 하나 성공해야 그룹의 핀테크 전략에 힘이 실리고, 지주회사의 시선도 끌 수 있다"고 말했다. 이어 구체적인 방안도 제시했다. 기존의 신용평가 모델 대신, 미국의 '업스타트 홀딩스'Upstart Holdings처럼 빅데이터 기반의 계량 신용 시스템을 도입하자는 것이었다. 이를 핀크의 대환대출 서비스와 연계하되, 누구나 접근 가능한 오픈 플랫폼으로 전환하자고 했다. 차주별 신용 위험을 정밀 분석해 최적의 금리를 제시하면, 대환 시장에서 경쟁력을 충분히 확보할 수 있다는 점을 근거로.

꿈속에서 건넨 조언이 실제로 구현 가능한지는 중요하지 않았다. 그냥 떠오르는 대로 말했을 뿐이니까. 단지 친구가 안도하며 짓던 미소가 오래도록 기억에 남았다. 학창 시절 함께 공부하던 동기에게 조금이나마 힘을 보탠 기분이 들어 괜스레 뿌듯했다.

꿈은 현실에서 이룰 수 없는 일을 가능케 한다. 어쩌면 무의식이 만들어내는 은밀한 보상기제인지도 모른다. 마음속에 품어온 바람이 꿈을 통해 한순간이라도 모습을 드러내길, 우리는 은근히 기대한다. 비록 그 꿈이 이루어지지 않더라도, 우리가 여전히 꿈을 꿔야 하는 이유는 바로 여기에 있다. 희망 없는 삶은 소리 없이 스러지는 생과 다르지 않으니.

　새벽녘에 맛보았던 작은 뿌듯함이 그리 오래가지 않았다. 앞 베드를 쓰던 독일인 부부가 말없이 떠났다. "잘 가세요." 내가 건넨 인사에 힐끔 쳐다만 봤을 뿐, 끝내 아무 말 없이 알베르게 문을 나섰다. 전날 저녁 식사 자리에서도 그들은 우리를 의도적으로 무시하려는 것인지, 말 한마디조차 하지 않았다. 그 기억이 겹치며 기분이 상했다. 이뿐만이 아니다. 푸엔테 비야렌테Puente Villarente 근처에서도 외면당했다. 분기점에서 지도를 보던 부부에게 그대로 직진하라고 알려줬지만, 돌아온 건 무표정한 침묵뿐. 남편의 일관된 무심한 태도에 아내가 애써 어색한 미소를 지을 뿐이었다. 별다른 답례를 기대한 건 아니었으나, 그 무심함이 마음 한편을 씁쓸하게 만들었다.

　그때 문득, 혹시 이것이 인종차별의 한 형태는 아닐까 하는 의심이 들었다. 아니면 한국인 순례자에 대한 불편한 기억 때문이었는지도 모른다. 어쨌든 그들의 반응에 일일이 미련 두는 건 현명하지 않다고 스스로를 다독였다. 순례길에서는 각양각색의 사람들을 만나는 것이 당연한 일이고, 이 길 위에서 인종차별을 경험했다는 이야기 또한 종종 들었으니 말이다.

　이와 관련해 한 가지 사례를 소개한다. 중년의 한국인 여성 A가 겪은 실화다. A는 또래의 미국 여성 B와 길 위에서 자주 마주쳤고, 알베르게에서 여러 번 같이 묵기도 했다. 그러나 B는 언제나 A를 외면하는 듯한 태도를 보였다고 한다. 어느 날, 두 사람은 저녁 만찬 자리에서 나란히 앉게 되었다. 순례자들이 돌아가며 자기소개를 하던 중, A는 "영어가 능숙하지 않다"며 짧게 인시했다. 그러자 B는 "영어도 못하면서 어찌 순례할 생각을 했냐"며 궁시렁거렸다. A는 불쾌했지만 애써 참아 넘겼다. 잠시 후 B가 와인을 순례자들에게 돌리는데 A만 건너뛰었다. A는 화가 치밀기 시작했지만, 식사를 포기하고 싶지 않아 힘겹게 자리를 지켰다. 샐러드가 나왔다. 차례대로 그릇을 자기 접시에 덜어 옆 사람에게 넘겼다. B는 자기 몫을 덜어내고서는 또다시 A만 건너뛰고 그릇을 내려놓았다. A는 더는 참지 않기로 했다.

A는 핸드폰 번역기에 다음과 같이 입력했다.

"나는 한국에서 태어나 영어는 유창하지 않지만, 네가 무시할 만큼 하찮은 삶을 살아오지 않았다. 영어가 네 모국어이겠지만, 행색을 보아하니 나보다 잘난 것 같지 않은데 왜 그리 유난을 떠냐. 부끄러운 줄 알아라."

그리고 영어로 번역한 다음, 스피커로 크게 틀어 모두가 듣게 했다. A는 홍당무가 된 B의 얼굴을 매섭게 노려보면서 자리를 떴다.

나였다면 그렇게까지 하지는 못했을 것이다. 아마 적당한 기회를 틈타 이유를 묻는 데 그쳤을 공산이 크다. 물론 A의 설명만으로 B의 언행을 인종차별로 단정할 수는 없다. 어쩌면 단순한 개인적인 불편함 때문이었을 수도 있다. 그렇지만 B의 행동이 명백히 선을 넘은 건 분명하다. 그런 점에서 A의 대응은 결코 과하지 않았다. 부당한 상황에서 침묵 대신 정제된 방식으로 저항한 A의 용기를 충분히 이해한다. 그것 또한 이 길 위에서 낼 수 있는 목소리이자, 허용된 의사표현이었으니.

그녀의 기지에서 어린 시절에 읽었던 『2857번 버스』의 일화가 생각났다. 1955년 12월 1일, 앨라배마주 몽고메리. 백화점에서 일하던 로자 파크스Rosa Parks는 퇴근길에 2857번 버스에 올랐다. 버스가 몇 정류장을 지난 뒤, 백인 전용칸이 만석이 되자, 버스 운전사는 유색인 전용칸에 앉아 있던 그녀에게 방금 탑승한 백인 승객들이 앉을 자리를 양보하라고 요구했다. 당시 법에 따르면, 버스 기사는 백인이어야 하며 좌석은 흑백으로 구분되고, 흑인은 서 있는 백인에게 자리를 양보해야 했다. 세 명의 흑인 승객들이 자리에서 일어났지만, 로자 파크스는 끝내 거부했다. "양보할 이유가 없다"고 단호히 맞서다, 결국 경찰에 체포되었다.

그녀가 체포되자 흑인 사회가 크게 동요했다. 재판 당일, 시민들은 항의의 뜻으로 버스 승차를 거부했으나, 법원은 그녀에게 벌금 10달러와 소송비용 4달러를 선고했다. 이에 반발한 로자는 항소했다. 무명의 젊은 목사 마틴 루서 킹Martin Luther King Jr.은 흑인 단체들과 연대하여 382일간의 버스 보이콧 운동을 시작했다. 이듬해, 미 대법원은 흑백 분리와 인종차별이 위헌이라는 판결을 내렸다. 하지만 그때는 이미 흑인들의 조직적인 인권운동이 본격적으로 시작된 후였다. 로자의 작은 저항은 거대한 변화의 문을 여는 시작이 되었다.

그로부터 20년이 지난 1970년대, 뉴욕 브롱크스에서 아프리카계 미국인과 라틴계 청년들이 중심이 되어 힙합 문화가 태동하기 시작했다. 래퍼들은 가난과 차별, 삶의 비애, 경찰의 폭력 등을 노래 속에 새겨 놓았고, 백인 청소년들이 그 울림에 공명하여 흑인들의 암울한 현실을 차츰 이해해갔다. 이들이 힙합에 열광하면서, 서로에 대한 이해와 존중의 싹이 트였다. 힙합이 던진 강렬한 메시지는 백인 사회에 불평등을 향한 새로운 눈을 뜨게 했으며, 그 물결은 마침내 흑백 간 문화적 장벽을 허무는 불씨가 되었다. 흑인 문화는 점차 미국 대중문화의 중심으로 자리를 잡았다. 음악은 때로 가장 강력한 언어가 된다. 깊은 갈등도, 오래된 편견도 녹여내는 위대한 힘. 힙합은 그렇게 인종을 넘어선 연대의 리듬이 되었다.

힙합은 마틴 루서 킹 목사의 오랜 꿈을 현실로 이끌었다. "언제가 미국이 일어나, 모든 인간은 평등하게 태어났다는 진리를 사명하게 받아들이는 날이 올 것"이라는 그의 믿음은, 음악을 통해 유유히 실현되었다. 그 상징적 이정표 가운데 하나가 바로 〈Planet Rock〉(237위)이다.

1982년, 아프리카 밤바타Afrika Bambaataa와 그의 그룹 소울소닉 포스The Soulsonic Force는 이 곡을 발표했다. 전통적인 펑크나 소울 샘플링에서 벗어나, 독일 전자음악 그룹 크래프트베르크Kraftwerk의 사운드를 차용하며 힙합에 전자음악을 본격 도입한 첫 시도였다. 이 노래를 계기로 힙합뿐 아니라 R&B, EDM 등 다양한 장르에 신시사이저와 드럼머신이 뿌리내렸고, 디제잉과 브레이크댄스, 빠른 랩을 장착한 일렉트로 힙합은 미국을 넘어 전 세계를 열광시켰다. 음악은 그렇게 인종을 넘고 경계를 허물며 새로운 문화의 흐름을 만들어냈다.

🎧
Afrika Bambaataa & The Soulsonic Force, 〈Planet Rock〉(1982, 237위)

하지만 갈등이 언제나 긍정적인 변화를 이끄는 것은 아니다. 때로는 피할 수 없는 비극을 불러온다. 나치가 조장한 '아리안 민족주의'가 대표적인 사례이다. 히틀러는 아리안, 특히 북유럽계 게르만 민족을 인류 최고로 신봉한 반면, 유대인과 집시, 슬라브인을 열등하고 위험한 존재로 낙인찍었다. '민족의 순수성'을 지킨다는 명분 아래, 그들은 거리낌 없이 이른바 '인종 청소'라는 전쟁 범죄를 저질렀다. 나치즘은 보편적 민족주의와는 거리가 멀다. 모든 민족의 평등과 자결권을 부정하고, 오직 게르만 민족만이 지배해야 한다는 광신적 신념에 사로잡혀 있었다. 그 결과는 2차 세계대전과 홀로코스트, 즉 600만 명 유대인의 학살이라는 전대미문의 참극이었다. 그런데 이런 비극은 히틀러나 열성 지지자만으로 가능하지 않았다. 아돌프 아이히만Adolf Eichmann처럼 겉보기엔 평범하지만 상부의 비인도적 명령을 맹목적으로 따른 수많은 부역자들이 학살을 가능하게 했다. 한나 아렌트Hannah Arendt가 지목한 '악의 평범성'이 바로 그것이다.

내가 까미노에서 만난 독일인 남편이 그런 이들과는 다르기를 바랐다. 이 길을 인종차별주의자나 배타적 민족주의자들과 나란히 걷고 있다는 상상만으로도 섬뜩했다. 그저 내게 정이 가지 않아 무심히 대했던 사람이기를 바랐다. 살다 보면 첫인상부터 낯설거나 불편한 사람이 있기 마련이다. 나 또한 그런 편견에서 자유롭지 않다. 독일인 남편도 그런 맥락에서 이해하기로 했다. 그냥 타인에 무관심한 B형 남자일 뿐이라 여기자고 했다. 이런 사소한 불쾌감 하나로 순례길의 의미를 깎아내리고 싶진 않았다. 버즈The Byrds의 〈I'll Feel a Whole Lot Better〉(234위) 가사처럼 ─ "당신이 떠나면 기분이 훨씬 나아질 거야" ─ 그들이 더 이상 눈에 띄지 않자, 내 기분도 차츰 제자리를 찾았다.

보편적 민족주의가 지향하는 평등은 까미노 어디에서나 실감할 수 있다. 장애가 있다거나 연로하다고 해서 건강한 청년보다 더 먼 거리를 걸어야 하는 것은 아니다. 누구나 저마다의 보폭으로 한 걸음씩 내딛을 뿐이다. 다른 점이 있다면, 출발선은 같아도 각자의 여정은 제각기 다르다는 것이다. 다리가 불편한 덴마크 아주머니나 한눈에 봐도 무거운 배낭을 멘 헝가리 할머니의 까미노는, 건강한 청춘들의 순례에 비해 깊은 애환이 담겨 있다.

그런 까닭에 그녀들의 미소가 내게 유난히 더 밝게 다가온다. 장애와 나이가 많다는 어려움에도 불구하고, 순간 순간의 고통을 이겨낸 얼굴에는 숭고함이 서려 있다. 그렇게 한 걸음씩 더해 마침내 레온까지 도달한 이들의 여정에는 진보가 담아 낸 가장 아름다운 결이 있다. 그렇다. 진보란 본디 이런 걸음으로 이루어진다. 수많은 이들의 누적된 역사가 오늘의 진보를 만들어낸다. 만약 남북전쟁 후 미국 시민들이 노예제가 명목상으로만 폐지된 사실에 안주했다면 역사의 흐름은 어떻게 흘렀을까. 백인 우월주의가 여전히 미국 사회의 뿌리 깊은 전제로 남았을지도 모른다. 하지만 로자 파크스와 같은 작은 저항들이 모여 역사의 물줄기를 바꾸었다. 그런 움직임 하나하나가 인권의 지평을 넓히는 불쏘시개가 되었다.

까미노 또한 그러하다. 순례를 시작했을 때만 해도 20km를 걷는 것이 다소 부담스러웠다. 일정상 어쩔 수 없이 몇 번 30km 넘게 걷다 보니, 이젠 20km는 가뿐하게 걸을 수 있다. 마치 동네 한 바퀴 도는 듯한 여유가 생겼다. 진보란 어느 날 갑자기 쥐어지는 것이 아니다. 불편한 여건 속에서 조금씩 한계에 적응하고, 스스로의 지평을 서서히 넓혀가며 이뤄내는 것이다. 로마가 하루아침에 이루어지지 않았듯, 첫술에 배부를 수는 없는 법이다. 지난 젊음이 마땅히 그랬어야 했듯, 앞으로의 내 삶 또한 그래야 한다.

20년 전 세상을 떠난 레이 찰스Ray Charles는 음악의 진보를 이룬 대표적 인물이다. 그가 레날드 리처드Renald Richard와 함께 만든 〈I Got a Woman〉(235위)은 팝 역사에서 최초의 소울 음악으로 평가받는다. 소울은 흑인의 정서와 영혼을 고스란히 담아낸 음악이다. 종교적 가스펠에서 영향을 받은 소울 가창은 감정을 극한으로 끌어올리고, 백 보컬과의 교감을 통해 더욱 깊어진다. 블루스의 감성과 슬픔, R&B의 리듬과 멜로디, 재즈의 풍부한 화성이 절묘하게 혼합된 장르다. 레이 찰스는 가스펠 선율 위에 블루스의 감성과 세속적 가사를 얹어, 소울이라는 새로운 문을 열었다. 그의 노래는 그렇게 진보의 한 길을 개척해 냈다.

🎧
Ray Charles, 〈I Got a Woman〉(1954, 235위)

만시야를 떠나며

　상념을 따라 걷다 보니 어느새 레온이 가까워졌다. 고속도로 옆으로 난 순례길을 따라 언덕에 오르자, 너른 평원 너머로 카스티야 이 레온Castilla y León주의 중심지 레온이 한눈에 펼쳐졌다. 부르고스에서 시작된 178km 메세타의 여정이 한 폭의 절경 속에서 마침표를 찍는 순간이었다. 아침에 겪었던 불쾌한 기억은 롤링스톤이 뽑은 명곡들 덕분에 어느새 말끔히 씻겨나갔다. 헝가리 할미니 뒤를 따라 레온 시가지에 들어섰다.
　오래된 성당 종탑 위에는 나뭇가지로 엮은 황새집이 얹혀 있었

수도원 종탑 위의 황새둥지

다. 이곳 황새들은 겨울이 되면 이베리아 반도를 따라 남하해 지브롤터 해협과 사하라를 건너 고향으로 돌아간다. 3,000km에 달하는 여정을 무리 지어 날아가는 계절의 순례자들. 그 선두에는 우두머리가 선다. 하지만 이동 시기와 방향을 정하는 건 우두머리 혼자의 결정이 아니다. 무리의 다수가 동의해야 이동이 시작된다. 일단 결정이 나면, 무리는 그 책임을 우두머리에게 온전히 위임한다. 믿음과 신뢰가 이끄는 비행이다. 우두머리는 바람을 읽어야 한다. 순풍을 타야 무리가 덜 지치고 멀리 날 수 있다. 때로 역풍을 마주하더라도, 황새들은 그 선택을 믿고 따른다. 우두머리가 그들의 신뢰를 저버린 적이 없기 때문이다. 수천 킬로미터에 달하는 이 장대한 비행의 원동력은 바로 그 믿음에 있다.

그들은 하늘을 날며 무슨 생각을 할까. 나처럼 누군가를 탓하거나 의심으로 마음을 흐리진 않을 것이다. 우리 모두에게 황새들처럼 단단한 신뢰가 깃든다면, 세상은 지금보다 훨씬 따뜻할 것 같다. 황새 무리의 여정이 평안하기를, 한 마리도 낙오하지 않고 모두가 무사히 겨울집에 닿기를 빌었다.

마침내 겁 많은 사자가 사자굴 한복판에 들어섰다. 영화 〈라이온 킹〉(1994)의 스카 같은 간악한 사자만 마주치지 않기를 바라며, 레온 대성당 가까이 자리한 '성 프란치스코 알베르게'Albergue Residencia San Francisco de Asís에 짐을 풀었다. 카푸친 수도회가 운영하는 이곳은 레온대학 학생들도 기숙하는 공간이라 전반적으로 깔끔하고 편의시설도 잘 갖춰져 있었다. 무엇보다 직원들의 진심 어린 환대가 깊이 전해졌다.

아침 해프닝으로 한때 흔들렸던 나그네의 평온은 덴마크 아주머니와 헝가리 할머니, 당나귀 가족, 명곡들, 황새, 그리고 이 알베르게의 따뜻한 스태프들 덕분에 제자리를 되찾았다. 하루를 마무리하며, 그 모든 인연과 순간들에 새삼 깊은 감사를 느꼈다.

빨간 판초를 두른 헝가리 할머니와 그 앞에 가는 덴마크 아주머니

한 스푼의 욕망

소개하지 못했던 명곡들(중)

재미있는 친구모임에
맞본데 이것은 욕망을 뜻하는 것인가는 오르겐나
얼핏 의미있는 조각품 같았다.
                    León   6.1

레온 León 연박

어제 배정받은 방은 2층 침대 세 개가 딸린 6인실이었다. 보통은 침대까지 지정해 주지만, 이곳은 방만 안내하고 침대는 선착순으로 택할 수 있다. 먼저 도착한 브라질 출신의 60대 부부는 출입문 왼쪽에 있는 침대에서 쉬고 있었다. 남은 2층 침대 둘 중에 어느 것을 고를까 망설이다가, 아래 칸 두 개를 쓰기로 했다. 선착순으로 침대를 고를 경우, 보통 아래 칸이 먼저 찬다. 오르내리기 편해서다. 나도 한 번쯤 아래 칸을 써보고 싶었다.

나란히 놓인 양쪽 침대의 아래 칸을 하나씩 차지했다. 사다리를 오르내릴 일이 없으니 확실히 편했다. 그 안락함에 취할 무렵, 며칠 전 숙소에 늦게 도착해 누나가 위 칸에 올라야 했던 기억을 상기했다. 우리만 편하자고 과욕을 부린 것은 아닌가 하는 후회가 스쳐 갔다. 그래도 침대를 자유롭게 고를 권리를 행사한 것이니 괜찮다며 스스로를 다독였다. 비가 그친 뒤, 불편해진 심사를 달래고 길도 익힐 겸 레온 산타 마리아 대성당 Catedral de Santa María de León 주변을 둘러보러 밖으로 나갔다.

늦은 밤, 포르투갈에서 온 젊은 연인이 남은 침대에 짐을 풀었다. 그들이 정리하는 모습을 보며 이제라도 아래 칸 하나를 양보해야 하나 망설였지만, 모른 척하고 눈을 감았다. 밤새 뒤척였다. 새벽녘 브라질 부부가 떠난 후, 누나에게 얘기하니 누나도 마음이 편치 않았다고 했다. 연인이 깨기 전, 살며시 브라질 부부가 쓰던 침대로 자리를 옮겼다. 두 사람이 일어난 뒤 어제 밤에 아래 칸을 독점한 것을 사과하며, 마음에 드는 자리를 고르라 권했다. 여성 순례자는 환한 미소로 화답했다.

그제야 밤새 우리를 짓누르던 답답한 마음이 한결 가벼워졌다. 아침 식당으로 향하는 발걸음이 구름 위를 걷는 듯했다. 역시 자유는 파레토 최적, 타인의 몫을 침범하지 않을 때 가장 편안하다. 철학자 세네카Seneca는 "우리를 가난하게 만드는 건 가진 것이 아니라 원하는 것이다"라 했고, 카를 융Carl Jung은 "욕망은 삶을 밝히는 불이지만 때로는 삶을 태우기도 한다" 했다. 하룻밤 편히 자려던 작은 욕심이 내 마음을 불태우고 말았다. 한 스푼 남짓한 욕망에 휘둘린 채. 다시는 아래 칸을 독점하지 않겠노라 다짐했다. 하울링 울프Howlin' Wolf는 이런 내 어리석은 마음을 〈Spoonful〉(219위)에서 절묘하게 노래했다. 한 줌에 불과한 욕망 때문에 사람들은 서로 다투고, 그로 인해 정작 소중한 것들을 잊고 만다.

🎧
Howlin' Wolf, 〈Spoonful〉(1960, 219위)

미망에서 벗어나 밖으로 나오니 눈부신 햇살이 거리에 쏟아져 내리고 있었다. 도심 한가운데 우뚝 선 레온 대성당을 찾았다. 이곳 역시 성모 마리아를 주보로 모신다. 부르고스 대성당과 같은 고딕 양식이지만, 분위기는 사뭇 다르다. 부르고스 대성당이 화려한 장식의 극치를 보여준다면, 레온 대성당은 간결한 웅장함으로 다가온다. 특히 이곳을 빛내는 건 장엄한 스테인드글라스다.

성당 안에서 올려다본 유리화는 그야말로 숨이 멎을 만큼 아름답다. 물결처럼 번지는 색채의 파동이 벽면을 물들이고, 빛의 흐름이 창문마다 스며든다. 절제된 장식이 오히려 강렬하게 다가온다. 웅장한 외관을 자랑하는 부르고스 대성당이 거부감을 자아냈다면 이곳에선

오색빛이 찬란한 레온 대성당의 스테인드글라스

자연스레 옷깃을 여미고 경건히 기도하게 된다. 자유민과 농노까지 아우르려 한 건축가와 성직자의 배려가 느껴졌기 때문이다. 인쇄술이 보편화되기 전, 성경은 극소수만 가질 수 있었다. 교회는 글을 읽지 못하는 이들을 위해, 스테인드글라스에 성경 이야기를 새겼다. 민중들에게 유리화는 눈으로 읽는 성경이었을 것이다.

　레온 대성당이 친근하게 느껴지는 또 하나의 이유는, 이곳 관계자들이 성당의 문화와 예술을 교회의 전유물로 삼지 않았기 때문이다. 그들은 성당을 후대 모두의 유산으로 인식하고, 부속 건물을 수리해 박물관으로 개방했다. 정원을 품은 사각형 회랑 구조의 박물관에는 로마네스크 조각을 포함해 1,500여 점의 교회 예술품이 전시되어 있다. 회랑의 천장에는 프레스코 성화가 가득하고, 복도와 정원에 조각상들

레온 대성당 광장에서

이 즐비하게 늘어서 있다. 유럽의 성당 박물관 가운데서도 손꼽히는 곳이다.

화려한 유리화를 제외하면, 레온 대성당은 산타 마리아 대성당보다 절제된 아름다움이 두드러진다. 부르고스 대성당이 신라의 금관이나 불상이라면, 레온 대성당은 백제의 왕관이나 부처상에 가깝다. 유홍준 교수는 서산마애삼존불에서 백제 특유의 평온하고 섬세한 미의식을 찬탄한 바 있다. 신라 왕관의 화려한 권위, 석굴암 본존불의 자비로운 신비와는 또 다른 결이다. 레온 대성당은 백제의 고미술품처럼 절제된 표현과 감정 속에서, 찬란한 미에 견줄 만한 우아한 아름다움을 전한다.

박물관 정원을 걷던 중, 미국인으로 보이는 모녀가 번갈아 사진을 찍고 있었다. 주변에 딱히 부탁할 사람이 보이지 않아, 나는 다가가 '제가 찍어 드릴게요. 두 분이 함께 서 보세요' 하고 말했다. 뜻밖의 제안에 그녀들은 웃으며 핸드폰을 건넸고, 답례로 우리도 찍어주겠다는 말엔 손사래를 치며 괜찮다고 했다. "부엔 까미노" 하고 인사를 나누고 헤어졌는데, 그 뒤로 산티아고까지 거의 매일 마주쳐, 만날 때마다 웃으며 인사를 나눴다. 그녀들의 건강한 미소는 줄리아 로버츠를 빼닮았다. 로이 오비슨Roy Orbison이 신명나게 노래한, 영화〈프리티 우먼〉(1990)의 주제곡〈Oh, Pretty Woman〉(222위)처럼 경쾌하고 시원한 인상이었다.

Roy Orbison,〈Oh, Pretty Woman〉(1964, 222위)

성당을 나와 도심을 둘러보다 숙소로 돌아오는 길에, ATM에서 유심을 미리 충전했다. 아직 며칠 유효기간이 남아 있었지만, 레온을 벗어나면 충전이 어렵기 때문이다. 통신사로부터 연장이 완료되었다는 문자를 받았다. 그런데 누나와 달리 내게 온 문자는 유심의 충전 잔액이 부족하다는 내용이어서 미심쩍었다. 모비스타 매장을 방문했다. 확인한 결과, 만기시 자동으로 연장될 예정이니 이상 없다는 확인을 받았다.

누나가 잦은 기침을 한다. 가벼운 감기 증세같다. 다음 주에는 철의 십자가와 오 세브레이로를 넘어야 한다. 컨디션 관리가 중요한 만큼 당분간은 누나 상태를 살피며 웬만하면 동키를 이용할 생각이다.

레온 대성당 광장의 부자상

지면의 한계로 소개하지 못한 명곡들(중)

- 보니 레이트Bonnie Raitt,〈I Can't Make You Love Me〉(331위)

  보니 레이트가 애절한 감정을 담담하게 풀어낸 블루스 명곡이다. 이별을 앞둔 연인이 마지막으로 사랑을 나눈 후, 아침이 밝으면 사랑의 전쟁을 끝내고 싶다는 심정을 노래한다. 사랑을 포기하는 고통이 임재범의 〈너를 위해〉(2000)를 떠올리게 한다.

Bonnie Raitt,〈I Can't Make You Love Me〉(1991, 331위)

- 블랙 사바스Black Sabbath,〈Iron Man〉(310위)

  1970년 하드 록과 헤비메탈의 전형을 보여준 메탈 고전이다. 인류를 구원하려 미래를 다녀온 남자가 철인이 되어 돌아오지만, 사람들의 냉대에 분노해 복수를 결심한다. 요코야마 미츠테루橫山光輝의 만화 『마즈』(1976)도 이 곡에서 영감을 얻었을까. 인류의 잔혹함을 깨달은 마즈가 마침내 자신의 호위 로봇 가이아를 자폭시켜 지구의 종말을 부른다는 이야기에서, 예술이 시대와 장르를 넘어 서로 영향을 주고받는다는 걸 느낀다.

Black Sabbath,〈Iron Man〉(1970, 310위)

- 닐 영Neil Young,〈Heart of Gold〉(297위)

  등 부상으로 공연조차 하기 힘들었던 시기에 만든 곡이다. 아픈 몸과 지친 마음을 위로해 준 사람들의 따뜻한 마음이 큰 힘이 되었다고 한다. 노래 속 화자는 마음씨 좋은 사람을 찾고 싶어 한다. 내게도 삶의 고비마다 손 내밀어준 고마운 인연들이 떠오른다.

Neil Young, 〈Heart of Gold〉(1972, 297위)

- 빌 위더스 Bill Withers, 〈Ain't No Sunshine〉(280위)

  가난한 집안에서 자란 빌 위더스는 해병대 복무를 마친 뒤 항공기 부품 공장에서 일하며 밤에는 노래를 썼다. 그 노력 끝에 이 곡으로 단숨에 스타가 되었다. 단조롭지만 강렬한 멜로디와 절제된 감정이 오히려 애절함을 배가시킨다.

Bill Withers, 〈Ain't No Sunshine〉(1971, 280위)

- 척 베리 Chuck Berry, 〈Sweet Little Sixteen〉(272위)

  척 베리가 콘서트장에서 사인을 받으려는 10대 소녀들을 보고 영감을 받아 만든 곡이다. 더 비치 보이스 The Beach Boys의 〈Surfin' U.S.A.〉(1963)가 표절 논란 끝에 그에게 이 곡의 저작권료를 지불했던 것으로 더 유명하다. 창작의 고통은 표절이라는 유혹을 부르기도 한다. 언제나 경계해야 할 일이다.

Chuck Berry, 〈Sweet Little Sixteen〉(1958, 272위)

- 제프 버클리Jeff Buckley, 〈Hallelujah〉(259위)

  레너드 코헨Leonard Cohen의 원곡을 제프 버클리가 어쿠스틱 스타일로 재해석한 커버곡이다. 처음에는 큰 주목을 받지 못했지만 그의 요절 이후 재조명되었다. 다윗과 밧 세바, 삼손과 데릴라의 금지된 사랑 이야기를 통해 인간의 욕망과 상실, 찬양과 고통이 교차하는 복합적 감정을 표현했다. '할렐루야'는 신앙이자 절망 속의 외침이기도 하다.

🎧 Jeff Buckley, 〈Hallelujah〉(1994, 259위)

- 블랙 사바스Black Sabbath, 〈Paranoid〉(250위)

  앨범을 채우기 위해 급조된 곡이었지만, 강렬한 기타 리프와 단순한 구조 덕에 예상외로 빅 히트했다. 원래 앨범 제목은 《War Pigs》였지만 이 곡이 인기를 끌며 《Paranoid》(1970)로 바뀌었다. 블랙 사바스를 헤비메탈의 상징으로 만든 전환점이었다.

🎧 Black Sabbath, 〈Paranoid〉(1970, 250위)

- 슈거힐 갱The Sugarhill Gang, 〈Rapper's Delight〉(248위)

  힙합 최초로 빌보드 핫 100에 오른 곡이다. 디스코 리듬에 얹힌 리드미컬한 랩은 당시 하위문화였던 힙합을 대중에게 널리 알렸다. 시크Chic의 〈Good Times〉(1979)를 샘플링한 이 곡은 힙합 작법의 진형을 제시하며 역사에 남았다.

The Sugarhill Gang, 〈Rappers Delight〉(1979, 248위)

- 애니멀스 The Animals, 〈We Gotta Get Out of This Place〉(233위)

급격한 도시화 속 삶에 지친 미국 젊은이들의 공감을 얻은 곡이다. 답답한 도시와 고단한 삶에서 벗어나 더 나은 곳으로 떠나고자 하는 열망을 담았다. 취업에 성공해도 집값과 사교육비에 허덕이는 오늘날 청년들에게도 여전히 유효한 위로의 노래다.

The Animals, 〈We Gotta Get Out of This Place〉(1965, 233위)

어떤 죽음(2)

Lean on Me: 힘들지! 내게 기대

레온을 떠나 세시간여를 지났을 때 이정표.
300.8 Km. 벌써 여기를 지나면 점점 가까워질
산티아고.. 매일 걷는다는게 참 대단한 거지.
혼자였더라면 너무 힘들고 외로웠을 길을 동행하고
항상 이끌어 주는 동생이 있어 무엇보다 든든하고 감사하다.

레온León ~ 산 마르틴 델 까미노San Mártin del Camino 24.6km

　새벽 5시 30분. 하루를 연박한 덕분에 상쾌하게 눈을 떴다. 곤히 잠든 포르투갈 연인에게 실례가 되지 않도록 조심스레 짐을 챙겨, 지하 1층에 있는 공용 주방으로 내려갔다. 식당과 복도에 조명이 꺼져 어두웠으나 주방은 열려 있었다. 인덕션에 짜파게티를 끓이고, 삶은 달걀과 과일, 음료수를 꺼내니 푸짐한 아침상이 차려졌다. 준비한 음식을 하나둘 올리며 유리 테이블 아래를 조심스레 살폈다. 거하게 차렸는데도 용케 다리가 휘진 않았다.

　든든하게 배를 채우고 식당 앞 벤치에서 떠날 준비를 했다. 배낭을 내려놓고 신발끈을 고쳐 매던 중, 무심코 옆 의자에 손을 얹었는데 두툼한 물건이 만져졌다. 지갑이었다. 핸드폰 불빛 아래 지갑을 펼쳐보니 캐나다 신분증과 백 유로 지폐 수십 장이 빼곡히 들어 있었다. 누군가 새벽에 잃어버렸을 리는 만무하고, 어젯밤에 흘렸을 공산이 컸다. 1층 안내 데스크 담당자는 아직 출근 전이었다.

　지갑을 잃은 주인이 얼마나 애가 탈지 생각하자 마음이 조급해졌다. 신분증과 여비, 카드까지 한꺼번에 잃어버려 순례는커녕 귀국길도 막막할 테다. 어떻게든 주인을 찾아줘야 할텐데, 그렇다고 출발을 계속 미루기도 부담스러웠다. 속이 타들어가던 찰나 식당 안쪽에서 불이 켜졌다. 유리창을 두드리며 스태프로 보이는 이에게 문을 열어달라고 했다. 여성 스태프가 나왔다. 청소 담당이라 신원을 밝힌 그녀에게 사정을 설명했다. 여직원은 8시에 출근하는 데스크 직원에게 전달하겠다며 우리를 안심시켰다. 고맙다는 인사와 함께, 112호에 묵은 한국인이라 이른 다음, 잘 부탁한다는 인사를 끝으로 숙소를 나섰다. 레온 대성당에 들러, 지갑이 주인에게 무사히 돌아가기를 기도하며 하루를 시작했다.

레온은 예상보다 넓었다. 한 시간을 넘게 걸었는데도 도심을 벗어나지 못했다. 주택가를 지나 한산한 아스팔트 도로에 접어들 즈음, 자동차 정비소 앞 도네이션 바에서 막 일어선 순례자 두 명이 눈에 들어왔다. 마침 8시 전이라 알베르게에 확인 전화를 할 겸 쉬어가기로 했다. 커피와 핫초코 믹스 두 잔에 2유로 50센트. 주인장이 음료를 준비하는 동안 어디서 왔는지 세계지도 위에 핀을 꽂아보라 권했다. 서울을 찾자 이미 누군가 표시해놨다. 잔돈이 필요해 20유로 지폐를 건넨 후, 거스름돈을 확인도 안하고 그대로 지갑에 챙겨 넣었다. 8시가 되자마자 알베르게에 전화를 걸었다. 데스크 직원은 상기된 목소리로

별이 된 길냥이를 만나기 직전

아침에 분실물을 잘 전달됐다며 고마움을 전했다. 나도 연신 "그라시아스"를 외쳤다. 마음에 걸리던 짐을 내려놓으니 한결 가벼운 기분으로 걸을 수 있었다.

이윽고 라 비르헨 델 까미노La Virgen del Camino에 닿았다. 바들이 꽤 많이 열려 있었지만, 방금 전에 쉬었던 터라 곧장 길을 이어갔다. 오래 전 순례자들이 쉬어갔을 연못 쉼터와 낡은 종탑, 황새 둥지, 소박한 조형물에 차례로 인사를 건네고는 산 마르틴 델 까미노로 향했다. 파란 하늘에 흰 물감이 흩뿌려진 듯 화창한 날씨. 순례자의 걸음에 거칠 것이 없었다. 그렇게 비야당고스 델 파라모Villadangos del Páramo를 2km쯤 남겨둔, '호텔 아베니다 III'Hotel Avenida III를 지날 무렵이었다.

목적지까지 두 시간이면 충분하겠다 싶던 순간, 왼편 풀섶 사이

레온을 떠나며(좌), 연못 쉼터(우)

로 길냥이 한 마리가 눈에 들어왔다. 반가운 마음에 다가서는데, 녀석은 옆으로 누운 채 미동조차 없었다. 자세히 들여다보니 이미 굳어 있었다. 벌레가 끓지 않은 걸로 보아 세상을 떠난 지 얼마 되지 않은 모양이다. 그냥 지나치기에는 마음이 편치 않았다. 묻어주고 싶어도 마땅한 도구가 없었다. 근처 호텔로 달려가 살펴봤으나, 삽을 구할 만한 곳이 어디에도 보이지 않았다. 선택의 여지가 없었다. 미안했다. 그저 따뜻한 곳에서 평안하기를 염원하며 작별을 고했다. 다시 태어난다면, 사람으로 환생해 사랑받기를 빌었다.

하쿠와 타타를 입양하기 전에는 길냥이에 무관심했다. 그들이 사람들 주변에서 얼마나 고단하게 살고 있는지 전혀 몰랐다. 길냥이는 있는 듯 없는 듯, 누구에게도 인정받지 못한 삶을 살다가 고단한 생을 마감한다. 아내의 권유로 김바다 작가의 『어떤 삶들』(2021)을 읽었다. 거리를 떠돌다 천사 같은 집사를 만나 한때나마 따뜻한 삶을 누리다가 고양이 별로 돌아간 여덟 마리 아이들의 이야기가 담긴 책이다.

그중 가장 기억에 남은 고양이는 태평이다. 김사라 수녀가 돌보던 급식소 근처를 어릴 적부터 맴돌던 녀석은 수녀님과 교감하며 마음을 열었다. 급식소가 이전된 후에도 수녀님은 매주 아이들을 찾았다. 어느 늦가을, 탈진한 태평이를 발견했다. 진단 결과, 복막염 말기였다. 회복이 불가하다는 판정을 받고 수녀원으로 옮겨진 태평이는 힘겹게 병마와 싸웠다. 김 수녀님과 봉사자들이 정성껏 간호를 했지만 반신불수를 피하지 못했다.

힘껏 몸부림쳐야 겨우 뒤척일 수 있는 태평이었지만, 표정과 소리로 돌보는 이들에게 감사를 전했다. 조금씩 나아지는 듯한 모습은 사실 자신을 돌보는 이들에게 보내는 태평이의 힘겨운 인사였다. MRI 검사는 뇌에 물이 가득 차 있음을 알렸고, 안타깝게도 태평이는 시한부 선고를 받아야 했다. 그러던 어느 날, 태평이가 수녀님과 눈을 맞추고는 평온하게 떠나는 장면에서, 나는 가슴이 시리다 못해 꽉 막혀 숨을 제대로 쉬기가 어려웠다.

태평이처럼 내가 만난 고양이에게도 그런 의지할 존재가 있었을까. 태평이의 마지막에는 수녀님이 있었지만, 녀석은 쓸쓸히 홀로 생을 마감하지는 않았을까. 녀석이 최후의 숨을 내쉴 때, 따뜻한 기억 하나쯤 떠올리며 미소 지었기를 바랐다. 빌 위더스는 〈Lean on Me〉(205위)에서 서로 기대며 살아가는 삶의 의미를 노래했다. 담백한 목소리와 진솔한 가사가 고양이의 죽음 앞에 선 내 마음을 건드렸다. 아마도 녀석은 마지막 순간, 누군가에게 기대고 싶었는지도 모른다. 식어가는 자신의 주검이라도 따뜻하게 거둬달라고. 내가 비록 그 마음에 응답하진 못했지만, 이 노래만큼은 꼭 전해주고 싶다. "네가 힘들 땐 나에게 기대. 내가 네 친구가 되어줄게."

Bill Withers, 〈Lean on Me〉(1972, 205위)

죽음은 모든 생명에게 주어진 숙명이다. 사람이든 동물이든, 살아 있는 존재는 언젠가 반드시 삶의 끝을 맞는다. 그렇다면 죽음을 외면하기보다, 담담히 마주해보는 건 어떨까. 프랑스의 역사가 필리프 아리에스Philippe Ariès는 『죽음의 역사』(2016)에서 인간이 죽음을 받아들이는 방식의 변화를 네 가지 유형으로 설명한다.

첫째는 '길들여진 죽음'이다. 중세 초반까지 인간은 죽음에 친숙했다. 노쇠해질수록 죽음이 다가온다는 사실을 자연스레 받아들이고, 임종의 순간을 가족과 이웃들과 함께 맞이했다 어린 아이들도 그 현장을 함께했다. 죽음은 일상의 일부였다.

둘째는 '자신의 죽음'이다. 중세 후기로 접어들며 죽음은 개인적 의미를 띠기 시작했다. 망자는 침상 주위의 사람들 대신 하늘에서 제 곁으로 내려온 천사를 바라보며 자신의 영혼을 구원해달라 의탁했다. 공동체에 자신의 마지막 뜻을 전하는 유언을 남겼다. 친숙한 죽음 위에 신앙과 내면의 성찰이 더해졌다.

셋째는 '타인의 죽음'이다. 17세기 이후, 죽음은 나와는 상관없는, 두렵고 피하고 싶은 사건으로 여겨졌다. 임종은 감정의 과잉으로 치장되고, 유언장은 고백이 아닌 재산분배 문서가 되었다. 죽음은 점차 남의 일로 치부되기 시작했다.

마지막은 '금지된 죽음'이다. 20세기 들어 죽음은 공공연히 말하기 어려운 주제가 되었다. 집이 아닌 병원과 장례식장에서 생을 마감하며, 연명치료는 통상화되었다. 죽음은 산업화되고, 의료와 장례는 자본주의 체계에 편입됐다. 삶에서 죽음이 추방된 결과, 사람들은 죽음을 애써 외면하게 되었다.

불과 40년 전만 해도 서울 시내 한복판에 장의업소가 있어, 많은 이들이 집에서 마지막을 맞았다. 선친 또한 퇴원 후 가족 곁에서 임종하셨다. 나는 나이가 어리다는 이유로 그 순간을 지켜보지 못했다. 이웃사촌들이 정성을 다해 장례를 도왔다. 여러 형태의 죽음이 혼재되었던 선친의 죽음은 최소한 금지되지 않은 죽음이었다. 오늘날 아파트 보급과 공동체의 해체로 죽음은 점점 사적인 공간에서 밀려나, 병원과 장례식장이 그 자리를 대신했다. 코로나 팬데믹 시기, 가족조차 곁에 둘 수 없던 절대 고독의 죽음은 유족들에게 깊은 상처와 회한을 남겼다. 죽음을 함께하던 전통은 사라지고, 죽음은 더 이상 삶의 일부가 아닌, 멀고 불길한 타자가 되어버렸다.

톨스토이Lev Tolstoy의 『이반 일리치의 죽음』(1886)은 남부럽지 않게 살아온 일리치가 죽음을 맞는 과정을 담은 소설이다. 대문호는 주인공을 통해, 죽음을 직시할 때 비로소 위선과 허위에서 벗어난 진짜 삶을 살 수 있다고 말한다. 일리치는 병세가 악화되고 나서야 자신의 삶을 돌아본다. 기도를 해도 고통이 가시지 않자, 주위에 막무가내로 분노와 원망을 쏟아낸다. 하지만 자신을 지극히 보살피는 하인 게라심을 통해 잊고 있던 순수한 시절을 떠올리고 나서야, 가족의 고통을 이해하게 된다. 고심 끝에 그는 자신이 죽음을 받아들임으로써 자신과 가족 모두 고통에서 해방되길 바라며 스스로 삶을 마감한다.

올해 2월, 전 직장 후배 부친의 '생존 장례식'에 다녀왔다. 시한부 판정을 받은 춘당 어르신께서 연명치료를 거부하고, 증상이 심해지기 전에 그리운 이들을 불러 정성스러운 식사를 대접한 자리였다. 조의금은 정중히 사양하고, 문상객들은 고인이 살아 있는 광경에 놀라지 않고 오히려 당신의 기지에 미소 지었다. 식장은 엄숙한 추모의 자리가 아닌, 유쾌한 이야기꽃이 피어난 흥겨운 이별 잔치였다.

불현듯 꿈에서 깨어났다. 모두 꿈이었다. 하지만 그 속의 장례식은 더 이상 소외된 죽음이 아니었다. 까미노는 죽음에 익숙한 길이다. 순례자들은 성 야고보의 무덤을 향해 걷고, 길 위에는 끝내 도착하지 못한 이들의 흔적이 곳곳에 남아 있다. 내전의 희생자들도 잠들어 있고, 마을마다 한적한 곳에는 공동묘지가 있다. 순례길에는 우리에게 낯선, 친밀한 죽음의 그림자가 머물러 있다.

비야당고스 델 까미노에서 점심으로 수제 햄버거를 먹었다. 양이 많아 절반은 포장했다. 계산을 하기 위해 지갑을 꺼내니 15유로가 비어 있었다. 도네이션 바에서 거스름돈을 잘못 받았나 보다. 엎질러진 물이었다. 돌려받지 못한 돈은 길냥이의 환생을 위한 면죄부, 아니면 저세상 가는데 쓸 노잣돈이라 여겼다. 마을을 벗어날 즈음, 다섯 마리의 길냥이를 만났다. 별이 된 녀석에게도 저런 친구들이 있었더라면 외롭지 않았을 텐데. 부디 아이들아, 아프지 말고 서로 기대며 살아가길. 슬픔은 나누고, 기쁨은 함께 더하렴.

'알베르게 라 후에야'Albergue La Huella에 도착하니, 바를 겸한 리셉션이 순례객들로 붐볐다. 스태프가 "같은 방을 쓸 거냐"고 물었다. 당연한 걸 왜 묻지 싶었지만 그렇다고 답했다. 배정된 방에 들어가보니, 남성 투숙객들만 있었다. 편히 쉬려던 찰나, 옆 침대 위 칸을 쓰는 이탈리아 남성이 속옷 차림으로 누웠다. 내가 보기에도 민망한데, 누나는 오죽할까. 아래 칸에 누나가 있으니 옷을 입어달라고 정중히 부탁했다. 갑작스러운 요구에 분위기가 어색해져, 요기나 할 겸 방을 나왔다.

다른 방을 둘러 본 누나는 옆방이 여성 전용 같다고 했다. 리셉션으로 가서 여성 전용실이 있는지 물으니, 빈 침대가 있어 바꿔주겠다고 했다. 이 곳은 남녀를 구분해 베드를 배정해 주었다. 사정도 모르고 남성 투숙객에게 불편을 끼쳤다. 방으로 되돌아가 내가 착각했던 사정을 설명하고 사과했다. 누나는 옆방으로 옮겼으니 이제 편히 쉬라며.

밥 딜런의 〈Positively 4th Street〉(203위)는 친구의 위선과 책임 전가를 통렬히 꼬집는다. "문제는 내 탓이 아니라 네 자신 때문"이라는 노랫말이, 방 배정 원칙도 모르고 오해한 내 모습을 비유한 것 같았다. 약자는 복수하고, 강자는 용서하며, 현자는 무시한다지만, 나는 어쩌면 그 어디에도 속하지 못한 나약한 사자였는지 모른다.

🎧
Bob Dylan, 〈Positively 4th Street〉(1965, 203위)

오픈 시간에 맞춰 리셉션 홀로 갔다. 식당이 열리자마자 자리를 잡았고, 금세 만석이 되었다. 음식을 기다리던 중 K 교장 선생님 부지가 홀 안으로 들어섰다. 분명 '라 페랄라'에서 연박할 예정이라 했는데 뜻밖이었다. 반가운 마음에 합석을 권하며 사정을 물었다. 발꿈치 물집이 가라앉아 걷는 데 무리가 없어 길을 나섰고, 레온에서 하루 쉰 후 이곳으로 왔다는 것이다.

고생이 덜했다니 다행이었다. 사리아Sarria 이후에는 숙소가 부족할 수 있으니 K 군에게 미리 예약하라고 일렀다. 우리는 산티아고를 10km 남긴 라바코야에서 마지막 밤을 보낼 예정이다. K 부자가 별일 없이 먼저 도착하길 기원하며, 산티아고에서 차 한잔하자고 약속했다. 뜻밖의 재회가 반가웠던 저녁, '라 후에야'의 노을은 오래도록 마음에 남았다.

순례자를 환영하는 허수아비

아! 대한국민

Knockin' on Heaven's Door: 고독한 군중

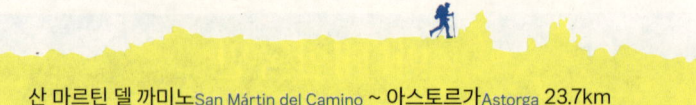
산 마르틴 델 까미노 San Mártin del Camino ~ 아스토르가 Astorga 23.7km

　새벽마다 찾아온 날씨 요정이 마법의 지팡이를 휘둘러 비를 멈추게 했다. 성모 마리아의 축복을 받은 태양이 짙은 구름에게 호령하자, 회색 구름은 수줍게 붉어진 얼굴로 저만치 물러났다. 주황빛 서광 아래 푸르스름하게 변하는 들판은 눈길 닿는 곳마다 아름답기 그지없었다.

　그 웅장한 풍경을 감상하는 호사가 여상한 날, 어제 누나와 같은 방을 쓴 경기도 별내에서 온 젊은 여성 순례자와 동행하게 되었다. 레온에서 길을 시작한 그녀는 이제 순례 이틀째. 아직 발걸음이 익숙하지 않아 평속 4km에 맞춰 천천히 걷기로 했다. 일정을 서두른 덕분에 느긋하게 걸어도 오후 1시 반 전에는 아스토르가에 도착이 가능할 것 같았다. 미리 숙소도 예약해두었겠다, 홀가분하게 나아갔다.

　처음 만난 이와 하루 종일 목적지까지 동행하는 건 이번이 처음이다. 그것도 한국인이라니. 김 선배 일행과 이틀간 동행한 적이 있지만 페이스가 맞지 않아, 두어 시간 함께 가다가 헤어지곤 했었다. 이번에는 별내댁이 잘 적응할 수 있도록 발 걸음을 여유있게 맞추기로 했다.

　지금까지 스무 명이 넘는 한국인을 만났다. 아마도 대부분이 우리와 같은 날 생장에서 출발했을 것이다. 첫날부터 열 명이 넘는 이들과 마주쳤고, 하루 이동 거리가 엇비슷한 점을 감안한 짐작이다. 론세스바예스에서 유일한 알베르게인 '페레그리노스'의 정원은 182명. 우리가 묵은 5월 11일은 거의 만실이었다. 그러니 당일 투숙객 중 한국인 비중이 최소 10%가 넘었을 게 분명하다.

산티아고 순례길을 경험한 한국인이라면 누구나 한 번쯤 이런 질문을 받았을 것이다. "까미노에 한국인이 왜 이렇게 많냐"고. 나 역시 이 질문을 여러 번 받았다.

그럴 때마다 나름의 설명을 덧붙였다. 그 답을 언급하기 전에 몇 가지 통계치를 짚고 넘어갈 필요가 있다. 2023년 기준 산티아고 순례길의 공식 완주자는 44만 6천 명. 이를 국적별로 분류하면 스페인과 미국이 각각 1, 2위를 차지한다. 한국은 7,563명으로 순위로는 9위에 해당하나, 비중은 전체의 1.7%에 불과하다. 그런데도 왜 이리 많다는 걸까?

첫째, 순례길을 완주한 아시아인 중 한국인이 가장 많다. 중국·대만·일본·인도네시아를 모두 합친 수치보다 많다. 아시아인 둘 중 한 명은 한국인이다. 둘째, 대부분의 한국인은 생장에서 출발한다. 생장 기점의 완주자는 총 3만 1천 명. 한국인의 80%가 생장을 선택한다고 가정하면, 생장 기준으로 한국인 완주자 비중이 19.5%에 달한다. 10명 중 2명은 한국인이다. 전체 완주자의 3분의 1은 공인된 순례증을 받을 수 있는 마지막 출발지인 사리아에서 까미노를 시작한다. 그 이전 구간에서 한국인이 유독 많아 보이는 이유다. 여기에 단체 여행객들까지 무리 지어 다니니, 외국인이 보기에 '한국인 물결'은 당연해 보일 것이다.

까미노를 찾는 순례자들의 이유는 제각각이다. 42%는 종교적 동기를, 35%는 신앙 외에 여러 목적을 복수로 언급했고, 비종교적 이유만을 꼽은 경우는 23%에 그쳤다. 종교나 신앙 외에도, 사랑하는 이와의 이별에서 비롯된 상실감, 자아 성찰과 재충전, 트레일링의 성취욕, 여행처럼 다양한 목적이 공존한다.

한국인들이 산티아고 순례에 열광하는 이유도 이와 크게 다르지 않을 것이다. 전통적으로 까미노는 가톨릭 3대 성지 중 하나로, 성 야

산 마르틴 델 까미노의 일출

고보를 기리는 순례길이다. 하지만 최근에는 자신을 돌아보는 사색의 길, 상처 입은 마음을 다독이는 치유의 여정, 극기를 시험하는 트레킹 코스로도 인식된다. 그러나 이런 설명만으로는 유별나게 많은 한국인들이 이 길에 나서는 까닭을 알기 어렵다. 외국인 순례자들도 비슷한 동기로 까미노를 찾기 때문이다.

산티아고는 순례에 관심을 가진 이들이라면 한 번쯤 도전해보고

싶은 로망이다. 하지만 막상 그 꿈을 실행에 옮기기에는 현실적인 제약이 많다. 가장 큰 장애물은 시간이다. 한국에서 한 달 넘게 장기 휴가를 내는 일은 흔치 않다. 그러니 779km에 달하는 프랑스 루트를 한 번에, 온전히 걷기란 쉽지 않은 도전이다. 나 역시 20년 넘게 꿈만 꾸다, 작년에 두 달간의 리프레시 휴가를 받은 덕분에 비로소 길을 나설 수 있었다. 한국인 순례자 중 50~60대 은퇴세대가 가장 많고, 대학생이나 취준생 같이 여유를 갖고 새로운 진로를 모색하는 MZ 세대가 그 뒤를 잇는 이유다. 업무와 가사에 바쁜 40대가 상대적으로 드문 까닭이기도 하다.

하지만 시간 여유만으로 충분한 설명이 되지는 않는다. 우리보다 더 고령화되고 여가 시간이 넉넉한 나라들이 많기 때문이다. 우리 장년층과 청년들이 까미노로 훌쩍 떠나는 진짜 이유는 무엇일까?

행복이 무엇인지 단정하긴 어렵다. "행복이 무엇인지 알 수는 없잖아요"라는 노랫말처럼, 행복은 쉽게 정의되지 않는다. 그럼에도 매년 유엔 산하기관이 발표하는 세계행복보고서는 하나의 힌트를 제공한다. 2024년 기준, 북유럽과 오세아니아 선진국들이 행복 순위 상위권을 차지했다. 한국은 143개국 중 52위, OECD 기준으로는 일본에 이어 최하위권에 머물렀다.

특이한 점은 선진국의 경우 고령층의 행복도가 높고, 연령이 낮아질수록 크게 떨어진다는 것이다. 미국을 예로 들면 60세 이상은 10위권이지만, 30세 이하는 62위다. 저성장과 취업난, 계층 고착, 그리고 희망의 상실 속에서 젊은 세대는 현실에 대한 깊은 불만을 갖는다. 반면 개발도상국에서는 젊을수록 행복도가 높다. 당장은 어렵더라도 미래에 대한 기대가 많기 때문이다.

이것만 보면 행복의 핵심은 '미래의 희망'이다. 더 나아질 수 있다는 믿음이야말로 희망찬 삶의 원동력이다. 그런데 지금 한국 사회는 그 희망이 꺼지고 있다. 어쩌면 바로 그 막막함이, 많은 이들을 까미노로 향하게 하는지 모르겠다.

우리나라는 그간의 경제 발전 과정에서 압축 성장을 최우선시하여 분배를 소홀히 했다. 성장시대의 주역이었던 노년층은 부족한 소득의 상당 부분을 주택 구입과 자녀를 위한 교육, 혼수 비용 등에 쏟아부었다. 그 결과, 노후 준비가 미흡할 수 밖에 없어, 노인 빈곤이 사회 문제로 대두되고 있다. 현재 우리 사회에서 60세 이상 고령층의 행복도는 가장 낮다. 순위는 59위. 하지만 30세 이하와 40~50대도 크게 다르지 않다. 각각 52위, 55위다. 순위가 가장 높은 30~40대조차 45위에 그친다. 자신들을 낀 세대라 토로하는 이들의 행복도가 다른 세대보다 조금이나마 높은 게 특이하긴 하다. 나는 일과 삶의 균형을 중시하는 이 세대의 특성이 반영된 결과로 본다.

그렇다면 왜 우리 청년들은 개발도상국 또래보다 덜 행복할까? 저성장 시대에 우리 청소년들은 유아기부터 경쟁에 내몰린다. 지옥 같은 입시 전쟁을 용케 뚫었다 해도 곧바로 바늘귀를 통과하는 취업 전선에 내몰린다. 1980년에는 고교 졸업생 넷 중 한 명이 대학에 갔다. 2023년에는 넷 중 셋이 입학한다. 신입사원을 뽑는 일자리는 급감했는데 경쟁자는 크게 늘었다. 고소득 직종은 대기업·금융·전문직에 한정돼 있다. 수시에 치중된 입시는 고려시대 음서제처럼 소득 상위계층에 유리하고, 집값은 하늘 높은 줄 모른다. 부모 찬스를 받을 수 없는 청년을 '흙수저'라 부르는 현실이 낯설지 않다. 만혼과 출산 기피가 미풍양속처럼 여겨지는 것도 이해된다. 꿈조차 사치로 여겨지는 사회가 오늘날 한국이다.

어릴 때부터 치열한 경쟁에 시달리고, 어른이 되어서는 일과 가사에 지쳐 자신을 돌아볼 여유를 찾기 어렵다. 법정 휴가도 다 쓰지 못한 채 긴장 속에 20~30년을 버텨야 한다. 정년퇴직은 해방이요, 명퇴나 사직이 재충전처럼 느껴질 법하다. 고독했던 일상을 벗어나 자연 속에서 스스로를 드러내고 싶다는 마음이 까미노로 향하게 했을지도 모른다.

긴장은 무언가를 하고자 할 때 생기고, 이완은 있는 그대로 받아들일 때 가능하다. 이완은 포기가 아니라 내일을 위한 충전이다. 죽음보다 더 두려운 공포가 어디 있으랴. 우리가 마주한 현실이 절망 가득한 '헬조선'이라 해도 결코 그보다 무섭지 않다. 두 눈을 부릅뜨 직시해야 한다. 아케론강을 건너기 전에 죽음을 받아들이며 평정을 되찾은 보안관의 모습이, 까미노 위에서 들려오는 밥 딜런의 〈Knockin' on Heaven's Door〉(190위)에서 그려진다.

Bob Dylan, 〈Knockin' on Heaven's Door〉(1973, 190위)

중세 순례자에게 병원과 쉼터를 제공했던 오스피탈 데 오르비고 Hospital de Órbigo에 도착했다. 이곳은 오르비고강을 건너는 푸엔테 데 오르비고Puente de Órbigo 돌다리와 '명예로운 결투'El Paso Honroso로 유명하다. 기사 수에로 데 킨뇨네스는 실연의 아픔을 씻고자 다리를 건너는 기사들과 한 달간 300번의 결투를 벌였다. 천신만고 끝에 명예를 지킨 그는 성 야고보를 기리는 순례를 떠난다. 매년 6월 첫째 주, 이를 기념하는 축제가 열린다. 마침 오늘이 그날이었다. 공터에는 마상 창시합장이 들어섰고, 노점들은 축제 준비에 분주했다. 아쉽게도 축제가 시작하기 전이라 샘터에 앉아 질주하는 말발굽 소리만 상상하다 마을을 떠났다.

발데이글레시아스Valdeiglesias 평원과 언덕을 지나 비야레스 데 오르비고Villares de Órbigo 순례자 십자가 앞에서 걸음을 멈췄다. 강한 햇볕에 지친 별내댁이 점점 속도를 잃어, 그늘 쉼터에서 달콤한 휴식을 취했다. 시계는 10시 반. "이제 3시간이면 도착해요"라고 격려하며 재차 길을 나섰다. 떡갈나무 숲을 지나 흙길과 자갈길을 따라 성 토르비오의 십자가 언덕Crucero de Santo Torbio에 도착했다. 탁 트인 시야에 아스토르가 전경이 시원하게 펼쳐졌다. 산 후스토 데 라 베가San Justo de la

오스피탈 데 오르비고의 돌다리

Vega에 도착해 카페에 들렀다. 콜라에 띄운 레몬 한 조각이 갈증을 시원하게 씻어냈다.

아스토르가 초입에서 별내댁과 헤어졌다. 그녀의 숙소는 언덕 위에 있어 좀 더 가야 한다. 마을 초입에 위치한 우리의 숙소 '마이 웨이'Albergue My way는 남향 정원을 'ㄷ' 자로 품은 아담한 집이다. 모녀가 직접 관리해 침대와 시트가 정갈했다. 알베르게에서 정성껏 내놓은 점심도 무척 맛있었다.

시에스타로 피곤을 풀고 나서 마을을 산책했다. 언덕 위 성당 옆에 고대 로마 성벽과 목욕탕 유적이 남아 있었다. 이곳은 한때 스페인 북부지역에서 채굴된 금을 수송하는 관문이자 군사 요지였고, 중세에는 레콘키스타의 핵심 지역이었다. 아스토르가 대성당Catedral de Santa María de Astorga과 가우디의 주교궁Palacio de Gaudi Astorga을 관람하고 언덕을 내려왔다. 아래에서 올려다본 주교궁의 전경이 색다르게 보였다. 다시 언덕 위 중앙 광장으로 들어서자 고대 도시로 시간 여행 온 듯한 기분이 들었다.

오늘 밤에는 마법의 힘으로 시간을 거슬러, 고대 로마의 거리에서 춤추는 남자가 되고 싶다. 천사의 날개를 단 듯 날아올라, 사람들과 함께 디스코 리듬에 몸을 맡기면, 지독한 경쟁에 지친 한국인도 그 순간만큼은 살아 있음을 느낄 것이다. 디스코 시대의 서막을 화려하게 열어 젖힌 비지스의 〈Stayin' Alive〉(189위)는 그런 순간을 노래한다. "나는, 우리는, 아니 대한국민은 아직 살아 있다"고.

The Bee Gees, 〈Stayin' Alive〉(1977, 189위)

아스토르가 대성당

디스코를 추며 날아오르고 싶은 아스토르가 시청 광장

3부
카이로스를 기다리며

크로노스에서 카이로스로

Back in Black: 만물유주 만사인연

아스토르가 Astorga ~ **라바날 델 까미노** Rabanal del Camino **20.2km**

　순례가 어느덧 후반부에 접어들었다. 좀 익숙해질 만하니 종착지가 가까워졌다. 이제 산티아고까지 남은 거리는 3분의 1 남짓. 누군가는 아직 그만큼이나 남았다며 만족할지 모르지만, 내게는 겨우 이만큼밖에 남지 않았다는 아쉬움으로 다가왔다. 종반이 가까워질수록 이유 모를 서운함이 짙어졌다.

　대성당 앞 광장 벤치에 앉아 단출하게 조찬 테이블을 차렸다. 우리와 마주한 가우디 주교궁은 디즈니 애니메이션에 나올 법한, 예쁘고 앙증맞은 궁전이다. 광장에는 우리 둘뿐. 주교궁 뒤편으로 떠오르는 여명을 바라보며 한적한 아침을 즐겼다.

가우디 주교궁

아스토르가는 참 매력적인 마을이다. 옛 정취와 현대적 감각이 자연스레 어우러진 시가지에, 중세의 흔적이 배어 있는 풍경이 특별하다. 부르고스나 레온 같은 대도시의 연박도 좋지만, 이런 고풍스러운 곳에서 하룻밤 더 머무는 것도 충분히 값지다. 언젠가 다시 이곳을 찾는다면, 금제를 어기더라도 야경을 안주 삼아 와인 한 잔이 주는 황홀경에 빠지고 싶다.

스페인에서 맞이한 아침은 늘 여유롭다. 7시가 넘어도 거리는 한산하고, 길에서 만나는 사람들은 대부분 순례자들이다. 학생일지라도 8시는 넘어야 하나 둘씩 모습을 드러낸다. 우리처럼 등교와 출근 전쟁에 시달리지 않는 일상이 생소하다. 까미노에 깃든 인심은 그 여유에서 비롯된 듯하다.

저녁이 있는 삶이 워라밸이라면, 여유로운 아침은 오늘에 대한 만족과 내일에 대한 기대를 말해준다. 서울에서 좀처럼 맛보기 힘든 쾌청한 날이면, 한강대교를 지나 여의도로 향하는 출근길에, 동녘 햇살을 받은 63빌딩이 황금빛에 물들은 부처님의 합장으로 보일 때가 있다. 1년에 몇 번 겪지 못하는 보기 드문 호사다. 이렇게 눈부시게 맑은 하늘과 따사로운 햇살이 강물따라 너섬을 환히 비추면, 마음 깊은 곳에서부터 따뜻함이 올라온다. 그 소중한 아침의 여유, 우리는 언제부터 잃어버린 걸까.

오스트레일리아의 메탈밴드 AC/DC의 〈Back in Black〉(187위)은 알코올 중독으로 세상을 떠난 본 스콧을 기리는 헌정곡이다. 생전에 본이 자신을 대신할 후임 보컬로 추천한 브라이언 존슨Brian Johnson이 팀에 합류하여 작사를 도맡았다. 저승에서 검은 옷을 입고 당당하게 부활한 본을 노래하듯, 무한경쟁에 지친 우리 모두가 더 굳건해져 잃어버린 여유를 되살릴 수 있기를 바란다.

🎧 AC/DC, 〈Back in Black〉(1980, 187위)

 살랑이는 바람에 근심을 털어내고, 유유히 흐르는 구름에 몸을 맡기면 바람은 내 힘이 되고 구름은 내 꿈이 된다. 그런 마음으로 '장남들'의 〈바람과 구름〉(1979)을 흥얼거리며 아스토르가를 떠났다. 차남인 내가 이 노래를 부를 자격이 있을까 싶기도 하지만.

 어제 저녁도 든든히 먹고 아침도 챙겼건만, 속이 허전하다. 이 길에서 욕심을 비운 게 아니라, 걸신들린 듯 소화기관만 비워낸 모양이다. 대충 눈에 띄는 바에 들어가 토르티야로 허기를 달랬다. 얼마 뒤 태극기를 내건 어느 바 앞에서 웬디를 만났다. 여전히 활기차 보였으나, 첫 만남 때보다 얼굴이 수척했다. 매일 이어지는 고된 행군 탓이리라. 내 허리춤도 헐거워졌다. 이젠 영양 보충에도 한층 더 신경 써야겠다.
 요기를 하려는 웬디를 뒤로하고 걷는데, 저 앞에 낯익은 여인이 눈에 띄었다. 다름 아닌 별내댁이었다. 그런데 어제와 달리 모자를 쓰지 않아 의아했다. 사연을 묻자, 새벽에 서두르다가 알베르게에 놔두고 나왔다는 것이다. 길 가다 적당한 곳에서 새 모자를 구할 계획이라 하기에, 누나 배낭에 걸어 둔 폴로 모자를 풀었다. 엿새 전, 영국에서 온 할머니가 우아하게 밀크티를 마시던 바 근처에서 주워 이제껏 챙겨왔다. 혹시라도 잃어버린 주인을 만나게 되면 전해주기 위해서. 얼굴이 더 타기 전에 급한대로 이거라도 쓰라며 모자를 건넸다. 그녀도 라바날까지 간다기에 함께 걷기로 했다. 정말로 인연은 따로 정해져 있는 모양이다. 제 주인을 찾지 못해 매달려 있던 모자가 마침내 별내댁을 새 주인으로 삼았다. 만물유주萬物有主, 만사인연萬事因緣. 세상 모든 것은 제 주인이 있고, 세상 모든 일은 인연으로 이루어진다. 예기치

일착으로 도착한 '가우셀모'

않은 별내댁과의 재회가 인연이라면, 그 인연이 모자를 새 주인에게 이끌었다.

　라바날 델 까미노는 한때 인영균 클레멘스 신부님이 선교사로 머물렀던 마을이다. 2020년 파견을 마친 후, 이제는 경상북도 왜관 수도원에 계신다. 원래는 라바날 수도원에서 1박 2일간 피정을 할 계획이었으나 신부님이 안 계셔서 포기했다. 철의 십자가에서 일출을 맞으려면 폰세바돈 Foncebadón까지 가는 편이 낫다. 하지만 외지고 열악한 현지의 숙소 상황을 고려해, 그 전 마을에서 멈추기로 했다. 라바날에서 머물 숙소는 '레푸지오 가우셀모' Refugio gaucelmo로 정했다. 성 야고보 평신도회가 기부제로 운영하는 이곳은, 친절한 자원봉사자와 매일 저녁마다 바로 옆 수도원의 수도사들이 부르는 그레고리오 성가 덕분에 제법 인기가 있다. 별내댁도 비싸게 예약한 호스텔을 취소하고 가우셀모에 묵기로 했다.

라바날을 6.9km 앞둔 엘 간소El Ganso에서 마지막으로 쉬었다. 알베르게 입장 시간은 12시 30분, 정원은 36명. 시간이 충분해 보였지만, 물집이 잡혀 빨리 걷기 어려운 별내댁 사정을 감안해 내가 먼저 출발하기로 했다. 혹시라도 만실이 되면 다른 숙소를 잡기가 어려울 것 같았기 때문이다. 누나더러 천천히 오라 말한 뒤, 두 사람의 크레덴셜만 챙겨 라바날로 향했다. 10kg이 넘는 배낭을 메고 속보로 내달려 한 시간 만에 도착했다. 하프 마라톤조차 이렇게 뛴 적 없건만, 세 명의 잠자리를 책임진다는 사명감에 죽기 살기로 뜀걸음을 했다.

가우셀모에 닿으니 정문 앞 공터가 텅 비어 있었다. 내가 첫 번째였다. 문 앞에 배낭과 스틱을 내려놓고 벤치에 앉아 숨을 골랐다. 이렇게 달려온 걸 보면, 한국에서 익숙했던 경쟁심이 여전히 남아 있는 듯하다. 하긴 수십 년간 몸에 밴 성정이 순례 20여 일 만에 사라질 리 없다. 길에 익숙해지고 걷는 게 편해질수록, 까미노에서 내려놓았다 믿었던 경쟁심이 이렇게 고개를 쳐들지 어떻게 알았겠는가.

그래서 인 신부님은 '멈추라'며 이렇게 말했다.

"좋은 뜻으로 걷기 시작했더라도 어느 순간부터 자기가 뭘 원하는지 잊고, 기계처럼 걷게 됩니다. 계속 걸어왔으니, 남들도 가니까 그냥 걷는 거죠. 어디로 가는지도 모른 채. 그럴 때 '멈추라'는 초대가 필요해요."

크로노스, 곧 물리적 시간은 일정하게 흐른다. 효율과 경쟁이 우선인 일상에서 시간은 철저히 관리되어야 할 대상이다. 좋은 자리를 확보하려는 마음이, 까미노에서조차 크로노스를 찾게 만들었다. 순례 25일 째, 까미노에서 경험한 현실은 예상과 꽤 달랐다. 낯선 환경에 당황한 이들을 친절하게 돕는 손길이 넘치는 줄로만 알았으나, 보이지 않는 경쟁과 배려 없는 풍토를 심심치 않게 마주쳐야 했다. 안락한 숙소를 먼저 차지하려는 눈치 싸움, 은근한 인종차별, 드물게 발생하는 절도까지…. 그럴 때마다 기대와 다른 현실에 저절로 미간이 찌푸려졌다.

아무리 신의 뜻을 좇는 순례일지라도, 이렇게 고행을 자처하다 보면 누구나 본능과 감정에 먼저 반응하기 마련이다. 그래서 걷는 걸 일시 멈춰야 한다. 크로노스에서 벗어나 나를 돌아볼 때, 비로소 까미노가 지닌 본래 의미가 드러난다. 순례의 동기가 어떻든, 1,200년 전 시작된 이 길이 성인을 기리기 위한 길이라는 본뜻만은 잊지 말아야 한다. 그러려면 걸음을 멈추고 자아를 들여다보는 카이로스의 시간이 필요하다. 그것은 찰나일 수도, 생의 긴 여정일 수도 있다. 그러니 결코 조급해서는 안 된다. 단지 까미노에서 크로노스를 카이로스로 승화시킬 수 있다면, 순례자들은 고요 속에서 성숙하여 더 깊은 울림을 간직하게 될 것이다.

그래도 오늘의 크로노스는 값진 선물을 안겼다. 돌담 너머로 드리워진 짙은 녹음이 눈길을 끌고, 구름이 드리운 그늘 아래에서 한가로운 오후를 즐겼다. 별내댁은 모자를 얻고 숙박비를 아낀 답례로 점심을 샀다. 라면이 유난히 맛있었는데, 인 신부님께 조리법을 배운 듯 꼬들꼬들한 면발이 일품이었다.

늘어지게 시에스타를 만끽한 후에 근처 레스토랑에 들렀다. 저녁 시간이 되자 금세 만석이 되었다. 뒤늦게 도착한 오스트리아 여성이 합석을 청했다. 잘츠부르크 출신이라는 그녀는 점심도 거르고 하루 종일 걸었다며 지친 기색을 감추지 못했다. 식사를 마칠 무렵, 급체를 했는지 갑자기 속이 울렁거린다며 괴로워하다가 급기야 의자에서 내려와 주저앉고 말았다. 웨이터가 테라스로 데려가 바람을 쐬게 했지만, 증세는 점점 더 악화되어 갔다. 누나와 외국인 여성 한 명이 그녀를 테라스 바닥에 눕히고는, 팔다리를 문지르며 응급조치를 취했다. 얼마

후 그녀는 혈색이 돌아와 간신히 일어나 앉을 수 있었다. 누나는 그녀의 등을 한참 쓸어주며 숙소까지 데려다주겠다고 했지만, 여성은 괜찮다며 한사코 사양했다. 마을을 산책하던 중, 숙소로 터덜터덜 걸어가는 그녀를 보았다. 연약한 체구가 걱정스러웠다. 그저 중도에 포기하지 않고 끝까지 완주하길 바랄 뿐이다.

급체로 쓰러진 그녀를 따스하게 어루만지던 누나의 모습에서, 1969년 우드스탁 공연의 한 장면이 겹쳐졌다. 비가 내리는 쌀쌀한 날, 비에 흠뻑 젖은 관중들이 추위를 견디기 위해 체온을 나누려고 서로 포옹하던 그 광경을 담은 노래가 바로 크리던스 클리어워터 리바이벌의 〈Who'll Stop the Rain〉(188위)이다. 존 포거티는 고단한 현실을 '비'로 은유하며, 누가 이 비를 멈춰, 지친 영혼들을 위로해줄 것인지 묻는다. 그녀가 혼자 까미노에 오른 이유는 알 수 없지만, 그 길 위에 온기를 나눌 따뜻한 사람들이 가득하길 바랐다.

🎧 Creedence Clearwater Revival, 〈Who'll Stop the Rain〉(1970, 188위)

숙소 앞 작은 마당에서 누군가 내 이름을 부른 듯했다. '스페인에서도 외진 산중 마을에서 누가 부르랴', 잘못 들은 줄 알고 발걸음을 돌리려는데, "혹시 ○○○ 님 아니세요?" 하고 되물었다.

스페인 산골에서 내 닉네임을 듣게 될 줄이야. 초면의 여성분이 네이버 순례자 카페에서 내 엑셀 자료와 글을 잘 읽었다며 반갑게 인사했다. 연하늘 꽃무늬 원피스가 잘 어울리는 그분은 앳된 감성이 묻어나는 밝은 미소를 지었다. 누나와 동갑이라 그런지, 서로 몇 마디 주고받는 사이에 금세 친근해졌다. 무릎이 아픈 누나에게 의지할 사람이 생긴 듯해 마음이 놓였다. 다행이었다.

시련의 철십자가

Bohemian Rhapsody: 누나의 자유로운 환상 기악곡

철의 십자가. 나의 바램은 무엇이였을까...
산티아고 순례길의 상징과도 같은 .. -묵언의 언어-
과 함께. 나는 오랫동안 준비하고   바램의 언어
경험연 않은 길에서 좀 더 의미있는 시간을
보냈어야 했는데... 아쉬웠다. 괜히 또 눈물이 나서
몰래 찾느라... 내려 오는 길어 참 힘들었다.
                        나의 무릎희 안아님을... 5

라바날 델 까미노Rabanal del Camino ~ 몰리나세카Molinaseca 24.7km

　드디어 철의 십자가 앞에 섰다. 그 순간의 나를 얼마나 오랫동안 그려왔던가? 산티아고 대성당을 제외하면 프랑스 루트에서 가장 큰 감동을 안겨줄 곳. 오랜 기다림 끝에, 마침내 마주하게 되었다.
　천지를 창조한 신이 마스터 셰프로 변해 순례길을 재료 삼아 화려한 만찬을 차려낸다. 입맛을 돋우는 아뮤즈부쉬*는 소담한 생장 피에드 포트, 애피타이저는 뢰페데르 피크와 용서의 언덕이다. 전채치고는 제법 묵직했으니, 메인 요리는 담백한 편이 좋겠다. 시루에냐와 메세타는 흰 살 생선찜 같지만, 대구 버터구이처럼 묵직하게 느껴졌다. 이제 메인 디쉬 차례다. 당신이라면 철의 십자가를 어떻게 요리할 것인가? 연달아 입안을 무겁게 채운 요리들이 이어져, 육즙 가득한 이탈리아식 티본 스테이크는 피하고 싶다. 불필요한 양념은 덜어내고 순례길의 무게와 시간을 그대로 살려낸, 소금을 살짝 얹은 닭가슴살 스테이크로 내놓을 것 같다. 거칠지만 정직한 풍미, 그 위에 순례자가 내려놓은 돌처럼 간소한 장식을 얹어 담백하게 완성하는 것이다.
　일출을 맞이하는 새벽 산행은 늘 경건하다. 정상을 향해 어둠을 뚫고 한 걸음씩 오를 때마다, 나를 조금씩 내려놓는다. 오체투지하는 구도자가 되어, 내 안의 오욕과 허물을 한 겹씩 벗겨 내린다. 동편에서 떠오른 서광이 철의 십자가를 붉게 물들일 즈음, 갓 태어난 아기처럼 순결한 나로 되돌아가는 상상을 한다. 가슴이 벅차다. 하지만 그 순간

*　프랑스어로 '입을 즐겁게 하는 것'이라는 뜻으로 식전에 식욕을 돋우기 위해 제공되는 한입 크기의 작은 요리를 말한다. 보통 메뉴에 따로 기재되지 않고 셰프의 재량에 따라 서비스로 제공되는 것이 특징이다.

만큼은 무거운 서사보단 담백한 여운이 더 어울린다.

그래서 평소대로 출발했다. 나를 비우러 가는 길에 일출 욕심은 버렸다. 철의 십자가는 프랑스 루트에서 가장 높은 언덕에 있다. 천기에 맞닿아 있어 영적으로 충만한 곳. 해맞이를 놓쳐도 괜찮다. 가져온 돌 하나에 삶의 상처와 후회, 고뇌와 죄과를 담아 내려놓을 수 있다면, 그걸로 충분하다. 마음을 달래주고 안아주는 정갈한 요리, 딱 그만큼이면 된다.

인생은 교도소와 다르지 않다. 타고난 죄는 말할 것도 없고 살아가며 쌓은 '신구의' 삼업 또한 무겁다. 몸이 저지른 업은 적다 해도 말과 마음으로 남을 해하고 속이려던 일이 얼마나 많았던가. 그칠 줄 모르는 탐욕과 노여움, 어리석음은 또 얼마나 컸을런고. 조니 캐쉬Johnny Cash는 〈Folsom Prison Blues〉(164위)에서 자유를 꿈꾸는 죄수의 간절함을 노래했다. 종신형을 복역 중인 무기수가 만약에 석방된다면, 기차를 타고 비참한 폴섬 교도소로부터 멀어지겠다는 희망을 갈구한다. 나도 철의 십자가 앞에서 죄의 굴레를 벗고 새 삶을 꿈꾸고 싶다.

우리네 산등성이를 닮은 능선길에서 에어로스미스Aerosmith의 〈Dream on〉(172위)을 들었다. 과거는 황혼과 새벽 사이에 짙게 낀 어둠 속으로 사라진다. 철의 십자가를 오르는 단 하루만이라도, 내 안에 담긴 세월의 희로애락을 모두 토해내고 애절한 꿈으로 채우고 싶다. 십자가 앞에서 나는 어떤 꿈을 간절히 품고 서 있을지 궁금하다.

깊은 산중 마을, 폰세바돈까지 이어지는 산길은 적요하다. 순례자들의 자취가 거의 없어, 산허리를 휘감는 조용한 숲길에서 오랜만에 고즈넉한 절경을 음미한다. 멀찍감치 보이던 풍력발전기가 어느새 눈 앞으로 다가왔고, 아름다운 신자락 곳곳에 송전탑들이 줄지어 서 있다. 친환경 에너지라는 미덕에도 불구하고, 레온 산맥의 자연미를 해치는 듯해 아쉽다. 재생에너지가 보급될수록 전력망이 더 요구되고, 자연은 그만큼 더 손상된다. 이것이 재생에너지에게 드리워진 어두운 단면이다.

이처럼 세상 만물에는 명과 암이 늘 공존한다. 밝음 만을 추구한 나머지 그로부터 야기된 어둠을 외면해선 안 된다. 선도 마찬가지다. 선을 좇되, 그 안에서 파생될 악을 대비해야 하며, 악을 없앤다는 미명 아래 숨겨진 선을 희생시켜서도 안 된다. 완전무결한 절대선은 오직 종교나 이상 사회에서나 가능한 이야기다. 현실의 민주주의는 다수의 뜻을 따르면서도 소수를 포용하고, 소수 또한 억지스러운 요구를 자제하는 성숙한 균형이 필요하다. 우리 사회가 반대 진영에 대한 도를 넘어 선 혐오에서 벗어나, 조니 미첼의 〈Both Sides Now〉(170위)처럼 대화하고 타협하기를 희망한다.

🎧 Joni Mitchell, 〈Both Sides Now〉(1969, 170위)

포크 음악계에는 시대를 대표하는 두 여성 싱어송라이터가 있다. 미국의 존 바에즈John Baez, 그리고 캐나다의 조니 미첼이다. 존 바에즈가 저항과 혁명을 상징하는 포크의 여제라면, 조니 미첼은 내면의 상처를 응시하며 마음의 변화를 노래한 포크의 음유시인이다. 비록 존 바에즈처럼 앞장서 싸우진 못했을지라도, 조니 미첼은 평생토록 강한 척할 수 없는 자신의 연약한 마음을, 감미로운 음악으로 승화시켰다. 이 노래를 들으니, 양희은이 번안해 부른 〈구름, 사랑 그리고 인생〉(1971)이 귓속에 흐르는 착각이 인다.

피레네의 절경과 아소프라, 시루에냐 밀밭 못지않게 폰세바돈 능선 역시 참 좋았다. 메인 디쉬 전에 나오는, 드레싱 없은 샐러드처럼 상큼하다. 하이라이트는 언제일까. 능선이 굽어질 때마다 기대가 솟던 그때, 철의 십자가가 눈에 들어왔다. "아!" 저절로 탄성이 나왔다. 드디어 이곳에 왔구나. 가까워질수록 아쉬움이 밀려왔다. 발걸음을 늦췄다.

    십자가가 세워진 둔덕 앞에서 누나와 별내댁에게 먼저 오르라 했다. 순서를 기다리는 동안 가방에서 조약돌을 꺼내며 마음을 가다듬었다. 십자가에 서면 무슨 생각이 들까. 무엇을 기도할까. 그저 마음 가는 대로 따르자고 했다. 마침내 내 차례가 되었다. 성당에 들듯 조심스레 올랐다. 조약돌 두 개를 떨어지지 않게 눌러두었다. 하나에는 내 허물과 후회를, 다른 하나에는 가족과 지인들의 평안을 담았다. 십자가에 손을 얹고 짧게 기도하며, 모두의 건강과 치유를 빌었다. 이곳을 벼르던 내 의식은 그것으로 충분했다.

철의 십자가에서

저 멀리 보이는 폰페라다

　더 머물고 싶었으나 기다리는 순례자들을 위해 자리를 내주었다. 동양인은 십자가에 오른 순례자가 독사진을 찍도록 기다려주지만 서양인은 아랑곳않고 올라와 자기 일을 마치고 내려간다. 에티켓 문제가 아닌 단순한 문화 차이라 여겼다. 그들은 사진보다 이끌림의 의미를 중시하는 듯했다. 덕분에 AI 지우개를 써봤다. 주변 순례자들을 지워내며 혼잣말처럼 사과했다. 느닷없이 사진에서 휴거시켜 미안했기 때

문이다. 다만, 그럼으로써 익명의 초상권을 지켜주었다고 나름의 위안을 삼았다.

정상에서 몰리나세카까지는 17km에 걸쳐 고도가 900m 가량 낮아지는 내리막길이다. 우리는 거기서 멈추지만 별내댁은 폰페라다 Ponferrada까지 8km를 더 가야 한다. 하산 속도가 그다지 빠르지 않은데

이별을 기념하며 별내댁과 한 컷

도 평소와 달리 누나가 자꾸 뒤로 처졌다. 그럴 때마다 별내댁 일정을 감안해야 한다며 재촉했더니, 그제서야 무릎이 아프다고 실토했다. 어제부터 그랬지만 걱정할까 봐 말하지 않았단다. 사정을 모르고 다그쳐 미안했다. 별내댁에게 먼저 가라 일렀는데, 함께 내려가자 했다. 누나를 앞세우고 천천히 가라 일렀다. 아직은 시간 여유가 있어, 경치와 음악을 벗 삼아 유유히 내려갔다. 반대편에서 말을 탄 부부가 철의 십자가로 향하는 모습이 이채롭다. 수종이 이끄는 말을 타고 순례하는 게 중세에는 흔한 풍경이었을 텐데.

정오 무렵, 엘 아세보 데 산 미구엘El Acebo de San Miguel에 도착했다. 내려오는 길에 누나가 다리를 꽤나 절뚝여 충분히 쉬기로 했다. 한갓진 이별의 점심을 마친 뒤 고택 앞에서 사진을 남겼다. 며칠 동안 별내댁이 회복되어 다행이다. 제자를 떠나보내는 스승 마음을 헤아릴 수 있다. 홀로 내려가는 모습이 대견스럽다. 끝까지 부엔 까미노 하리라 믿는다. 먼저 떠난 그녀 뒤를 따라 우리도 천천히 목적지로 향했다.

누나는 하산길 내내 고단해 보였다. 왼쪽 무릎을 제대로 구부리지 못해 절뚝이며 걸었다. 온통 너덜길이라 통증이 한층 더 심했을 것이다. 스틱이 있어 그나마 다행이었다. 나중에 누나의 블로그를 보니 그날의 고통스러운 심경이 생생하게 담겨 있었다. 무릎이 아프고 나서야 순례 중 교만했던 자신을 돌아봤다고 했다. 그저 마을까지 무사히 도착하길 기도하며 걸었단다. 아픈 다리로 돌맹이를 디딜 때마다 장애인을 떠올렸고, 그제야 비로소, 그들이 겪는 육체적 고통뿐 아니라 상처받은 마음까지도 헤아릴 수 있었다고 했다. 누나는 그렇게 오후 내내 눈물을 삼키며 자신을 되돌아보고, 더 낮은 곳에서 살아가리라 다짐했다.

마침내 몰리나세카에 들어섰을 때, 누나는 탈진하기 직전이었다. 숙소까지 남은 마지막 300m는 넘지 못할 벽처럼 다가왔을 것이다. 힘겹게 숙소에 들어와 침대 위로 허물어진 누나에게 샤워한 뒤에 편히 쉬시라고 권했다. 남은 정리는 내가 알아서 하겠노라 다독였다.

출발할 때만 해도 누나 컨디션은 분명 가벼워 보였다. 폰세바돈에서 요거트를 먹으며 쉴 때도 별다른 기색은 없었다. 아마 정상을 오르는 동안 증세가 도졌을 것이다. 철의 십자가를 지나며 고통이 심해진 무릎을 끌고 하산할 때, 누나 심정은 어땠을까. 초반의 경쾌한 발걸음이 알레그로 1악장, 폰세바돈 능선에서 점차 스며든 불안이 아다지오 2악장이라면, 철의 십자가 이후 내리막길은 참기 힘든 고통의 클라이맥스였다. 그러니 교향곡의 전형인 활기찬 미뉴에트 3악장과 에너지 넘치는 론도 4악장 형식과 어울리지 않을 것 같다.

내리막길에서 누나는 감정의 파고를 여러 번 넘었을 것이다. 낙오에 대한 두려움, 완주에 대한 염려, 간신히 버틴 희망이 끝없이 이어지는 길 앞에서 좌절로 바뀌는 순간들. 고통이 깊어질수록 감정도 격해졌을 게 틀림없다. 우아함과 서정, 고통과 불안이 교차하다 마침내 나락으로 떨어지듯이.

그날의 격변했던 누나의 감정들은 평소 차분한 성정과 달랐다. 기분이 즉흥적인 랩소디처럼 마구 요동쳤을테니, 아마도 퀸의 〈Bohemian Rhapsody〉(163위)같이 자유분방하게 감정의 롤러코스터를 탔을 것이다. 이 곡은 형식에 얽매이지 않는다. 아카펠라로 시작해 피아노와 발라드, 오페라와 하드록, 메탈과 기타 솔로 등 다양한 장르를 넘나들며 다채롭게 전개된다.

🎧
Queen, 〈Bohemian Rhapsody〉(1975, 163위)

평론가들은 이 곡을 살인을 저지른 인물이 죄책감에 시달리며 자유를 갈망하는 이야기로 해석한다. 반면 프레디 머큐리는 이 노래가 사회규범과 관습의 틀에서 벗어나, 정해진 의미 없이 각자 자유롭게 받아들여지기를 바랐다. 처음 들었을 때는 코드 진행이 무척 생경하고 번잡스럽게 다가왔다. 퀸의 노래 중 〈We Will Rock You〉(1977)나 〈I Want to Break Free〉(1984) 같은 대중적인 스타일이 더 편했다. 그러다 2010년쯤이었던가, 어느 날 갑자기 이 곡이 귀에 꽂혔다. 마치 재즈를 이해하게 된 순간처럼. 나이가 들면서 음악 취향도 조금씩 너그럽고 자유로워지는가 보다.

얼마 남지 않은 기력을 짜내는 누나

    누나를 깨워 저녁을 먹으러 갔다. 맞은편에 앉은 독일 여학생도 무척 지쳐 보였다. 식사하는 내내 울적한 표정이었다.
    "지금 상태로는 끝까지 못 갈 것 같아요."
    "괜찮아질 거예요."
    응원하면서도 확신이 없었다. 말없이 하늘을 향해 어린 그녀에게 축복이 닿기를 빌었다
    식사 후, 수인장에게 얼음을 부탁하니 아이싱 팩을 내주었다. 안주인은 누나의 무릎에 직접 소염제를 발라주었고, 한국인 아주머니는

"며칠 전 나도 무릎이 아팠다"며 약을 건넸다. 외국인 순례자들도 저마다 따뜻한 말을 전해줬다. 누나는 무척 고마워했다. 그 다정한 손길들이 지친 몸과 마음에 분명 위안이 되었을 것이다. 내일 걷기 힘들어 보였지만 걱정은 접었다. 내일은 또 내일의 햇살이 떠오를 테니. 주님께서 누나와 함께하시길.

'Suno'라는 AI 플랫폼에서 재미 삼아 작곡을 해봤다. 치기 어린 젊은 시절, 겁 많았던 나를 되돌아보며 만든 노래다. 영어로 가사를 적어 챗지피티에서 다듬고, 수노에서 내가 원하는 스타일을 설정해 완성했다. 제법 트렌디한 리듬이 꽤 들어줄 만하다. 이 플랫폼을 작년에 알았더라면 조약돌에 가사를 적고 메모리 스틱에 음원을 담아 철의 십자가 아래 묻었을 텐데. 그날 힘들었던 누나에게 들려주며 응원했을지도. MP4 형식이라 고음질은 아니지만 공유해본다. 킬링타임 삼아 가볍게 들어보시라.

〈A Cowardly Lion〉(2024)

오프라인

Nothing Compares 2 U: 관계의 단절에서 비롯된 불안감

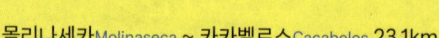
몰리나세카Molinaseca ~ 카카벨로스Cacabelos 23.1km

    끝내 누나는 회복하지 못했다. 발걸음을 내딛기엔 아직 시간이 많이 필요했다. 산티아고까지 완주하려던 누나에게는 불가항력이었다. 어쩔 수 없이 택시를 권하자, 누나는 어떻게든 걸어보겠다며 고개를 저었다. 무리하면 더욱 악화될 거라 설득하고서야 겨우 택시를 부를 수 있었다. 달랑 누나만 보내려니 마음이 쓰였다. 오늘 하루만이라도 함께 타고 가자고 했더니, 누나는 괜찮다며 내게 계속 걸으라 권했다. 나까지 포기하는 걸 바라지 않았던 것이다. 오랜 실랑이 끝에 누나를 먼저 보낸 뒤에 출발하기로 했다. 기사분께 카카벨로스에 예약한 숙소 주소와 전화번호를 건네며, 누나의 아픈 사정을 설명하고 숙소까지 짐을 옮겨달라 신신당부했다.

    뜻밖의 문제가 생겼다. 레온에서 미리 충전해둔 내 유심이 어제 오후에 기한 만료가 되자 꺼져 버렸다. 불행 중 다행으로 누나 유심은 이상 없이 연장되었다. 마을에 있는 충전소에 문의했지만 자신들은 알 수 없다며 폰페라다에 있는 매장으로 가야 한다고 안내했다. 한국에서 미리 저장해둔 구글 오프라인 지도에서 매장의 대략적인 위치를 숙지한 후, 노란 화살표를 따라 폰페라다까지 그리 힘들지 않게 이동했다.

    도심에 진입하여 눈대중으로 어렵지 않게 모비스타 매장을 찾았다. 행운은 여기까지였다. 그때부터 고생이 시작되었다. 우선 내 고객 정보가 확인되지 않아 유심을 살리지 못했다. 매장에서 충전도 불가능하여, 다른 지점을 안내받았지만 한참을 헤맨 끝에 포기했다. 문득 ATM이 떠올라 기기를 찾아 헤매다 깨달았다. 내 손에 쥔 선불카드에 잔고가 없다는 사실을. 사용 가능한 트래블로그 카드는 비상용으로 누나에게 들려 보냈던 것이다. 카페에서 와이파이로 접속해 선불카드를 충전하려다 갑자기 만사가 귀찮아졌다. 결국 유심은 해결도 못 하고 시간만 낭비했다. 한 시간가량 지체되어, 누나가 숙소에 도착하고도 남을 시각인데 연락할 방법이 없다. 가뜩이나 늦게 출발했던 터라 슬슬 조바심이 일었다.

어쩔 수 없이 카카벨로스로 가는 길을 찾아 나섰다. 폰페라다에 들어설 즈음, 성벽에 인접한 다리 근처에서 까미노 표식을 본 기억을 더듬어 강둑 쪽으로 발길을 옮겼다. 이내 노란 화살표가 눈에 들어왔다. 안도의 한숨이 절로 나왔다. 방향도 잡았겠다, 이왕 늦어진 거 요기부터 해결하기로 했다. 나무 그늘이 진 벤치에 앉아 노심초사로 소진된 기력을 보충했다. 하지만 고생을 하더라도 혼자 감당하면 그뿐이라 생각하니, 마음은 오히려 가벼워졌다. 11시를 넘긴 시각, 이제는 시간에 구애받지 말고 마음 가는 대로 순례를 하자 다짐했다.

매 순간의 흐름에 자연스레 몸을 맡기려면 먼저 긴장을 내려놓아야 한다. 시간에도 쫓기지 않아야 한다. 마음이 급할수록 굳어지는 이성을 풀어주기에는, 컨트리와 스윙이 스며든 록앤롤만 한 것이 없다. 70년 전 미국의 청춘들은 아침마다 록 리듬에 몸을 흔들었다. 그 자유롭고 활기찬 몸짓은 젊음의 상징이었다. 젊은이들은 때와 장소를 가리지 않고 스스럼없이 두듬칫거리며 역동적인 에너지를 발산했다.

빌 헤일리 앤 히즈 코메츠Bill Haley & His Comets의 〈(We're Gonna) Rock Around the Clock〉(158위)은 록앤롤을 전 세계에 널리 알린 주역으로 록의 대중화를 이끄는 데 결정적인 역할을 했다. 흑인 음악의 무거운 주제를 덜어내어, 백인 대중도 편히 즐길 수 있게 한 것이 폭발적인 인기의 비결이었다. 훗날 1979년 더 슈거힐 갱의 〈Rapper's Delight〉(1979)가 힙합의 대중화를 견인한 역할과 견줄 만하다. 록앤롤

폰페라다의 템플 기사단 성

은 이 곡을 필두로 팝의 주류로 떠올라, 비틀스와 롤링 스톤스 같은 전설적 밴드를 탄생시켰다. 〈(We're Gonna) Rock Around the Clock〉는 단순한 히트곡이 아닌, 현대 대중음악과 대중문화의 변혁을 알리는 서막이었다.

 익숙한 멜로디가 한숨 돌릴 여유를 줬지만, 네트워크 단절이 불러온 공허함은 쉽게 사라지지 않았다. 4km 넘게 방사형으로 퍼진 폰

페라다 교외는 초원의 정취 대신 인공적인 풍경을 펼쳤다. 드문드문 서 있는 공장과 물류창고, 줄지은 주택가와 좁은 아스팔트 도로. 바쁘게 돌아가는 세상 속에서 홀로 유리된 듯한 감각이 밀려왔다. 위치조차 가늠하기 어려운 오프라인 상태는 네트워크에서 퇴출되어 떠도는 방랑자처럼 나를 고립시켰다. 세상과 동떨어졌다는 외로움에 직면하자, 그것이 곧 불안의 또 다른 얼굴이란 걸 상기했다.

알프레드 아들러Alfred Adler는 '인간의 문제는 모두 관계에서 비롯된다'고 봤다. 고립과 단절이 심리적 고통의 뿌리이며, 인간은 공동체 속에서 관계를 통해 성장한다고 믿었다. 개인의 성장과 행복은 다른 사람과의 관계에서 비롯된다는 것이다. 자신의 능력을 믿고, 세상이 친구라는 인식을 갖지 않으면 불신과 상처에 갇히기 십상이다. 아들러의 견해에 따르면 내가 느낀 불안감과 외로움은 유심이 만료되어 온라인에서 튕겨져 나와 고립된 결과일 것이다.

에리히 프롬Erich Fromm도 비슷한 통찰을 내놓았다. 그는 '현대인이 느끼는 가장 큰 고통은 소외에서 비롯된다'고 보았다. 이를 극복하기 위해 더 많은 사람을 만나려 하지만, 진정한 연결을 이루지 못해 점점 무력해진다는 것이다. 타인의 기대와 익명의 권위에 자신을 맞추는 삶은 마침내 자아를 잃게 만든다.

돌아보면, 젊은 날 내가 그리려 했던 삶의 이정표를 쉽게 포기한 건 단지 평생을 관철할 용기가 부족해서만은 아니었다. 남들과 다른 길을 꿈꾼다는 불안감, 집단에서 이탈하고 싶지 않았던 무의식적 집착이 더 크게 작용했을 것이다. 나는 자유롭게 산다고 자부했지만, 실상은 외부 기대에 맞춰 속도와 방향을 조정해온 셈이었다. 이를 위해 때로는 내 능력을 과장하거나 허세를 부렸고, 필요에 따라 가진 능력을 숨기거나 의식적으로 축소하곤 했다.

자존감과 자유의지의 가치를 일깨우는 곡이 있다. 시네이드 오코너Sinead O'Connor의 〈Nothing Compares 2 U〉(162위). "당신과 비교될 만한 존재는 없다"고 강조하는 이 곡은, 자신이 얼마나 소중한 존재인지 일깨워준다. 이 곡을 작곡한 프린스는 자신의 레이블 소속 가수가 겪은 실연의 상실을 그리려 했지만, 지금의 나에게는 네트워크의 단절에서 야기된 외로움과 불안, 그리고 혼자만의 자유가 진정한 자유가 아닐 수 있다는 회의감으로 들려왔다.

Sinead O'Connor, 〈Nothing Compares 2 U〉(1990, 162위)

　3년 전, 핸드폰을 깜빡 집에 두고 출근한 적이 있었다. 하루 종일 어찌나 불편하던지. 평소 스마트폰에 얼마나 의존하며 사는지를 뼈저리게 체험했다. 원인은 오프라인 기기보다 훨씬 편리하다는 점과 네트워크에 지나치게 종속된 것에 있다. SNS에 중독되어 노이로제에 걸린 듯 수시로 메신저를 들여다본다. MZ 세대들은 짬만 나면 쇼츠를 보거나 스트리밍 음원을 감상한다. 여가 시간에는 유튜브와 OTT, 인스타그램, 웹툰 등으로 시간을 보낸다. 그들에게 TV 본방사수는 구석기 유물이다. 요즘 '본방사수'는 넷플릭스 신작이나 유튜브 생중계를 챙겨보는 걸 뜻한다.

　스마트폰은 이제 내 삶의 일부다. 이를 부정하기 어렵다. 그러나 핸드폰이 없다고 세상이 멈추는 것은 아니다. 그저 여상한 익숙함에서 잠시 벗어난 불편을 감내해야 할 뿐이다. 그런데도 우리는 어느새 이런 사실을 잊은 채, 초연결 사회의 작은 입자가 되길 자청한다. 일상이 버거울 때, 무작정 어디론가 떠날 계획을 세우기보다 하루 이틀쯤 핸드폰 없이 살아보는 건 어떨까? 진짜 쉼은 그렇게 시작될는지 모른다.

　시네이드는 2015년, 앞으로 이 곡을 부르지 않겠다고 밝혔다. 사랑의 상실에서 오는 감정이 소진되었다는 이유였다. 온라인 단절이 불러온 허탈한 감정에서 벗어나려면 무엇을 해야 할까. 고립이 아닌 해방으로 느끼는 인식의 전환, 어쩌면 이게 가장 먼저일 것 같다. 그래서 오프라인 지도에 연연하지 않기로 했다. 중세 순례자에게는 노란 화살표가 없었다. 그저 서쪽을 향해 길을 물으며 걸었을 것이다. 그 시대에 없던 친절한 이정표 덕분에 나는 길의 방향을 명확히 알고 있다. 오프

누에스트라 세뇨라 성당 안. 십자가를 짊어진 예수님

라인 된 지금이야말로 자아를 돌아볼 해방의 순간이다. 유심이 복구되기 전까지는 팝 명곡에 기대어 걸어가기로 했다.

정오가 지나자 태양의 열기가 진득하게 내려앉았다. 더위를 잘 견디는 편이지만, 스페인 6월의 햇살은 예외였다. 불볕 아래서 한 걸음 내딛을 때마다 체력이 녹아내렸다. 공원을 지나 도로에 들어설 즈음, 앞서 가는 대만 여성 순례자를 따라잡았다. 며칠 전 누나가 한국인으로 착각했던 그 친구다. 그녀 역시 지쳐 있었다. 맥없이 건넨 인사와 어두운 미소들. 그녀 역시 끝까지 버텨내기를 말없이 응원했다.

카카벨로스 초입

　한참을 걷다 인적 드문 주택가에서 작은 바를 발견했다. 허기진 배를 달래려 토르티야와 콜라를 주문했다. 더위를 식히는 사이, 아까 만났던 대만 처자가 들어와 옆 테이블에 앉았다. 덥고 지쳐 보인다며, 충분히 쉬어가라 권했다. 아까보다 밝아진 미소에, 나도 안심이 되었다.
　뜬금없이 어릴 적 기억이 스쳐갔다. 동네 독서실에서 자정 넘게 공부하다 귀가하던 중, 어두컴컴한 골목길 안쪽에서 들려온 낮고 진중한 환청이 떠올랐다. 팔에 소름이 돋을 만큼 강렬했던 그 음성. 아무도 없는 곳에서 느껴야 했던 불안감. 마음을 가라앉히는 묵직한 분위기가 일품인 사이먼 앤 가펑클Simon & Garfunkel의 〈The Sound of Silence〉(156위)는 그런 어두운 감정을 정갈하게 노래한다.

"어둠, 나의 오래된 친구여"로 시작하는 이 곡은 소통 없는 세상에서의 고독을 침묵으로 은유했다. 소리 없이 말하는, 한 귀로 흘려듣는, 서로가 공유하지 않는 목소리만 내는 사람들에게서 소외와 소통의 부재를 절감하게 된다. "예언자들의 말은 지하철 벽과 빈민가 현관에 쓰여 있다"는 가사는, 진실이 어둠 속에 숨겨졌음을 시사한다.

사실 이 곡은 정치적 사건을 빗댄 건 아니다. 슬픔과 우울함, 자아 상실감에 대한 개인적 고백을 은유적으로 그렸을 뿐이다. 그러나 당시 미국인들에게 이 노래는, 충격적인 대통령 암살 사건이 남긴 무력감을 떠올리게 했다. 지하철 벽에 적힌 예언자의 메시지라는 가사는, 마치 진실이 소외되어 어둠 속에 숨어 있다는 듯한 암시를 담고 있었다.

🎧
Simon & Garfunkel, 〈The Sound of Silence〉(1965, 156위)

케네디 대통령 암살사건은 아직도 미스터리로 남아 있다. 이 사건을 다룬 워런 보고서는 리 하비 오스왈드의 단독 범행이라 결론지었으나 이를 믿는 이들은 거의 없다. 암살범 오스왈드를 포함해 사건에 관련된 인물들이 차례로 암살되거나 죽어버려 진범을 알기란 사실상 불가능하다. 그러나 누가, 왜 그를 죽여야 했는지를 합리적으로 추정할 단서들은 여전히 명백하게 남아 있다.

존 F. 케네디는 대통령이 된 후 쿠바 위기를 평화적으로 해결하고, 소련과 핵실험 금지조약을 체결하는 등 국제적 긴장을 완화했다. 베트남에 대한 군사 개입에는 신중했고, 조직범죄를 강력히 단속하는 한편, 민권운동을 지지했다. 나아가 군산복합체를 견제하고 CIA 개혁을 시도한 그의 행보에서, 암살 배후를 가늠하게 만드는 실마리를 찾을 수 있다. 군산복합체, 마피아, CIA가 지목된 이유다. 미국 현대사의 대표적 미스터리 중 하나인 이 사건을 다룬 영화 가운데, 〈JFK〉(1992)가 가장 기억에 남는다. 혈기왕성하던 시절, 이 영화는 내게 '국가란 무엇인가'를 라는 근본적인 물음을 깊이 성찰하게 했다.

누나 없이 혼자 걷는 길은 생각보다 훨씬 외롭고 힘들었다. 불안한 마음을 이겨내고 한 발자욱씩 내디뎠다. 서서히 더위에 지쳐갈 무렵, 그늘 아래 쉬던 스웨덴 순례자들이 건넨 블루베리 한 줌에서 다시 힘을 얻었다. 오후 2시 무렵에는 앞서가던 순례자에게 격려를 받으며 숙소를 향해 나아갔다. 비록 온라인은 단절되었지만, 길 위에서 이어진 온기와 동행자들 덕에 외로움과 소외감에서 벗어날 수 있었다. 그렇게 오프라인의 연대에 힘입어 카카벨로스에 도착했다. 숙소 앞에서 누나와 젬마 님이 평화로운 오후를 보내고 있었다.

최악의 컨디션 속에서도 누나는 순례를 포기하지 않았다. 비록 제 힘으로 걸을 수 없어 택시에 올랐지만, 길을 이어간 것이다. 인생도 다르지 않다. 원하는 방향이 아닐지라도, 흘러가기만 해도 충분하다. 증기기관이 꺼지지 않는 한 계속 강을 따라 구르는 크리던스 클리어워터 리바이벌의 〈Proud Mary〉(155위)처럼. 오늘은 혼자 걸어 그런지 평소보다 훨씬 지친 하루였다. 하지만 반가운 웃음으로 반겨준 누나와 젬마 님 덕에, 이 밤이 한층 더 따뜻하게 다가왔다. 〈A Hard Day's Night〉(153위)를 마주했던 비틀스가 그랬듯이, 힘든 하루 일과 끝에는 기분 좋아질 더 깊은 밤이 기다린다. 오늘만큼은 하루 두 곡씩 올린다는 나만의 규칙을 모디시 내려놔도 좋을 것 같다. 인생의 강을 굴러가는 프라우드 메리호에 몸을 맡긴 날이니 말이다.

🎧 Creedence Clearwater Revival, 〈Proud Mary〉(1969년, 155위)

'라 가예가' 도미토리 4인실

나무의 심재가 되어

Everyday People: 인생이란 아름다운 예술작품

카카벨로스Cacabelos ~ 라 포르텔라 데 발카르세La Portela de Valcarce 22.3km

누나는 오늘도 택시를 탔다. 어제부로 도보 완주가 어렵다는 판단이 서자, 더는 차량으로 이동하는 것을 꺼려하지 않는다. 무릎 부상으로 걸음을 잠깐 멈췄다 해서 순례의 의미가 바래는 건 아니다. 혼자 힘으로 걷기 힘들어 일부 구간을 점프했다 해도, 불가피한 사정에서 비롯된 선택이라면 순례의 진정성은 여전히 유효하다.

만약 순례가 오로지 자신의 힘으로 고행을 해야만 의미 있는 것이라면, 모칠라 서비스를 이용하거나 편의 시설이 잘 갖춰진 숙소에 먼저 투숙하려는 경쟁을 해서도 안된다. 그뿐만 아니라 그론세 닷컴을 끊고, 휴대폰은 물론, 각종 편의용품까지 모두 내려놔야 한다. 이렇게 문명의 이기들로부터 거리를 둔, 고된 수행을 자처하는 것만이 진짜 순례일까? 이제 순례에 있어 정말로 중요한 것이 무엇인지에 대해 답해야 할 시기가 되었다.

생명은 매일 살아가면서 동시에 죽어간다. 세포는 끊임없이 분열하며 생명을 잇지만, 늙고 약해진 세포는 세포자멸사 과정을 거치며 스스로 소멸된다. 대부분의 체세포는 한 달을 채 넘기지 못하고, 길어야 1년 안에 새로운 세포로 교체된다. 세포의 시선으로 본다면, 끝없이 이어지는 듯한 우리의 인생도 사실은 세포의 자멸과 교체가 반복되는 허무한 연쇄에 불과하다.

나무는 이와 사뭇 다르다. 나무줄기 안의 형성층은 계속 분열하며 목질을 만들어낸다. 목질은 살아 있는 변재와 죽은 심재로 나뉜다. 껍질에 가까운 변재는 뿌리가 흡수한 수분을 운반하고, 색이 짙은 심재는 단단히 굳어 나무의 중심을 지탱한다. 죽었으되 사라지지 않고 변재와 함께 자라나는 심재야말로, 나무가 지닌 역설이다.

발톱 부위의 염증을 제외하면 대체로 순탄했던 여정이 부채질한 자만심과 도보 완주를 포기한 상실감, 장애인의 고통을 체감한 통증, 중도에 포기할지 모른다는 불안과 초조, 그리고 동생에 대한 미안함…. 이 모든 감정의 멍에들은 자멸사한 세포처럼 사라지지 않고 마음속 심재로 쌓였을 것이다. 날 선 감정들이 걸러지고 무뎌진 끝에, 가슴속 깊은 곳에서 단단한 심재로 거듭난 다음에야 누나는 다시 걸어야 한다는 강한 의지를 되찾았을 것이다.

순례자들은 불쑥 찾아온 부상과 육체의 고통, 긴 여정에서 오는 심리적 압박에 직면해야 비로소 숨겨진 근성을 드러낸다. 779km의 고된 천로역정은, 내면에 품었던 오욕칠정五慾七情을 녹여내 단단한 심재로 다져가는 자신을 확인하는 과정이다. 비록 누나는 순도 100%짜리 도보 완주의 꿈을 멈췄을지언정, 산티아고를 향한 마음만큼은 더욱 깊고 굳건해졌을 것이다.

오랜만에 새벽부터 장대비가 쏟아졌다. 누나가 혼자 택시를 탈 수 있다고 하도 자신하길래 할 수 없이 먼저 길을 나섰다. 어제 숙소 근처에서 유심을 새로 구입했겠다, 더 이상 문제될 게 없었다. 출발할 무렵에는 빗줄기가 일순간 잦아들었지만, 오전 내내 우비를 걸쳐도 온몸이 눅눅해질 정도로 쏟아졌다. 연회색 구름이 하늘을 가득 덮었고, 그 아래로 퍼붓는 비가 대지에 쌓인 먼지를 씻어냈다. 메마른 땅은 빗줄기에 생기가 되살아나 본연의 색을 되찾았다. 해갈의 기쁨이 시야 곳곳에서 살아 숨 쉬듯 퍼져 나왔다.

구순이 넘으신 어머니는 평생토록 보라색을 가장 좋아하신다. 왜 그 색이 좋으냐고 여쭤면, 어릴 때부터 그냥 예쁜 게 마음에 들었다며,

소녀 같은 미소를 지으신다. 보라색은 세련되고 고고한 이미지와 더불어 자비를 상징한다. 언제나 남들을 먼저 배려하시는 어머니의 성품과도 닮았다. 좋아하는 색이라 그런지 보랏빛 외투가 유독 잘 어울리신다. 하지만 이 색에는 불안, 우울, 상처 같은 어두운 상징도 함께 담겨 있다. 어제 내 마음은 프린스Prince에게 내렸던 비처럼 짙은 보랏빛이었다. 거센 홍염에 녹아내린, 불안하고 초조했던 감정의 소용돌이가 청명한 하늘 빛과 뒤섞여 온통 퍼플 레인처럼 번졌을 테니.

2007년 슈퍼볼 하프타임 쇼에서 프린스가 선보인 무대는 수많은 팬들의 뇌리에 생생하게 각인되어 있다. 공연 당일, 갑작스레 퍼붓는 빗줄기에 제작진이 무대에 오르기 전 프린스에게 괜찮겠느냐 물었다. 감전을 우려했기 때문이다. 그의 대답은 단호하면서도 멋졌다.

"비를 더 내리게 할 수는 없나요?"

보라색 의상을 입은 안무가들과 보랏빛 조명으로 물든 스타디움, 그리고 그 위로 쏟아지는 빗줄기 속에서 그는 〈Purple Rain〉(143위)을 열창했다. 동명의 영화에서는, 양성애자라는 이유로 아버지에게 폭행을 당하는 장면이 있다. 그 멍든 눈에서 흐른 눈물을 보랏빛 비로 형상화했다는 해석이 그럴 듯하다. 〈Purple Rain〉은 프린스의 대표곡이자, 그가 발표한 앨범 중 가장 상업적으로도 성공한 작품이다.

🎧
Prince, 〈Purple Rain〉(1984, 143위)

그는 피아노와 기타를 포함해 서른 가지가 넘는 악기를 자유자재로 다루는 멀티 인스트루멘털리스트Multi-Instrumentalist였다. 작사, 작곡, 편곡은 물론, 프로듀싱까지 혼자 도맡아 원맨 밴드로 활동한 천재였다. 어린 시절, 부모님이 이혼하여 어려운 시기를 보냈지만 재즈 피아니스트였던 아버지에게서 피아노를 배우며 음악적 감각을 키워갔다. 아버지의 엄격한 훈육에 반발해 집에서 쫓겨나기도 했는데, 미움보다는 존경심이 더 컸던 것 같다. 그의 예명이 아버지 예명에서 비롯된 것을 감안하면.

비가 오지 않았더라면 오히려 더 답답하고 지루했을 길이다. 숙소에 먼저 도착해서 기다릴 누나를 위해, 비야프랑카 델 비에르소 Villafranca del Bierzo로 크게 돌아가는 고즈넉한 전원길을 포기하고 짧은 길을 택했다. 코스의 대부분이 차도 옆 갓길이라 아스팔트를 걷는 내내 발걸음이 무거웠다. 꽃밭에 누운 착각을 불러일으키는 향긋한 아로마가 날아간 와인이나 산미가 없는 커피를 마시는 듯한, 답답한 기분이었다. 그래도 추적추적 내리는 비를 맞으며 아무도 없이 홀로 걷는 까미노에서, 발자국과 스틱 소리, 그리고 빗소리만 들리는 것에 만족했다. 우비 위로 떨어지는 빗방울들이 온몸의 감각을 깨우는 와중에 음악의 향연과 더불어 명상에 잠길 수 있어 행복했다. 비야프랑카 초입에서는 한 순례자를 만나 적당히 거리를 두고 그의 걸음에 맞춰 걸었다.

tvN 예능 프로그램 〈스페인 하숙〉(2019)의 촬영지였던 '산 니콜라스 엘 레알 호텔'San Nicholas el Real에 들를까 하다가 지름길을 택한 취지를 살려 발걸음을 멈추지 않았다. 마을을 막 벗어날 무렵, 익숙한 뒷모습이 시야에 들어왔다. 혹시나 싶어 다가갔더니 역시나 젬마 님이었다. 누나가 만나면 식사를 꼭 대접하라고 신신당부했던 차다. 안부를 전한 후 점심을 제안했으나, 젬마 님은 아직 허기지지 않는다며 다음 기회를 얘기하셨다. 산티아고까지 비슷한 일정이라, 기회가 또 있을 거라 여겨 그러자고 했다. 한동안 속도를 맞춰 걷다, 숙소에서 기다리는 누나를 배려해 먼저 가도 좋다는 말씀에 다음을 기약하는 인사를 남기고 앞서 나섰다.

비야프랑카 델 비에르소

페레헤Pereje에 들어섰다. 10km 가까이 쉬지 않고 걸어 숨을 돌릴 타이밍이었다. 중세풍의 작은 이 마을에는 영업 중인 바가 없어, 주택가 처마 밑에 앉아 비를 피했다. 물 한 모금 마시며 비를 물끄러미 바라보았다. 불멍도 좋지만, 가만히 빗줄기를 바라보는 것도 나름대로 운치가 있다. 한참을 그러고 있는데, 이틀 전 누나에게 약을 나눠준 한국인 부부 일행이 눈에 들어왔다. 비야프랑카에서 한참을 앞질렀다 여

겼는데 큰 차이가 나지 않았다. 젬마 님과 동행하며 잠깐 속도를 늦췄다고 해도 겨우 몇백 미터 차이였던 셈이다. 굳이 빨리 가려고 무리할 이유가 없음을 다시금 깨달았다. 누구에게나 하루는 24시간이다. 속도가 더뎌도 천천히, 조금 더 오래 걸으면 된다.

슬라이 앤 더 패밀리 스톤Sly and the Family Stone은 〈Everyday People〉(145위)에서, 서로 다른 취향을 가진 평범한 사람들이 함께 살아가는 세상을 노래했다. 차별 없는 평등과 소박한 평화, 그 일상 속의 깨달음. 인종과 성별, 출신과 상관없이 누구에게나 하루 24시간이 똑같이 주어지고, 그 시간을 어떻게 쓰느냐에 따라 오늘의 나를 만들어 갈 수 있음을 말한다.

🎧 Sly and the Family Stone, 〈Everyday People〉(1968, 145위)

젊음도 노년도, 주어진 시간을 어떻게 쓰느냐에 따라 내면은 서로 다른 빛을 품게 된다. 엘리너 루스벨트Eleanor Roosevelt는 "아름다운 젊음은 자연의 선물이지만, 아름다운 노년은 한 편의 예술작품"이라 말했다. 싱그러운 젊음의 화양연화는 누구에게나 한때 주어지지만, 나이 들어도 아름답기 위해서는 삶의 경험과 인격, 지혜와 내면의 성장이 꼭 필요하다. 인생은 시간이 새겨낸 조각이며, 평생의 노력과 진지한 삶이 어우러져야 비로소 완성되는 예술이다. 영화 〈은교〉(2012)에서 노老시인 이적요의 외침은 가슴을 울린다.

"너희 젊음이 너희 노력으로 얻은 상이 아니듯, 내 늙음도 내 잘못으로 받은 벌이 아니다."

트라바델로Trabadelo 초입에 자리한 바는 비에 지친 순례객들로 북적였다. 불친절하다는 리뷰가 마음에 걸려, 공립 알베르게에 딸린 바를 찾았다. 연로한 관리인이 주문을 받는다. 토르티야를 먹는 사이 마을 주민들이 들어와 하나둘 음식을 주문했다. 그들 또한 예순을 훌쩍 넘긴 듯 보였다.

스페인도 노령화와 농촌 공동화로 인한 부작용을 오래 전부터 겪어 왔다. 하지만 우리나라는 그보다 훨씬 더 빠르게 늙어가는 나라다.

민주화 세대를 자처하던 586 세대는 요즘 '퇴물'로 불린다. 개인적으로는 일부 올드보이들의 구태와 젊은 세대의 적잖은 오해에서 비롯된 불신의 결과라 본다. 586 논쟁이 부른 작금의 세대 청산 이슈보다 더 시급한 건 연금·건강보험의 재정 고갈과 인구 감소가 불러올 근본적인 위기다. 머지않은 시기에 세대 갈등을 뛰어 넘은 '세대 전쟁'이 올지도 모른다. 청년이든 노년이든, 모두가 이적요의 말에 귀 기울였으면 한다. 청춘들에게는 시대를 이해하려는 응당한 노력이 따라야 하고, 장년층은 노욕에 가까운 과도한 집착을 내려놔야 한다. 서로의 부족함을 품을 줄 알아야 대화가 통한다.

"어제는 역사, 내일은 미스터리, 그래서 오늘은 선물"이라지만, 우리가 직면한 현실은 선물 같은 오늘조차 아껴야 한다. 우리 사회는 진영과 세대 갈등으로 공동체가 분열되고, 경제는 성장을 멈췄다. 이제라도 청년과 노년이 각자의 꿈을 믿되, 그 꿈을 조금씩 공유하며, 서로 이해하고 조율해야 한다.

"아프니까 청춘"이라는 말이 청춘만의 특권이어서는 안 된다. 왜 젊은이들만 이 사회의 모순을 고통스럽게 감당해야 하는가. 마찬가지로 오랜 세월, 가정과 사회에 헌신한 노인들에게는 최소한의 인간다운 삶이 보장돼야 한다.

제니스 조플린Janis Joplin은 〈Me and Bobby McGee〉(148위)에서 "자유는 더 잃을 것이 없는 상태"라고 했지만, 굶주릴 자유, 빈곤의 절망 속에 사는 자유는 더 이상 자유가 아니다. 사회 갈등을 조정하고 이를 순기능으로 전환할 책임은 국가와 정치의 몫이다. 그렇다면 지금 우리에게 국가는 어떤 존재여야 하는가.

에벌리 브라더스The Everly Brothers의 〈All I Have to Do Is Dream〉(141위)은 짝사랑의 쇠설을 노래한다. 사랑하고 싶지만, 꿈꾸는 것 외에는 아무것도 할 수 없다는 허탈한 고백. 내가, 아니 우리가 바라는 '이상 사회'도 어쩌면 그와 같다. 현실에서는 불가능하고 꿈속에서만 존재하는 유토피아. 현실에 닿지 않는다고 해서, 그 꿈을 단지 희망으로 남겨야만 할까. 그런 번민에 잠긴 채, 라 포르텔라 데 발카라세에 도착했다.

마무리로 특별히 누나의 하루를 소개한다. 혼자 있는 동안 누나가 어떤 시간을 보냈는지 담백하게 정리되어 있다.

에잉, 또 글쓰기 하다가 다운돼버렸어 ㅠㅠ. 새벽부터 내리는 비가 하루 종일 오다 말다 흐렸다 개었다 한다.
오늘도 나는 여기 발카라세까지 택시로 이동했다. 비가 와서 평소보다 조금 늦게 일어나 느지막이 출발했다. 캐나다 출신 여성 순례객과 함께 방에서 내려오니, 몰리나세카에서 만났던 독일에서 온 여자아이가 발에 붕대를 감고 앉아 있다. 인사했더니 집으로 돌아간단다. 조금 안쓰럽긴 해도 다음 기회가 있음을, 되지도 않는 말과 몸짓으로 전하고 택시를 탔다.
비가 오고 구름이 잔뜩 낀 도로를 지나오며, 걷고 있는 순례자들과 자전거로 순례하는 이들을 지나쳐온다. 때로는 그림 같은 풍경이 빠르게 지나가며, 벤츠 택시를 이용하는 마음 한구석은 이제 좀 편하기도 하다. 포기하면, 내려놓으면 이렇게 편한가 싶다. 처음이 어렵지, 두 번 세 번은…. 약을 먹고, 며칠을 걷지 않아서인지 무릎은 훨씬 편해졌다. 디딜 때의 통증이 많이 사라졌지만, 내일 오 세브레이로까지의 구간은 무리일 듯싶어 또 한 번 점프를 한다.
식구들과 영상통화를 하며 소식을 전하니, 모두들 걱정을 많이 한다. 내일도 점프할 것을 얘기하고 안심을 시켜본다. 수연이는 2주 걷고 20년 못 걸을 수 있다고 엄포를 놓고, 진숙이는 언제든 돌아오라며~~^^ 그래서 무리는 하지 않을 작정이다.

호텔에 일찍 도착하여 아침으로 빵과 카페 콘 레체를 주문하면서 체크인 시간을 물으니 두 시간 후란다. 여동생이 그림이나 그리라며 사진을 세 장 보내왔다. 그림을 그리며 앉아 있다 보니 낯익은 사람들이 지나가며 서로 인사를 나눈다. 체크인을 하고 방으로 들어와 쉬는데 동생도 도착! 오면서 요기를 했다기에 점심을 먹으러 내려가니, 나에게 약을 주셨던 기부 천사들이 다 계셨다. ㅎ

두 부부 팀은 식사를 하고 떠나고, 나는 젬마와 함께 점심을 하며 이런저런 이야기를 많이 나누었다. 젬마와의 인연은 라바날

라 포르텔라 데 발카르세 초입의 이정표

에서부터였다. 까.친.연.에 동생이 올린 글을 젬마가 보며 도움을 많이 받았단다. 짧은 인사를 나누며 우리 남매임을 알아보고 반갑게 인사했던, 원피스에 스포츠 샌들의 첫인상이 무척이나 단아하고 편안했던 그녀!

어제는 우연히 만나 함께 점심을 먹으며 이런저런 이야기를 나누다가, 내 무릎 통증을 알고 자신의 약을 내게 모두 주고 갔었다. 오늘 알베르게에서 다시 만나 무척이나 반가웠는데, 굳이 점심을 사겠다고 하여 야채 샌드위치와 커피를 함께 맛있게 먹었다. 함께 세탁물도 맡기고. 참, 사람의 인연이란.

페레헤의 어느 처마 밑에서 만난 길냥이

짐이 곧 국가다

Your Song: 다시는 속지 않을 초심

Linardo Re: 알베르게 창밖 풍경 (애자목 고잉기는데)

10시도 안 돼서 닿다. 빈 알베르게 소파에 앉아 있는데 겁나 뚱뚱한 사람(남자)이 청소 담당을 듣고 들어온다. 다리가 아프다는 시늉을 했더니 뭐 시간 후에 오라는 듯한 얘기를 한다. 혼자 이곳을 다 청소하는게 (애쓰는게) 힘든 거 같아 내가 앉아 있던 측면을 낮췄더니 다리 아픈데 하지 말라는 움직을 보인다. 또 내가 누구야 청소 봉눙 비봉 더 해주고 싶지만 참았다. 그 다른 순례객들 들어오지도 못하게 한다. 그래서 더 고마웠던 오늘의 숙박장을 그리시아소~ 6-8

라 포르텔라 데 발카르세 La Portela de Valcarce ~ 리냐레스 Liñares 17.6km

산에 오르는 참맛을 마흔이 되고서야 알게 되었다. 그전에는 자진하여 산을 찾은 적이 없었다. 회사 야유회나 단체 산행에 재갈 물린 소처럼 억지로 끌려간 기억뿐이다. 숨 가쁘고 진땀 나는 고역이 달갑지 않았다. 정상에 올라 잠시 쉴 때면 '왜 굳이 올라야 하나?' 하는 불만과 '하산길은 또 얼마나 지루할까?' 싶은 반감뿐. 흐르는 땀을 이열치열 따뜻한 차로 달래고 미풍에 식히는 쾌감과, 정상에서 마주한 장엄한 풍경의 감흥은 애당초 알 길이 없었다.

산행이 평지를 걷는 것보다 힘든 까닭은 중력에 있다. 외부의 손길 하나 없이 오롯이 자신의 힘으로, 낮은 데서 높은 곳로 위치에너지를 끌어올려야 하기 때문이다. 그럼에도 산꾼은 이 고단함 속에서 극기를 배우고, 정상에 올라 하늘에 가까워진 듯한 기분을 느낀다. 게다가 아득한 산세를 바라보며 자연과 일체된 자유와 호연지기를 누린다.

인간은 오래전부터 높은 곳을 동경해 왔다. 바벨탑, 피라미드, 그리고 오늘날의 마천루까지. 높이는 곧 권력과 부, 그리고 신성함의 상징이었다. 마천루에서 내려다보는 탁트인 시야는 우월의식과 초월성의 표현이다. 어쩌면 명산의 정상에서 느끼는 해방감 역시, 신분 상승과 권력을 갈망하는 또 다른 무의식일지 모른다.

오늘의 목적지는 해발 1,400m 고지에 위치한 오 세브레이로 O Cebreiro. 까미노의 노란 화살표를 고안한 돈 엘리야스 발리냐 D. Elías Valiña 신부가 머물렀던 산간 마을이다. 프랑스 루트에서 세 번째로 높은 곳이자, 순례자들이 가장 힘들다고 말하는 구간. 등산이 서툰 누나를 고려해 일정을 조율했지만 이렇게 혼자 나서게 되었다. 출발지 고

말을 타고 오 세브레이로로 향하는 관광객들

도를 감안하면 정상까지 대략 800미터를 올라야 한다.
 숙소에서 2km쯤 떨어진 베가 데 발카르세Vega de Valcarce에서 샌드위치와 오렌지 주스로 에너지를 보충했다. 아침 일찍 길가에 나온 집냥이들이 지나가는 나를 가만히 응원한다. 라스 에레리아스Las Herrerías로 가는 길에 미국인 모녀를 만났다. 레온에서 사진을 찍어준 인연으로 자주 마주치며 친해진 사이였다. 누나가 보이지 않자 자초지종을 물었다. 무릎 사정을 설명하니, 그녀들은 걱정스런 표정으로 누나의 쾌유를 빌었다. 고맙다는 인사와 함께 속도를 조절하라 당부한 뒤 앞서 걸었다.

 마을을 벗어나자 본격적인 오르막이 펼쳐졌다. 계곡을 따라 이어진 포장도로를 벗어나 좁고 가파른 비탈길에 들어섰다. 철의 십자가로 가는 길이 탁 트인 능선인 데 비해, 여긴 숲속에 나 있는 오솔길이다. 등산로에 말똥만 떨어져 있지 않다면, 없으면 영락없는 우리네 산길이

능선 위에서 바라본 라 라구나

다. 인공 계단이 없는 점만 다르다. 말똥을 피해 발 디딜 곳을 찾아 리듬에 맞춰 오르는 재미가 은근하다.

밤새 내린 비로 인해 길바닥이 질척거렸다. 가파른 경사에 습한 공기까지 더해져, 헉헉대는 숨결에 안경이 금세 뿌옇게 흐려졌다. 중턱쯤 올라 등산로 옆에 선 채로 땀을 닦고 물로 목을 축였다. 그래도 전반적으로 예상보다는 크게 힘들지 않았다. 우이동 도선사에서 하루

재를 지나 백운대에 이르는 코스에 비하면 훨씬 수월했다. 서두르지 않고 숨을 고르며 천천히 걷는다면 누구나 오를만하다. 정 자신이 없다면 배낭은 동키에 맡기고 가볍게 오르는 것도 좋겠다.

라 파바La Faba를 지나 20~30분쯤 더 걸어 울창한 숲을 벗어나자, 시원스레 펼쳐신 능선이 눈앞에 펼쳐졌다. 그런데 이상하게도 마음 한편이 허전했다. 마음 단단히 먹게 했던 깔딱고개가 생각보다 너무 짧아 싱겁게 느껴졌기 때문이다.

　새로운 세상과 새로운 질서에 대한 결연한 열망에도 불구하고, 별반 달라지지 않는 현실 속에서 사람들은 심각한 무력감에 빠진다. 바라마지 않던 혁명이지만, 무산된 기대에 좌절은 점점 깊어진다. 더 후The Who의 〈Won't Get Fooled Again〉(133위)은 이런 정치적 허무를 노래한다. 새로운 체제를 향한 열망과 혁명이 얼핏 성공한 듯 보이지만, 권력의 본질이 바뀌지 않는 한 변화는 허상에 불과하다. 화자는 변화를 이루지 못한 현실에 좌절을 느끼고, 혁명 이후 등장한 권력에 대해 냉소한다.

🎧 The Who, 〈Won't Get Fooled Again〉(1971, 133위)

　동서고금의 역사를 돌아보면, 혁명의 깃발이 본래 의도대로 실현된 경우는 드물고 혁명의 정반합은 대체로 실망스러웠다. 모순을 타파하겠다는 구호는 종종 허울 좋은 명분에 이끌려 구체제의 폐단을 답습하거나 전혀 엉뚱한 방향으로 흘러가곤 했다. 변화의 기치는 있었으되, 결과는 매번 희망을 빗겨갔다.

　진보와 보수 진영을 망라해 재담만큼은 작가 이문열을 따라올 이가 없다. 그의 문장은 단연 찰지고, 현학으로 버무려진 냉소와 현실 비판이 절묘하게 어우러진다. 청춘 시절, 『사람의 아들』(1979)에서 아하스 페르츠가 예수님을 신랄하게 비난하는 장면은 강렬한 충격이었다.

　그의 글은 낡은 질서를 조롱하고(These), 역사와 인물을 비틀어 반론을 제기한다(Antithese). '기-승-전'에서 전개되는 특유의 긴장감은 작가의 소설에서만 맛볼 수 있는 백미다. 하지만 항상 그다음이 아쉽다. '결'에서 제시하는 정반의 결실, 합(Synthese)은 새로운 해답이 아닌 구질서에 대한 그리움이나 신질서가 야기한 부조리로 마무리된다. 새로운 이상으로 이끌 것처럼 설레게 하다가, 종국에 가서는 변화 없는 현실을 받아들이라는 식이다. 내가 일찌감치 그를 손절한 이유다. 선친의 월북으로 지난한 시절을 겪었던 작가의 가족사를 감안하면, 그 역시 '또 속지 않겠다'는 노래의 냉소처럼 시대의 바보가 되길 원치 않은 듯하다.

글을 쓰던 중, 위헌적 계엄령이 선포됐다가 여섯 시간 만에 해제되는 초유의 사태가 발생했다. 온 국민이 밤새 불안에 떨었다. 광주의 비극을 기억하는 이들은 군부독재의 망령을 떠올렸다. 국회로 달려간 시민들이 없었다면, 우리는 다시 과거로 돌아가지 않으리라 장담할 수 있었을까?

윤석열 대통령의 몰락은 공적 권한을 사적 이해에 남용했다는 인식에서 비롯된 측면이 크다. 아내의 주가조작 의혹과 공천 개입 논란 등, 배우자에게 제기된 범죄 혐의를 규명하려는 특별검사 도입 요구를 세 차례나 거부했다. 과거 대통령들이 가족 비리에 대해 특검을 수용했던 전례와 비교하면 이례적인 대응이다. 또한 야당과의 협치를 회피하고, 소수 여당이라는 현실을 고려하지 않은 채 독선적으로 국정을 운영하면서 정치적 갈등을 스스로 키웠다는 평가도 나온다. 야권의 비판에 대응해 야당을 '반국가 세력'으로 규정하며 강경한 태도를 취한 끝에, 계엄령까지 발동해야 하는 상황을 초래했다는 지적이 뒤따른다.

윤 대통령이 집권 초기부터 반복해 언급했던 '반국가 세력'이라는 표현은 법률적 근거나 사전적인 정의가 없는 개념이다. 때때로 그는 자신을 국가와 동일시하거나, 대선 토론 중 손바닥에 '王' 자를 드러냈던 일화에서 유추하듯, 대통령직을 무소불위의 전제군주로 오해하는 모습을 보여왔다. 그에게 대통령이란, 분노와 즉흥성에 의지해 국정을 이끌고, 외유를 외교로 착각하며, 공적 책무보다 권위를 우선시하는, 주권자 위에서 군림하는 존재는 아니었는지 되돌아볼 대목이다.

근대 국가론의 기초를 놓은 홉스는 국가란 곧 전제군주라 보았다. 자연 상태의 인간은 약육강식의 법칙에 따라 살아가며, 생존을 위해 '만인의 만인에 대한 투쟁'을 피할 수 없다. 그래서 인간은 평화와 안전을 위해 사회계약을 체결하고, 자신의 권리를 전적으로 하나의 인격체에게 양도한다. 이 인격이 국가이자 전제군주이며, 주권을 독점한다. 따라서 전제군주가 국가 안위를 명분 삼는 이상 신민은 전제군주의 통치에 저항할 수 없다.

윤 대통령은 바로 이 전제군주의 국가관을 따른다. 자신을 비판하는 언론, 야당, 시민단체를 '반국가 세력'으로 규정하고, 계엄령으로 군을 동원해 이들을 통제하려 했던 시도는 이러한 인식 없이 이해하기 어렵다. 그러나 이는 21세기 민주국가의 시민들이 결코 수용할 수 없는 발상이다. 위헌적인 계엄은 평화와 질서를 위한 수단이 아니라 헌정 질서를 위협하는 불법조치이며, 그 남용은 내란의 우려를 불러일으킨다.

우리 형법은 무죄추정을 원칙으로 하며, 범죄 혐의가 확정되지 않을 경우 피고인의 이익을 우선시한다. 김건희에 대해 여러 의혹이 제기됐지만, 검찰은 아직까지 이를 입증할 명확한 증거를 제시하지 않고 있다. 설령 불법행위가 있었다 하더라도, 그 판단은 특검 등 정당한 절차를 거쳐 이뤄져야 한다. 그러나 윤석열 대통령은 이와 다르다. 계엄 요건이 충족되지 않은 상황에서 이를 논의하고, 국회를 물리적으로 통제하려 한 정황이 드러났으며, 불법 감청이나 체포·구금 지시 의혹도 제기됐다. 이는 현행범이라는 명백한 증거이며, 헌정 질서를 심각하게 위협한 중대한 사안이다. 이러한 무리한 결정들은 대통령이 곧 국가라는 인식에서 비롯된 결과로 보인다.

뭉게구름 사이로 파란 하늘이 엿보이던 확 트인 능선. 라구나 Laguna에서 숨을 돌리며, 혼잡한 바 대신 한적한 주택 앞에서 짧은 휴

갈리시아와 카스티야를 가르는 주 경계석

식을 취했다. 말에 올라타 정상을 향하는 관광객들을 보며 한번쯤 타 보고 싶은 충동이 일면서도, 고된 길을 오르는 말이 괜스레 안쓰럽게 느껴졌다. 수중에 당근이 있다면 챙겨줬으련만.

    레온과 갈리시아의 경계를 넘었다. 나바라에서 시작된 여정이 라 리오하La Rioja, 카스티야와 레온을 지나 산티아고가 있는 갈리시아에 닿았다. 경계석 앞에서 순례자들이 기념사진을 남긴다. 카리온에서 만 난 아르헨티나 마를린 부부가 다가오길래, 재회를 반기며 사진을 찍어 줬다. 기념 삼아 나도 한 장 남겼다.

산타 마리아 성당

　오 세브레이로에는 순례자와 관광객이 가득했다. 순례길에서 가장 오래되었다는 산타 마리아 성당Santuario de Santa María a Real을 둘러보고 나서 리냐레스로 떠나기 전, 이른 점심을 먹었다. 짭조름한 수육처럼 소금과 후추에 절인 돼지고기와 콜라로 허기를 달랬다. 생각보다 양이 많지만 산행으로 지친 몸에는 딱 좋은 한 끼였다.
　다들 이곳에서 하루를 마칠 생각인지, 산중 마을은 순례자들로 북적였다. 일찌감치 일정을 끝낸 이들이 쨍쨍한 햇살 아래 마을을 거닐며 망중한의 여유를 즐긴다. 식사를 마치고 리냐레스로 향했다. 정오를 넘기자 오 세브레이로를 떠나는 이들은 거의 없었다. 무성한 숲을 가로지르는 적요한 능선과 싱그러운 나무 향 가득한 오솔길을 홀로 걷는 기분이 짜릿했다. 스테픈울프Steppenwolf는 자유롭게 떠도는 라이더의 삶을 찬미했다. 밴드의 명곡 〈Born to Be Wild〉(129위)를 따라 부르며 걸었다. 비록 짧은 시간이라도 이렇게 혼자만의 자연을 누릴 수 있다는 게, 순례의 참맛 같았다.

혁명의 결말이 실망스럽더라도, 그것의 씨앗을 틔울 때는 누구나 순수한 이상을 꿈꾼다. 엘튼 존의 〈Your Song〉(136위)은 무명 시절 버니 토핀의 풋사랑을 가사에 담았다. 당신이 있는 세상은 얼마나 아름다운가, 내가 줄 수 있는 건 이 노래뿐. 이 노래는 당신을 위한 것. 엘튼과 버니가 처음 만나 함께 만든 초창기 곡 중 하나로, 이혼이나 육아로 고단했던 20대 중반의 버니라면 결코 쓸 수 없었을 노래다. 가난했던 무명 시절, 순수한 마음으로 탄생한 이 곡에서 선진국 문턱에 들어선 한국 사회가 되돌아봐야 할 초심이 무엇인지 고심하게 된다.

Elton John, 〈Your Song〉(1970, 136위)

리냐레스의 알베르게, '리나 도르 레이'Rina Dor Rei에 여장을 풀었다. 신축 건물이라 시설이 깔끔하고 단정해 마음에 들었다. 앞마당 아래에 펼쳐진 새하얀 뭉게구름과 멋스러운 산세는 절로 감탄을 자아냈다. 빨래를 돌려 한낮 뙤약볕에 말린 뒤 오랜만에 공용 주방에서 요리를 했다. 삶은 스파게티에 토마토 볼로네제 소스를 부은 단출한 식사였지만, 셰프라도 된 듯 즐겁게 요리했다.

리냐레스에서 보낸 오후는 유난히 고요하고 평화로웠다. 그에 비해, 시공간을 넘어 1년 반이 지난 한국은 비상계엄 여파로 술렁이고 있다. 상황은 아직 끝나지 않았다. 언제든 새로운 국면이 펼쳐질 수 있다. 윤 대통령은 여전히 군 통수권자이자 행정부 수반의 자리에 있다. 여당은 권력과 행정 기능이 점차 마비되는 현실을 외면한 채, 정치적 책임보다 당장의 보신에만 집중하는 듯하다.

국가는 국민의 자유와 안전, 평화를 지키기 위해 존재한다. 이 누구도 침해할 수 없는 주권은 오직 시민에게 속하며, 이를 위임받은 권력은 언제나 그 한계를 자각해야 한다. 이 천부적 권리가 조속히 제자리를 찾길 바란다. 응당 누려야 할 자유를 회복하려는 노력, 그것이야말로 보수가 지녀야 할 품격이자, 존재의 본래 이유다.

자전거를 타고 오 세브레이로를 떠나는 순례자

명곡의 향연

I'm So Lonesome I Could Cry: 6월 초의 동화

리냐레스Liñares ~ 트리아카스텔라Triacastela 17.5km

'리나 도르 레이'의 거실은 출발을 서두르는 순례자들로 활기가 넘쳤다. 며칠 사이에 누나의 통증이 많이 가라앉아 내일 사리아 구간을 함께 걷기로 했다. 누나가 순조롭게 회복하고 있어 마음이 가볍기도 하고, 오늘 걸을 구간이 짧아 모처럼 여유 있게 길을 나서기로 했다.

냉장고에 남아 있는 식재료를 몽땅 쓸어 담아 스파게티를 만들었다. 일단 면과 소스만 있어도 그럴듯해지니 신나게 조리했다. 요즘 들어 라면이 점점 부담스러워진다. 텁텁한 면발, 자극적인 국물, 비릿한 밀가루 냄새. 한그릇 먹고 나면 속이 부대낀다. 한국에서는 전혀 느끼지 못했던 반응이다. 담백한 고기와 샐러드를 즐기게 된 이곳 식단 덕분이다. 예전에는 육식을 꺼렸는데, 이제야 고기 맛에 눈을 틔웠다. 귀국하면 라면은 접고, 가끔 면발이 생각나면 스파게티를 해먹자고 다짐했다.

해발 1,200m 능선에 바람이 매섭게 불었다. 거센 돌풍이 흘러가던 구름을 밀어내듯 걷어내면, 영롱한 창공이 수줍은 푸른 속살을 드러낸다. 짙은 구름 사이로 드문드문 내비친 파란 하늘, 비바람에 씻긴 초록 대지는 본연의 빛을 되찾았다. 새들조차 바람결에 잠든 고요한 숲길을 지나 흩날리는 빗속에서 산세를 즐기며 산 로케 언덕Alto de San Roque으로 향했다. 1,270m 고지에 외롭게 서 있는 순례자 동상 앞, 두 할머니가 포즈를 취하고 있었다. 궂은 날씨에 걱정되어 멀찍이 뒤따르며 살폈는데, 별 탈 없어 보여 다행이었다. 사진을 부탁받고 기꺼이 몇 컷을 담아드렸다.

모진 역풍에 몸을 낮추고 모자를 부여잡은 순례자의 형상에서 고

산 로케 언덕의 순례자 동상

난을 견디며 산티아고로 향하는 굳센 의지를 엿볼 수 있다. 누구나 이 동상을 마주한다면 조금이라도 지친 심신을 위로받을 게 분명하다. 폰프리아Fonfría까지 가는 길에 연세 지긋한 할머니들을 많이 만났다. 유난히 을씨년스러운 아침, 이곳을 지나는 많은 할머니들이 순례자 동상 앞에서 잠시 숨을 고르며 힘을 얻으셨길 바랐다.

오스피탈 다 콘덴사Hospital da Condesa로 가는 길, 익숙한 뒷모습이 눈에 들어왔다. 여러 차례 마주친 헝가리 할머니다. 여든을 넘긴 나이에 여전히 또렷한 걸음으로 걷고 계신다. 흐드러진 들꽃 사이를 가로지르는 뒷모습에 가슴이 뭉클해졌다. 그녀를 지탱하는 힘이 궁금했다. 사랑하는 가족? 함께하지 못한 연인? 아니면 깊은 신앙? 벤 E. 킹Ben E. King의 〈Stand by Me〉(121위)는 성가곡에서 출발한 노래다. 절제된 감정과 단단한 음색, 울림 있는 가사. 30대에 즐겨 듣던 이 노래는 지금 들어도 위로가 된다. 그저 곁에 있는 것만으로도 든든한 존재. 정치적 격랑 속에 선 우리 사회에도 그런 이가 함께하길 간절히 기원해본다.

🎧 Ben E. King, 〈Stand by Me〉(1961, 121위)

    희뿌연 구름이 걷히며 하늘은 점차 푸른 빛을 되찾고, 대지에도 생명의 기운이 번졌다. 아직 잠이 덜 깬 아침, 어느새 찾아온 키다리 아저씨는 길게 드리운 그림자 대신 뽀얀 윤곽만을 드러낸다. 구름 사이로 살며시 비친 햇살이 산허리의 나무와 풀 위로 눈부시게 내려앉는다. 햇살은 치마폭에 얼굴을 묻은 새색시처럼 어느새 구름 속으로 사라지고, 이슬비가 스쳐가기를 반복한다. 빛과 비가 엇갈리는, 여우가 시집가는 날의 아침이다.

    노천명 시인은 「푸른 오월」(1945)에서 "밀려드는 향수에 눈은 먼 데 하늘을 본다"고 했다. 바람 따라 흐르는 유월의 화풍감우와 담장농말한 장면은 어릴 적 감성을 살며시 일깨운다. 잭슨 파이브The Jackson 5의 〈I Want You Back〉(120위)은 그런 동심을 닮았다. 경쾌한 베이스 리프와 11살 미소년 마이클 잭슨의 맑은 미성이 어우러진 곡. 마이클은 이 곡으로 최연소 빌보드 1위에 올랐고, 잭슨 파이브는 이후 〈ABC〉, 〈The Love You Save〉, 〈I'll Be There〉까지 연달아 차트 정상을 차지하는 기염을 토하며 전설의 서막을 열었다.

    경치가 저절로 시를 부르고, 시는 노랫말이 되어 마음을 적신다.
    "달은 구름에 가려 우는 얼굴을 숨기고, 시간은 더디 흐르네. 보랏빛 하늘 아래 별똥별은 흐르는데, 당신은 어디에 있나요? 나는 너무

외로워 울고 있어요."

　행크 윌리엄스Hank Williams의 '〈I'm So Lonesome I Could Cry〉 (111위)는 외로운 감정을 절제하여 시 구절처럼 아름답게 담아낸 컨트리 명곡이다. 알베르게에 홀로 남은 누나는 지금 무엇을 하며 이 비를 맞고 있을지, 돌연 궁금해졌다.

　어젯밤, 우리가 머문 방은 아시아 순례자들뿐이었다. 몰리나세카에서 만난 한국인 부부와, 홍콩과 대만에서 온 젊은 여성 넷이 전부. 사흘 전 무더위 속, 바에서 마주쳤던 대만 처자가 옆 침대에 자리를 잡고 눈인사를 건넸다. 그날 무사했냐는 무언의 안부를 전하며 가벼운 미소로 화답했다.

　아침에 택시를 기다리느라 텅 빈 알베르게에 홀로 남아 무서웠다는 누나는, 늦장을 부린 홍콩 처자 덕분에 마음이 놓였다고 했다. 10년 전 이화여대에서 유학했다는 그녀는 누나를 '엄마'라 부르고, "여보야는 어디 갔냐"고 농을 던졌다. 누나가 웃으며 남동생이라 하자, 우리 나이까지 되묻는 붙임성 좋은 친구였다. 그녀는 누나와 사진 한 장을 찍고 먼저 출발했다. 택시를 타고 가다가 차창 밖에서 우산을 쓰고 걸어가는 그녀를 발견했을 때 그리 반가웠다고 했다. 몰아치는 강풍과 달리 누나의 아침은 그렇게 평온하고 천천히 흘러갔다.

　낮게 깔린 구름을 따라 걷다 폰프리아에 이르렀다. 사나운 개들로 악명 높은 마을. 많은 이들이, 무리를 지어 함께 지나가거나 우회하라 경고했던 곳이다. 어찌할까 망설이던 순간, 프랑스 할머니 두 분이 걸음을 멈춰 서 있는 걸 봤다. 잽싸게 그녀들 뒤에 따라붙었다. 컹컹 짖어내는 개들이 무서워 곁눈질도 하지 못한 채 앞만 보고 조심스레 걸었다. 셋이 한 무더기가 되어 별다른 반응을 하지 않고 마을을 벗어나자 개들도 진정이 된 듯 물러났다. 사나운 개들과 마주치는 세 고

오 비두에도 전경

비 가운데 두 번째를 무사히 넘겼다. 우람한 남성 순례자가 아니라 다소곳한 할머니들의 담대함 덕분이었다.

제임스 브라운의 〈It's a Man's Man's Man's World〉(123위)는 남성 중심의 사회구조를 직설적으로 드러낸다. 자동차, 기차, 선박 등 세상의 기반을 남성이 만들었다며, 남성 우월주의가 팽배했던 시대의 풍조를 노골적으로 담은 가사는 고대 중동의 가부장제를 연상시킨다. 당

시 정치와 종교는 남성의 전유물로 여성의 몫은 출산과 육아에 국한되고 상속에서도 배제됐다. 구약과 유대교 율법 또한 남성 중심이었다. 제사장은 남자만 가능했고, 여성은 월경이 끝나면 정결의식을 치러야 했다. 하지만 이 노래는 마지막 구절에서 극적으로 반전된다.

"여자와 소녀가 없는 세상은 아무것도 아니다"라는 한마디는, 여성해방운동이 움트던 1960년대의 분위기와 맞닿아 있다. 이 곡을 작곡한 제임스가 전환 시대에 어울릴 만한 균형 잡힌 시선을 고민했던 흔적은 아니었을까.

피레네산맥과 인접한 나바라 지방은 축산업이 발달해 산비탈마다 한가롭게 풀을 뜯는 소나 양떼 무리들을 볼 수 있다. 갈리시아도 매한가지다. 목축견이 선두에 서고, 목동과 우두머리 소가 이끌면 소 떼가 줄지어 따르는 장면을 심심치 않게 만난다. 순한 눈망울에 어울리지 않는 위협적인 뿔을 지닌 황소들이 무리 지어 지나가는 장관에 순

소떼를 몰고 가는 여인

례자들은 길섶에서 셔터를 바삐 누른다.

눈길을 끄는 건 소를 모는 이들이 대부분 연세 지긋한 아주머니거나 젊은 여성이라는 점이다. 남자들은 그 시간에 뭘 하고 있는 걸까? 영국 밴드 애니멀스의 〈The House of the Rising Sun〉(122위)과 맞닿은 것 같다. 이 곡은 뉴올리언스가 배경인 미국 민요 〈Rising Sun Blues〉를 바탕으로 한다. 일설에는 해 뜨는 집은 유곽이나 감옥을 가리킨다고 한다. 혹은 술주정뱅이 아버지를 살해하고 감옥에 수감된 여성이 회한 속에 부른 노래라는 해석도 있다. 부디 갈리시아 시골의 남성들은 노름에 빠져 술 한잔에 소 떼까지 맡겨두고 나 몰라라 하는 한량이 아니기를.

피요발Fillobal 언덕 아래에서 '시래기 국밥'이라 적힌 한글 간판이 반가웠다. 비바람에 시달려 몸이 으슬으슬해 따뜻한 국물이 간절하던 차였다. 시래기 국밥의 원명은 '칼도 가예고'Caldo Gallego. 말린 순무잎

스페인식 시래기 국밥, 칼도 가예고

에 깍둑 썬 감자와 살코기를 넣고 끓여낸 갈리시아 전통 수프다. 햇반을 말아먹으니 한국의 우거짓국과 흡사했다. 파프리카 가루로 고춧가루 느낌을 낸 재치도 흥미롭다. 미국 남부에 머물던 롤링 스톤스가 행크 윌리엄스의 블루스를 흥얼대다 만든 〈Honky Tonk Women〉(116위)도 이와 비슷하다. 현지 정서를 흡수해 새로운 리듬으로 소화해낸 순간이었다. 브리티시 록 밴드가 R&B, 블루스, 컨트리까지 망라한 폭넓은 음악의 스펙트럼이 놀랍다.

트리아카스텔라에 도착했다. 숙소 '펜시온 콤플레소 사코베오' Albergue-Pensión Complexo Xacobeo는 높다란 박공 천장으로 말미암아 마치 산장에 머무는 듯한 기분을 선사했다. 따뜻한 물로 샤워한 후, 2층 침대에 누워 지붕에 달린 유리창으로 쏟아지는 햇살을 받으며 병아리 잠에 들었다. 과로에 시달리던 직장인이 푸른 물결이 넘실거리는 해변에서 망중한을 누리는 착각이 들었다. 더 드리프터즈의 〈Up on the Roof〉(113위)에서 지친 도시인들이 고층 빌딩 옥상 위에서 하늘을 올려다보며 온전히 마음을 내려놓는 그 순간처럼. 나 역시 고민이 깊을 때면 3시 30분 증시가 마감되고 나서, 건물 맨 윗층까지 계단을 두어 차례 오르내리며 머리를 식힌다. 단순하지만 그래서 더 위안이 되는 나름의 휴식법이다.

저녁을 먹고 돌아오는 길에 삼색 고양이 한 마리를 만났다. 대문 아래 몸을 웅크린 아이에게 한국인 여성 순례자 두 명이 습식 캔을 조심스레 건넸다. 그녀들은 미소를 지으며 생수병을 든 내게 고양이가 마실 물을 나눠 달라고 부탁했다. 그 마음이 고마워 흔쾌히 병을 건넸다. 전남 고흥에서 독채 펜션을 운영한다는 그녀들은, 근처에 떠도는 길냥이 여럿을 돌보는 중이라 했다. 불안에 떨며 동가숙서가식하는 길냥이들의 고단한 삶을 알기에, 그녀들의 따뜻한 마음이 각별하게 다가왔다.

숙소로 돌아오는 길, 잠시나마 고양이와 나란히 걷는 시간이 참으로 행복했다. 더 크리스탈스The Crystals의 〈Da Doo Ron Ron (When He Walked Me Home,)〉(114위) 속 주인공이 월요일 저녁에 운명처럼 만난 상대에게 배웅받은 귀가 길에서, 그녀가 품었던 감정도 이와 같았을 것이다.

이제 산티아고까지는 일주일 남짓 남았다. 팝 역사상 위대한 명곡들의 순위를 따라가다 보니, 날이 갈수록 소개하고 싶은 노래가 점점 많아진다. 순례가 막바지에 이른 오늘도 아름다운 선율의 향연이 이어졌다. 여정의 끝을 무엇으로 장식할까 고민하다, 시 한 구절처럼 아름다웠던 오늘 하루에 어울릴 시가詩歌 한 곡을 골랐다. 미국의 전설적인 컨트리 음악 가수인 행크 윌리엄스의 대표곡이자 가장 위대한 슬픈 노래, '〈I'm So Lonesome I Could Cry〉(111위)이다.

Hank Williams, 〈I'm So Lonesome I Could Cry〉(1949, 111위)

⬆ 폰프리아에서 만난
  프랑스 할머니들
⬇ 텅빈 알베르게에서 누나와
  정담을 나눈 홍콩 처자

위아의 자기 증식

Mr. Tambourine Man: 미몽과 미망의 늪에서 헤어나

트리아카스텔라 Triacastela ~ 사리아 Sarria 17.8km

　모두가 깊이 잠든 새벽 5시, 소리 없이 방문을 열고 숙소 밖으로 나왔다. 죄송스러운 심정으로 장인어른께 전화를 걸었다. 한국은 낮 12시, 팔순 회연이 막 시작될 무렵이었다. 건강 문제로 당초 예정된 순례 일정이 급작스레 4월에서 5월로 미뤄지는 바람에, 뜻하지 않게 자리를 함께하지 못하게 되었다. 출국 전 아버님께 미리 양해를 구했다지만, 통화하는 내내 마음 한편이 송구스러웠다. 경사스러운 자리에 맏사위가 빠져 얼마나 서운하실까 싶었는데, 아버님께서는 오히려 쾌활한 목소리로 끝까지 건강 잘 챙기라며 다정히 나를 격려해주셨다. 첫새벽 어둠을 뚫고 나온 밝은 달이 두둥실 흐르는 구름 사이로 얼굴을 내밀어, 허허로운 내 마음을 살포시 어루만져주었다.

　6시가 지나자 여기저기서 순례자들이 일어났다. 아직 단잠에 빠진 투숙객들에 방해되지 않도록 갈아입을 옷가지를 침낭에 둘러메고 응접실로 나왔다. 누나가 침대에 빠트린 물건은 없는지 확인하는 동안 소파 뒤편에서 짐을 챙긴 후, 어둠을 커튼 삼아 엉거주춤한 자세로 옷을 갈아입었다. 허둥지둥 배낭을 꾸린 다음, 공용 주방에서 누나와 함께 간단하게 아침을 먹었다.

　닷새 만에 도보를 재개한 누나는 아직도 무릎에 통증이 가시지 않아 배낭 하나를 동키로 보냈다. 나는 멀찌감치 거리를 두고 누나를 뒤따르기로 했다. 다른 건 신경 쓰지 말고 무리하지 않게 본인 페이스에만 집중하시라 몇 번이고 당부했다. 나는 팝송을 들으며 산림욕 삼아 천천히 걸을 참이었다. 시속 3km로 걷는다 해도 오후 2시쯤 도착이 예상되어, 크게 무리 없을 일정이라 여겼다.

오랜만에 까미노에 선 누나는 긴장과 설렘이 뒤섞였을 것이다. 아니면 아픔과 시련을 견디고 다시 길에 나선 뿌듯함이 훨씬 컸을지 모른다. 완전치 못한 무릎에서 비롯될 불안감도 동생이 옆에 있다는 안도감으로 꽤 덜어졌으리라. 알 그린Al Green은 노래했다. 사랑이 주는 기쁨과 행복을. 사랑은 함께 걷고, 함께 이야기하는 것. 때로는 서로 어긋나더라도 곁에 있기만 하면 충분하다고. 그의 명곡 〈Love and Happiness〉(98위)에서.

갈리시아의 숲길은 덩굴이 얽힌 아름드리 나무들로 빽빽하다. 산실San Xil을 지나는 구간은 제주 사려니길의 경치와 매우 흡사하다. 하늘을 덮은 거목마다 이끼와 덩굴이 어우러져 태고의 기운을 진하게 풍긴다. 원시림을 연상케 하는 숲 속의 고요한 침묵을 깨는 건 새들의 지저귐과 스틱이 자갈에 닿는 마찰음뿐. 어릴 적 수행을 견디지 못해 속세로 도망쳤던 도동道童이 엄한 사부가 그리워 도량으로 돌아가는 듯한 경건한 기분이 들었다.

산실 가는 길

사람은 나이 들수록 모든 바람을 이룰 수 없음을 깨닫는다. 꿈을 접는다 해도 마음이 편치 않고, 어렵게 이뤘다 해도 잃어버린 것에 마음이 머무른다. 꿈에서 헤어나오지 못한 미몽迷夢, 이루고도 미련이 남는 미망未忘 사이에서 흔들리기 쉽다. 산실 숲은 엄한 사부가 되어 그런 나를 꾸짖고, 미스터 탬버린 맨은 내게 말한다. "너무 늦지 않아 다행이다. 이제라도 미몽과 미망을 벗으라"고.

〈Mr. Tambourine Man〉(106위)은 음유시인 밥 딜런이 1965년에 발표한 곡이다. 그는 몽환적이고 상징적인 가사로 노래를 듣는 이들에게 자신만의 초월적인 세계로 탐험하는 기회를 주려 했다. 밥이 인도하는 세계는 청자의 내면으로 떠나는 여행이다. 그는 애청자들이 자신을 돌아보는 여정을 통해 자아 성찰과 정신적 깨달음을 얻기를 바랐다. 개인적이고 내면적인 세상을 노래하는 만큼 현실의 고통, 삶이 야기하는 압박, 세상이 강요하는 질서와 규범에서 자유롭기를 소망했다. 갈리시아 밀림에서 이 노래의 여운이 더욱 두드러졌다.

Bob Dylan, 〈Mr. Tambourine Man〉(1965, 106위)

사나운 개로 악명 높았던 몬탄Montán도 무사히 지나쳤다. 지난 경험으로 미뤄보면 그 개들은 외부인을 경계하거나 목초지에서 소 떼를 모는 용도였을 터. 겁이 많은 나로서는 긴장되는 일이었지만, 이 길을 택한 이상 감수해야 할 몫이었다. 다행히 마지막 위험 구간까지 무사히 통과하자 마음이 놓였다. 긴장이 풀리니 발걸음에 디스코 리듬이 묻어났다. 기타와 신시사이저의 리프, 강렬한 비트와 박력 있고 당당한 보컬이 어우러진 도나 서머Donna Summer의 〈Hot Stuff〉(103위)가 그 기분을 더욱 끌어올렸다.

도네이션 바에서 충분히 쉬었는데도, 12km를 넘게 걷자 누나의 걸음걸이가 점점 느려졌다. 초반에는 페이스가 빨라 예상보다 한두 시

리오카보 언덕

간 일찍 도착하겠다 싶었는데, 막바지 6km 구간에서는 시속 2km를 넘기가 벅찼다. 결국 처음 어림잡은 시간에 맞춰 도착할 듯했다. 힘겨워하는 누나가 안쓰러웠지만, 끝까지 해낼 거라 믿고 묵묵히 뒤를 따랐다.

    정오를 지나며 하늘이 활짝 열렸다. 바람이 구름을 걷어내어 파란 하늘이 완연하게 드러난 오후 2시, 누나는 탈진 직전의 상태로 사리아에 도착했다. 예약해둔 '카사 펠트레'Casa Peltre 숙소에 들어서니, 어제 길냥이를 챙겨주던 고흥 출신 여성 순례자 두 분이 시원한 바람을 즐기고 있었다. 누나는 그제서야 안도했다.

    그런데 내 마음은 밝아지는 하늘과 달리 점점 어두워졌다. 동키로 보낸 배낭을 정리하다 기모 집업이 없어진 걸 알게 됐다. 준비해 간 신발이 두 개뿐이라 당황했고, 짜증이 불쑥 올라왔다. 침대에 빠뜨린 걸 누나가 못 챙긴 건지, 내가 셔츠로 갈아입을 때 소파에 흘린 건지

몬탄에서 기부제로 운영하는 바

분간이 안 되는 상황에서, 엉뚱하게도 누나에게 짜증을 쏟아냈다. 확인을 다 했다는 말에 괜시리 더 쏘아붙였다. 어제도 50유로를 누나에게 되돌려준 걸 착각하고 핀잔을 준 터였다. 순례 막바지, 일도 마음도 어긋나며 쌓인 피로가 죄 없는 누나에게 향하고 말았다. 아차 싶었으나, 곧바로 사과하지 못한 내가 더 미웠다.

돌이켜보니 이번만이 아니었다. 카카벨로스에서 반바지를 화장실에 놔뒀을 때, 아스토르가에선 충전기를 잃어버렸을 때, 수비리에서 우의 커버를 누나에게 맡긴 걸로 착각했을 때도 그랬다. 매번 누나는 그저 내 기분이 가라앉기만을 기다려줬다. 출국 전, 그 어떤 상황에서도 누나에게 절대 화내지 않겠다고 속으로 다짐했건만, 마음뿐이었다. 작심삼일이 돼버린 내 다짐이 부끄러웠다.

까미노에서는 순례자들이 서로 자주 부딪힌다. 함께 걷든 혼자이든 사정은 다르지 않다. 고된 여정 탓에 일행끼리 사소한 일로도 갈등이 쉬이 생기고, 혼자 걷는다 해도 스쳐가는 인연이나 동행한 이들과 불편한 상황에 직면하곤 한다. 우연히 길에서 만나 친해졌다가도 마음이 맞지 않아 외면하는 일이 무척 흔하다. 순례를 준비하며, 부부나 연인, 친구 혹은 까미노에서 만난 일행과 마음이 틀어지는 사례도 여럿 보았다. 그래서 누나에게만은 절대 그러지 않겠노라 다짐했건만, 끝내 그 약속을 지키지 못했다.

어디서부터 어긋났을까. 현대 의학에 따르면, 암은 최소 1cm 이상 자라야 진단이 가능한데, 그 정도 크기가 되려면 10억 개의 암세포가 필요하다. 암세포는 평균 90일마다 분열하니, 한 개의 암세포가 암으로 판정받기까지 7년 반 동안 30번이나 분열해야 한다. 그 이후에는 기하급수적으로 커진다. 누나에게 쌓인 불만도 그랬던 것 같다. 낯선 젊은 순례자들에게 습관처럼 말을 놓는 누나에게 그러지 말라고 타박한 게 시작이었다. 교사 특유의 말투가 내심 거슬렸고, 그때 움튼 위아(爲我)의 한 점이, 한 달 동안 매일 자가 증식하며, 결국은 짜증과 무례로 자라났다.

가슬추연加膝墜淵. 좋을 때는 무릎에 앉히고 미우면 연못에 던진다는 뜻이다. 감정 따라 오가는 말과 행동이 예의에 어긋난다는, 경계의 말이다. 언제부턴가 누나가 내 뜻에 맞지 않으면 퉁명스레 응대했고, 내 실수도 누나 탓으로 돌렸다. 모두 내 속 좁은 위아심이 일으킨 소란이었다. 롤링 스톤스의 〈You Can't Always Get What You Want〉(100위)가 그런 나를 가만히 나무란다. 원하는 모든 걸 언제나 얻을 수는 없다. 내가 이상적으로 그려놓은 누나의 모습을 현실에서 강요했던 어리석음을 이제야 깨닫는다.

아침에 들었던 오티스 레딩Otis Redding의 〈I've Been Loving You Too Long (to Stop Now)〉(110위)가 자꾸 마음에 맴돈다. 낯선 길에서 지치고 힘들수록 내게 기대어 의지하고 싶었을텐데, 오히려 누나에게 시린 상처를 안겼다. 뒤늦은 후회가 못내 쓰리다. 누나는 그런 나의 언행을 매번 이해해주었다. 상처는 긁을수록 덧나기 마련인데, 누나는 내게 긁힌 생채기의 아픔을 말없이 삭이며 새살이 돋아날 때까지 견뎌낸 것이다.

🎧 Otis Redding, 〈I've Been Loving You Too Long (to Stop Now)〉(1965, 110위)

누나를 잘 보필하겠다는 나름의 다짐은 그저 공허한 말에 불과했던 걸까. 그 미안함을 밴 모리슨Van Morrison의 한 소절이 위로해준다. "우리가 샤랄라라 그렇게 부르던 노래, 기억나?" 그의 〈Brown Eyed Girl〉(109위) 역시 자책감으로 공허해진 나를 감싸준다.

모닥불을 피우기에는 옹이 진 장작이 제격이다. 생채기를 감싸며 생긴 기름과 페놀이 단단히 굳은 옹이일수록 불길이 오래 간다. 그렇게 활활 타오른 장작은 숯으로 남고, 숯불은 원적외선을 내뿜어 사람의 체온을 높인다. 온몸이 데워지면 병균은 사라지고 혈관이 열려 피가 고르게 돈다. 누나의 단단한 심지도 그렇게 숯이 되어, 내가 부린 짜증을 고스란히 덮혔을 것이다. 상처 입은 마음은 잉걸불처럼 가라앉아, 이윽고 서서히 평온으로 되돌아갔을 것이다.

사람에게는 누구나 위아爲我, 곧 에고ego가 있다. 뿌리치기 어려운 본능이자 성취 동기를 이끄는 필요악이지만 지나치면 해가 된다. 나는 오랫동안 위아를 부정하고 억제하려 했다. 인간은 본래 선한 존재라 믿고 싶었기 때문이다. 하지만 누나에게 보였던 내 모습은, 삐뚤어진 위아가 저절로 활개를 치도록 내버려둔 결과였다. 이제라도 내 안의 위아를 인정하되, 그것이 제멋대로 날뛰지 않도록 다스리는 법을 배워야겠다.

혹시나 하는 마음에 어제 머문 '펜시온 콤플레소 사코베오'에 전화를 걸었다. 분실한 옷을 발견해 보관 중이라 한다. 친절하게도 사리아에 거주하는 스태프 한 분이 퇴근길에 전해주겠노라 했다. 오후 5시 무렵, 숙소 앞에서 기다리던 내게 그는 웃으며 옷을 내밀고, 짧은 인사만 남긴 채 돌아섰다. 고맙다는 말을 충분히 전하지 못한 게 못내 아쉬웠다. 왓츠앱에 감사 인사를 남기고, 구글 지도 리뷰에도 그 사연을 정성껏 적어 올렸다.

🎧 산실(San Xil) 숲길, 〈원시림과 싱그러운 새들의 합창〉
* 유튜브에서 제목으로 검색하면 고화질로 감상 가능

다시 도보 순례를 시작한 누나

예수님은 어디서 시작하셨나?
Thunder Road: 이상을 찾아 떠나는 희망찬 2차선 도로

포르토마린.
이곳의 휴양지인듯 하다.
가족 단위 여행객들도 보이고
순례자들이 꾸역 꾸역 밀려 들어 들어온다.
나는 앞도 택시로 이동하게 멀리 둘러와 체크인 하고
한바퀴 둘러본다고 나갔는데 날씨 + 풍경이
나를 위로해준다.
6. 11

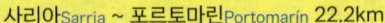

사리아Sarria ~ 포르토마린Portomarín 22.2km

하루 만에 다시 홀로 걷게 되었다. 어제 걸어본 결과, 20km 남짓한 거리는 누나에게 아직 무리였다. 며칠 더 택시로 이동하며 회복한 뒤, 마지막 이틀을 함께 걸어 산티아고에 입성하기로 했다. 그렇게 누나와 함께, 37일간의 대장정을 마무리할 예정이다.

순례를 시작한 지 어느덧 한 달이 넘었다. 6월 중순, 스페인 서북부는 여전히 해양성 기후 특유의 날씨를 뽐내고 있다. 아침에는 선선하지만, 오후가 되면 햇볕이 달아올라 걷기가 여간 힘든 게 아니다. 지열이 본격적으로 오르기 전에 숙소에 도착해야 무리가 덜하다. 그러니 서둘러 길을 나서는 게 낫다.

6시에 일어나 바로 출발하려 했는데, 버킷햇이 보이지 않았다. 배낭을 풀어 구석구석 살펴보고, 침대와 프레임 주위를 샅샅이 뒤졌는데도 끝내 찾지 못했다. 아무래도 어제저녁 들렀던 식당에 두고 온 듯싶었다. 숙소에서 나와 식당으로 갔다. 손님맞이로 분주한 주인 아주머니께 사정을 말씀드리니 금세 찾아주었다. 잃어버린 줄만 알았는데, 감사한 마음이 일었다. 모자를 되찾은 기쁨도 잠시, 사소한 실수가 반복되는 상황에 마음 한편이 흐트러졌다. 순례가 막바지로 향하면서 긴장이 풀린 탓인지 정신이 산란하고 집중하기 어렵다. 남은 일정만큼은 마음을 다잡고 차분히 걷기를 바랐다.

산타 마리냐 성당Iglesia Parroquial de Santa Mariña 마당에 순례자들이 북적였다. 무슨 일인가 싶어 발길을 멈췄다. 일곱 빛깔 꽃잎으로 장식된 화려한 꽃길이 비탈을 따라 언덕 위로 이어졌고, 산 살바도르 성당

성체성혈 대축일을 기념하는 사리아 꽃장식

Iglesia de San Salvador 의 꽃 장식을 배경삼아 순례를 앞둔 중·고등학생들이 단체로 순례를 시작하기에 앞서 기념사진을 찍고 있었다.

길 위를 수놓은 꽃 장식들은 성체성혈 대축일을 기념하는 사리아의 전통이다. 예수 그리스도의 성체를 기리기 위해 주민들이 꽃잎으로 길을 수놓고, 그 위로 성체 행렬이 지난 데서 유래했다. 이곳의 신앙과 정성이 고스란히 담긴 축제는 순례자들에게 환영이자 격려처럼 다가왔다. 매주 길거리를 장식하기는 어려울 터, 대축일의 여운이 남아 있는 이 장면을 운 좋게 마주친 것은 뜻밖의 행운이었다.

신앙이 있어도 종교의식에서 멀어진 현대사회에서, 한 마을 전체가 신심 어린 전통을 이어가는 모습이 신기하고 경이로웠다. 나는 신을 믿지 않는다. 대학 시절 가톨릭 동아리에 가입했지만, 믿음을 키우지 못했다. 하느님 말씀을 온전히 받아들이기보다 이성으로 납득하려 했으니 애당초 불가능한 일이었다.

공교롭게도 동아리에 입회했던 1987년, 아일랜드 록밴드 U2는 〈I Still Haven't Found What I'm Looking for〉(93위)를 발표했다. 신앙을 갖고 싶지만 믿지 못하는, 과학으로 입증되지 않아 신의 존재를 의심하는 현대인의 혼란을 그린 노래. 찬미보다 의심에 가까운, 현대적 신앙의 내면을 고백하는 송가다. 때때로 마음을 내려놓고 깊은 내면으로 침잠할 때면, 아무도 없는 성당에서 거룩한 존재 앞에 무릎 꿇고 머리를 조아리는 나 자신을 그려보곤 한다. 신을 믿고, 그 말씀을 실천하는 이들이 부러울 때가 있다. 내가 그러지 못하는 건, 허약한 이성의 잣대로 끝없이 의심을 일삼는 탓이리라.

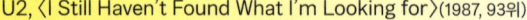
U2, 〈I Still Haven't Found What I'm Looking for〉(1987, 93위)

비레이에 이를 즈음 짙어진 안개

　순례자라면 '사리아'라는 지명이 낯설지 않다. 산티아고 순례 완주를 인증받기 위한 최소 기준은 도보 100km, 자전거 200km다. 사리아에서 산티아고 데 콤포스텔라까지는 114km. 사실상 프랑스 루트에서 완주증을 받을 수 있는 마지막 관광명소이다. 오늘 도착할 포르토마린에서 시작하면 인증 요건에 미치지 못한다. 그래서일까. 많은 순례자 — 특히 스페인 청소년 — 들이 이 구간에서 순례를 시작한다. 사리아 이후부터 숙소난이 본격화되는 이유이다. 나 역시 이를 고려해 사흘 전에 산티아고까지의 숙소들을 모두 예약해두었다.
　사리아 외곽을 벗어나자 안개에 싸인 사색의 길이 펼쳐졌다. 공동묘지를 지날 때, 삶을 뒤로한 이들을 기억하려는 사람들의 간절한 기도가 안개 속을 흐르는 듯했다. 그래서인지 이곳 공동묘지들은 음침하기보다 평화롭고 따뜻하다. 길가 돌담은 제주 올레길의 그것을 닮아 언제 봐도 늘 마음이 간다. 숲길이 끝나자, 안개 자욱한 오르막 개활지

100km 표지석

가 이어졌다. 9시 반을 지나며 안개가 스르르 물러난 자리를 스페인 청소년들의 활기찬 행렬이 채웠다.

100km를 알리는 표지석에 도착했다. 산티아고까지 남은 거리는 더도 말고 덜도 말고 딱 100km. 긴 여정이 어느덧 막바지에 접어들었다. 자연스레 걸음을 멈췄다. 먼저 도착한 프랑스 순례자들이 표지석 옆에서 사진을 찍고 있었는데, 셀카 포즈가 서툴러 보였다. 자청하여 사진을 찍어준 덕분에 나도 뜻밖의 기념사진을 남길 수 있었다.

사리아에서 꼭 보고 싶은 낙서가 있었다. 순례기 『조금 일찍 나선 길』(2022)에 소개된 문장, "Jesus didn't start in Sarria (예수님은 사리아에서 시작하지 않았다)". 아마도 이 문구를 남긴 이는 사리아에서 시작한 순례를 온전한 그것으로 보기 어렵다는 생각이었으리라. 그러나 저자 태윤은 강조한다. 중요한 건 '출발점'이 아니라 '걷는 우리 자신'이라고. 까미노는 오롯이 걷는 자의 길이라며.

아쉽게도 낙서를 발견하지 못했지만 생각은 길게 이어졌다. 정말 사리아에서 시작하면 그 의미가 퇴색되는 걸까? 순례의 진정성을 증

예수님은 사리아에서 시작하지 않았다*

명하는 건 오직 거리뿐일까? 도보 100km는 인증을 위한 행정 기준이자, 성지를 향한 최소한의 고행을 몸으로 겪어보라는 의미일 터. 더 많이 걸었다고 그만큼 더 고귀한 것은 아니다. 예수님과 야고보가 실천했던 사랑과 연대를 되새긴다면, 순례의 길고 짧음은 큰 의미가 없다고 믿고 싶다.

그런 생각의 꼬리가 척 베리의 반항으로 이어졌다. 그는 클래식만 연주하는 여동생에게 불만을 품고 신나는 R&B 리듬으로 〈Roll Over Beethoven〉(97위)을 노래했다. 대중음악을 폄하하는 고상한 취향에 대한 유쾌한 반박이었다.

론세스바예스 이후 까미노 곳곳에서 '마이클 잭슨'이라는 낙서가

마이클 잭슨을 기리는 낙서

종종 눈에 띄었다. 이 낙서는 그를 기리는 의도였을까, 단순한 장난이었을까. 다만 500대 명곡 리스트에 그의 노래가 〈Beat It〉(1982) 하나뿐이라는 게 의아했다. 잭슨 파이브 시절까지 포함해도 두 곡뿐이라니. 그를 팝의 아이콘으로 만든 〈Billie Jean〉(1982)은 당연히 포함될 거라 여겼는데, 아직까지 만나지 못했다

* https://www.travelblog.org/photos/9947984에서 발췌

벨레사르 다리의 자유의 종

언젠가 이 길 위에서 그 노래를 듣게 되기를 희망한다.

　쾌청한 초여름 오후, 포르토마린에 도착했다. 이 마을은 미뇨강 El Río Miño을 따라 로마 시대부터 번성한 교통의 요지였다. 1960년대 댐 건설로 원래 마을은 물에 잠기고, 지금의 높은 지대에 새로 조성되었다. 마을 입구 벨레사르 다리 초입에는 자유의 종Liberty Bell이 서 있

다. 유래는 정확치 않지만, 아마도 마을의 재건을 기념하기 위한 조형물일 것이다. 이 다리를 건너는 순례자들 가운데 누군가는, 수면 너머로 펼쳐지는 휴양 마을의 풍경에서 자유와 희망을 엿보았을지도 모른다. 자유의 종을 마주하자 나도 모르게 밥 말리의 〈Redemption Song〉(1980)이 뇌리를 스쳐갔다. 다음 날, 이 곡이 순위에 오른 걸 알게 되었지만 어쨌든, 오늘 들은 곡들 중에도 이 자유의 종과 어울릴 만한 노래들이 꽤 있었다.

먼저, 왕가위 감독의 영화 〈중경삼림〉(1994)의 삽입곡으로 널리 알려진 〈California Dreamin'〉(89위). 마마스 앤 파파스The Mamas and the Papas의 몽환적인 보컬 하모니 아래, 화자는 뉴욕의 차디찬 겨울 한복판에서 따뜻한 캘리포니아를 그리워한다. 2분 37초, 짧은 멜로디 안에 깃든 이 간절한 자유의 갈망은 듣는 이를 아련하게 만든다. 설명하기 힘든 허전함과 아련함이 가슴에 일렁이는 건, 어쩌면 현실과 이상향 사이의 거리 때문일 것이다. 히피 문화에 심취했던 1960년대 미국 청춘들에게 이 노래는 지독하게 가슴 시린, 찬란한 청춘의 상징이었을 테니.

또 한 곡, 더 폴리스The Police의 〈Every Breath You Take〉(84위). 이혼 후 복잡한 감정 속에서 스팅Sting은 사랑의 진실을 노래하고 싶었다. 그러나 의도와는 다르게, 이 곡은 집착과 통제, 상실에 대한 불안이 고스란히 묻어난다. 매혹적인 기타 리프와 절제된 드럼 비트 속에 감춰진 건, 떠나간 연인을 향한 질투 어린 응시, 헤어짐의 그림자다. 자유의 결핍이 만들어낸 이 불안한 서정은, 계엄의 밤을 겪은 우리에게 더욱 절실하게 다가온다. 녹음 과정에서 팀원들과의 충돌 끝에 드러머 스튜어트 A. 코플랜드Stewart A. Copeland는 떠났고, 밴드는 해체되었지만, 이 노래는 빌보드 차트 8주 연속 1위라는 눈부신 성과를 남겼다.

미뇨강 하류에서 2천 년 넘게 삶을 이어온 포르토마린 주민들. 댐 건설로 마을이 수몰되자, 사람들은 산등성이로 올라가 새 터전을 꾸렸다. 그중에는 고향을 등진 이도 있었으리라. 개발에 밀려난 젠트리피케이션은 아니지만, 뜻하지 않게 고향을 떠나는 쓸쓸함은 몹시 착잡했을 것이다. 이주민들이 충분한 보상을 받고 더 나은 미래를 꿈꿨을지, 아니면 어딘가에서 물속에 잠긴 옛 마을을 사무치게 그리워할지 사뭇 궁금하다.

브루스 스프링스틴은 미래를 향해 등불을 밝힌다.

"밤이 성큼 다가왔고, 이 2차선 도로가 우리를 어디든 데려다줄 거야. 이 날개를 바퀴로 바꾸어, 오늘을 현실로 만들 마지막 기회가 있어."

〈Thunder Road〉(1975)에서 그가 노래한 희망과 결단이, 어쩌면 이 마을을 떠나야 했던 이주민들의 걸음에서 넘쳐났기를 바란다.

Bruce Springsteen, 〈Thunder Road〉(1975, 86위)

성장 동력이 꺾인 채 주춤거리던 경제는, 최고 권력자의 불법 계엄 시도로 한겨울 정국과 함께 얼어붙었다. 허탈한 체념만이 가득하던 2024년이 어느덧 반나절도 남지 않았다. 2025년, 푸른 뱀의 해에는 가슴속 응어리진 낙담을 말끔히 털어내고, 더 나은 삶을 향한 길 위에서 우리 모두가 각자의 '썬더 로드'를 만날 수 있기를 소망한다.

누나와 점심을 푸성지게 먹고는 잠깐 눈만 붙이려던 시에스타가 저녁까지 이어졌다. 7시 반 무렵, 짜파구리를 끓이려 주방에 들어서니 이미 선객들이 한 상 가득 차려놓고 만찬을 즐기는 중이었다. 자리가 모자라 머뭇거리던 우리에게 환한 미소로 맞으며 함께하자 손짓했다. 그들이 건넨 야채 샐러드와 토마토소스 베이스의 프렌치 수프가 입안에 감미롭게 녹아들었다.

이탈리아 아저씨들은 와인에 기분 좋게 취해 좌중을 오가며 너스레를 떨다가, 이내 왈츠를 추기 시작했다. 프랑스 아주머니들이 이에 질세라 하나둘 어깨를 섞었다. 반면 한창 흥이 난 순례자들의 권유에도 독일에서 온 처자들은 내내 새초롬하게 앉아 있을 뿐이었다. 이들에게서 세 나라의 이미지를 고스란히 느낄 수 있었다. 무르익던 저녁의 분위기가 끝나갈 무렵, 빈손이 못내 거북했던 우리 남매는 팔을 걷어붙이고 설거지에 나섰다. 이윽고 한바탕 왈츠에 취했던 이들과 독일 처자들이 슬며시 모여들어 손을 거들었다.

    포르토마린의 저녁은 그렇게, 종소리처럼 잔잔하고 따스하게 저물어갔다. 그날의 잔광이 아직도 마음속에 은은히 울린다.

까미노에서 만난 그림자는 살면서 잊고 지내던 내가 아닐까

박무가 빚어낸 미경

Redemption Song: 음악을 통한 영혼의 자유와 구원

6.12
택시를 타고 와서 체크인을 할 때까지 알베르게 주변을 샅샅이 둘러 보았다. 예쁜 시골 풍경이다 싶은데, 조금 더 걸어보니 제법 작은 도시 느낌도.

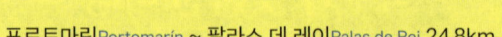

포르토마린Portomarín ~ **팔라스 데 레이**Palas de Rei 24.8km

    예상치 못한 늦잠 끝에 서둘러 길을 나섰을 때, 하늘은 잿빛 구름에 잠겨 있었다. 8시가 넘도록 광장에는 햇살 한 점 비치지 않아, 초여름 아침에 어울리지 않는 으스스한 정적이 맴돌았다. 마을이 자리한 산등성이에서 내려와 호숫가 작은 다리를 건너자, 산 로케 언덕으로 이어지는 길 위에 아지랑이처럼 아른거리는 풍경이 펼쳐졌다. 어제, 시간조차 멈춘 듯했던 포르토마린과 달리, 오스 몬테스Os Montes의 아침은 고요히 피어오른 박무薄霧가 세상의 선을 흐리게 그으며, 사위를 부드럽게 감싸안고 있었다.

    희뿌연 안개가 자아낸 미경迷境은 가까운 것조차 멀리 있는 듯한 착각을 불러일으켰다. 명확하던 사물의 윤곽이 흐려지자, 나는 어느새 꿈결 같은 풍경 속을 걷고 있었다. 덧없이 스미는 빛줄기들은 따뜻하고도 서늘한 감촉으로 다가와, 현실과 환상의 경계를 느슨히 풀어냈다. 오래 전, 북한강 두물머리를 감싸던 은빛 물안개가 눈에 선했다. 정태춘의 〈북한강에서〉(1984)의 노랫말이 낮게 속삭이는 착각이 들었다. 산과 나무와 새들이 저마다의 언어로 말하던 그 신비로운 울림이.

    이슬을 머금은 숲이 점점 깊어지자 안개는 짙은 장막이 되어 사방을 덮었다. 실루엣처럼 다가오는 나뭇가지들 사이를 걷다 보면, 내가 길을 찾는 것인지, 잃으려는 것인지 분간이 되지 않는다. 발끝에서 들리는 바스락거림은 소리로는 작았지만 마음속 반향은 컸다. 안개 너머 어딘가에서 나를 기다리는 세계가 있을 것 같은 예감에, 내가 살아 있음을 실감했다. 홀로 걷는 외로움이 말없이 곁을 내주니, 고요한 평안이 스며들었다. 흘러가도 또 오는 시간과 언제나 새로운 길이 되어

주는 까미노에서, 한 걸음 발을 떼어놓으니 안개가 천천히 걷혀갔다. 마치 〈북한강에서〉의 마지막 구절처럼.

10시가 넘자 안개와 햇살이 맞부딪치던 경계가 풀리며 풍경은 점차 제 모습을 드러냈다. 답답했던 시야가 트이고 볕은 부쩍 따가워졌다. 오스피탈 데 크루스 Hospital de Cruz에 도착했다. 이제 목적지까지 절반이 남아 있었다. 도로변에 위치한 바, '타베르나 도 까미뇨' Taberna do Camiño는 이미 순례자들로 북적였다. 빈 테이블을 찾아 주변을 두리번거리는 내게 젬마님이 반갑게 손을 흔들었다. 그녀 곁에는, 사리아에서부터 순례에 동행할 거라던 영애 둘이 함께 자리했다.

순례를 한사코 마다했다던 두 딸은 예상과 달리 밝은 표정이었다. 꾸며낸 미소가 아닌, 생기 가득한 눈빛이 얼굴 가득 번졌다. 생각

사리아 광장의 순례자 상

오스피탈 데 크루스 가기 전

보다 걷는 일이 그리 나쁘지 않았고, 엄마와 함께 떠날 유럽 여행도 기대된다는 것이다. 그녀들에게 초여름의 까미노가 블루 서머타임이 아니어서 얼마나 다행인가. 에디 코크란Eddie Cochran은 〈Summertime Blues〉(73위)에서 청춘의 여름휴가를 앗아간 바쁜 일상과 그에 무심한 기성세대를 노래한다. 연인과 함께 자유를 갈망하던 젊음의 불만이 그 여운 속에서 새삼 깊게 새겨졌다.

두 시간 만에 마주한 휴식. 그늘 한 점 없는 뙤약볕 아래라 해도, 이 순간이 고맙기만 했다. 시원한 주스가 당겨 세 모녀 몫까지 주문하려는데, 다들 이미 마셨다며 손사래를 쳤다. 오히려 큰딸이 내게 자리에 앉기를 권하고는 오렌지 주스를 사왔다. 젬마 님께 식사를 대접하라던 누나의 당부를 또 지키지 못했다. 남매가 번갈아 신세를 지게 되어 미안했다. 아무것도 보답하지 못했다는 생각에, 은근히 조바심이 났다.

누나 근황을 얘기하다가 자연스레 산티아고 숙소 이야기로 화제가 이어졌다. 셋이 같이 한 방에 묵을 만한 숙소를 찾기 어려워 아직까지 호텔 예약을 하지 못한 모녀에게 '세미나리오 메노르 알베르게'Albergue Seminario Menor를 추천했다. 3~4인 전용실에서 연박이 가능하고 편의시설 또한 잘 갖춰져 있어 머물기 적당한 곳이다. 굳이 단점을 꼽자면 대성당까지 15분쯤 걸어야 한다는 점이다. 이 정도면 괜찮겠다고 모두 만족하여 온라인 예약을 도와드렸다. 그제서야 작은 도움이라도 된 것 같아 마음이 한결 가벼워졌다. 한가로이 햇살을 즐기는 모녀에게 "세미나리오 메나르에서 다시 뵙자"는 인사를 건넨 후, 발걸음을 재촉했다.

바 근처에 있는 이정표 앞에서 익숙한 얼굴이 손을 흔든다. 아르헨티나 출신 마를린 부부다. 언제 봐도 자연스러운 태닝에 훈훈한 인상이 잘 어울리는 중년의 커플. 반갑게 인사를 주고받았다. 곧이어 미국인 모녀도 마주쳤다. 짧은 안부와 눈웃음이 오갔다. 까미노에서 마주치는 이들과의 재회는 언제나 따뜻하다. 단, 시간이 갈수록 마음의 거리만 더해졌던 사총사를 제외하고는. 이렇게 '거자필반'의 기쁨은 한결같다. 목적지를 향한 한 갈래 까미노에서, 말없이 서로를 지지하는 그 묘한 연대감이 이 길에 있다. 이따금 무거운 행장에 지쳐 보이는 이들이 안쓰럽긴 해도, 로이 오비슨Roy Orbison의 〈Crying〉(69위)에서처럼 헤어진 연인을 마주친 그 쓰라린 애잔함과는 완전히 결이 다르다.

그렇게 스치듯 이어지던 만남들 속에서, 어느 한 장면이 가슴을 뭉클하게 만들었다. 한 중년 남성이 휠체어에 탄 노모를 정성스레 밀며 산티아고로 향하고 있었다. 그는 한쪽 다리에 장애가 있는 불편한 몸으로 어머니를 모시고 순례를 이어가는 중이었다. 어디서부터 시작했을까. 사리아에서일까, 아니면 프랑스 루트를 처음부터 걸어온 걸까. 그 여정이 궁금하기에 앞서, 두 사람의 걸음이 곧 순례의 본질이라는 생각이 들었다. 성경 속 착한 사마리아인이 연상되었다. 유대인들에게 멸시받던 사마리아인이 강도를 만나 죽을 지경이 된 유대인을 외면하지 않고 따스히 돌봤듯, 이 두 사람은 서로를 품어 가며 순례길을 함께 걸어가고 있었다. 육신의 한계를 넘어선 모자지간의 사랑과 헌신은, 신이 말한 자비와 구원의 참뜻을 되새기게 했다.

'구원'이라는 말, 들을 때마다 가슴 깊은 데서 거룩한 기분이 샘솟는다. 어제 자유의 종을 보며 떠올렸던 밥 말리와 더 웨일러스의 〈Redemption Song〉(66위)이 오늘 길 위에서 흐른다. 밥의 음악 중에서도 가장 담담하고, 가장 깊이 가라앉은 노래. 웨일러스의 반주도, 레게 리듬도 없이 오로지 기타 하나로 전하는 이 곡은, 흑색종이 악화돼 삶의 끝을 준비하던 말리가 스스로를 위로하려고 부른 듯하다.

🎧
Bob Marley & the Wailers, 〈Redemption Song〉(1980, 66위)

"우리를 정신의 속박에서 해방시켜라. 오직 우리 자신만이 마음의 자유를 이룰 수 있다."

그러나 가사의 이 한 줄은, 병든 몸이 아니라 자유를 향한 의지를 말한다. 자메이카의 식민지 역사와 노예제의 유산을 뚫고 나온 그의 외침은, 한 개인이 아닌 인류를 향한 구원의 메시지였다. 어쿠스틱 기타와 나직한 목소리에 담긴 진심은, 그가 세상을 등진 지 수십 년이 지난 지금까지 뚜렷이 전해진다. 이 곡의 공식 뮤직비디오는 프랑스의 옥타브 마살Octave Marsal과 테오 드 구엘츨Theo de Gueltzl이 연출했다. 2,174장의 흑백 스케치를 이어 붙여 만든 영상은, 연필로 그린 듯한 선들이 켜켜이 쌓여 하나의 이야기로 흐른다. 키네토스코프처럼 움직이는 그 이미지들 속에서, 밥의 노래가 더욱 애처롭게 와닿는다. 시간이 허락된다면 꼭 한번 QR코드의 동영상을 틀어보기를.

팔라스 데 레이를 5km 앞둔 지점에서 걸음을 멈췄다. 알베르게를 겸한 작은 식당, '아 파소 데 포르미가'A Paso de Formiga의 정원에 놓인 테이블마다 순례자들이 늦은 점심을 즐기고 있었다. 뙤약볕 아래 자리일지라도, 그 풍경이 주는 소소한 분위기에 마음이 끌렸다. 참치 보카디요를 시켰다. 한국에서는 샌드위치를 그다지 즐기지 않았는데, 이 길에서 맛보는 보카디요는 이상할 만큼 입맛을 돋운다. 화려하진 않지만, 순례자의 허기를 채우기에 더없이 제격이었다.

누나는 볶음밥으로 점심을 해결했다고 했다. 아침에 챙겨온 토마토와 마늘을 올리브오일에 볶아 만든 즉석 한 끼. 김치만 곁들여졌다면 완벽했겠노라며, 까미노에서 먹은 음식 중 가장 훌륭했다는 자평이었다. 창천 아래 불던 산들바람에 모처럼 빨래를 햇볕에 널었다. 하지만 흘러가는 구름이 점점 짙어지고 흐름도 빨라져 혹시나 하는 마음에 출입문 가까운 마당 끝으로 건조대를 옮겨놓았다. 불안은 곧 현실이 되었다. 하늘이 순식간에 어둑해지더니 이내 퍼붓듯 비가 쏟아졌다. 손 쓸 틈 없이 젖을 뻔한 빨래를 들쳐 안고 1층 응접실로 부랴부랴 들여놓았다. 괜한 기우였다고 여겼던 일이, 머피의 법칙으로 되돌아온 현실에 마음 한편이 씁쓸했다.

머피의 법칙이라 불리는 이런 사소한 징크스는 일종의 미신일 것이다. 삶이 뜻대로 흘러가지 않을 때, 사람들은 어쩌면 과학보다 미신에 먼저 기댄다. 깨진 거울, 불길하다는 숫자 13, 그리고 습관처럼 되뇌는 재수 없는 징크스들. 스티비 원더는 〈Superstition〉(74위)에서 그런 미신에 기대지 말라고 노래했다. 단순한 징크스뿐 아니라, 때론 종교나 이념이 맹신으로 변할 때도 우리는 진실을 놓치기 마련이다. 예전에는 그저 경쾌하게만 들렸는데 이 곡에 무속의 이미지가 겹치는 상상을 하자, 더욱 날카로운 민심이 되어 다가온다.

기대에 못 미친 페투치니

저녁은 마을에서 손꼽히는 파스타집에서 먹기로 했다. 자리가 많지 않아 대기 인원이 줄을 지었지만, 셰프가 맛깔나게 조리해낸 정통 파스타가 기대되어 한참을 기다렸다. 비 내리는 저녁, 서늘한 한기가 옷 속을 파고들었다. 설레는 기다림의 끝에 마주한 식사는 정성은 느껴졌으나, 기대했던 풍미에는 미치지 못했다. 내가 선호하는 스파게티 면 대신, 넓적하고 납작한 탈리아텔레 탓인가 싶어 누나에게 슬며시 묻자, 시판 소스가 더 훌륭할 수 있다며 실소를 지었다. 결국 탓할 건 면이 아니라, 셰프의 손맛이었다.

기다리는 내내 비가 내렸다. 조용히 흘러나오던 비틀스의 〈She Loves You〉(64위)가 귀를 적셨다. 사랑하는 연인 사이에 오해가 깊어졌을 때, 친구의 조언 하나로 서로를 향해 용기 내어 손을 내미는 노래. 나 또한 순례 막바지에 불쑥 내뱉은 말들로 누나를 서운하게 했던 일이 많았다. 누나는 그럴 때마다 어릴 적 귀여웠던 동생의 모습을 떠올리며 웃어 넘기곤 했다. 누나의 너그러움 덕분에 쌓일 수도 있었던 감정은 차분히 잦아들었고, 불협은 작은 해프닝으로 지나갔다.

🎧
The Beatles, 〈She Loves You〉(1963, 64위)

오해와 반목, 갈등을 중재하는 일은 연인에게만 필요한 덕목이 아니다. 정치는 더더욱 그러하다. 노예제를 둘러싼 대립이 끝내 전쟁으로 치달았던 미국 남북전쟁조차, 양편 모두가 우러러보던 인물이 있었다. 높은 도덕성과 화해의 뜻을 품은 에이브러햄 링컨Abraham Lincoln은 물론이거니와, 남부군 총사령관 로버트 E. 리Robert E. Lee 장군의 품격은 북부를 감동시켰다. 전쟁을 승리로 이끈 율리시스 그랜트Ulysses Grant 장군은 원한 대신 관용을 택했고, 보복 없이 손을 내밀어 분열된 조국을 하나로 이었다.

중국의 공산당과 국민당도 피어린 내전을 겪으면서도 서로를 인정했다. 각기 다른 체제에 몸담았지만 쑨원孫文과 루쉰魯迅을 향한 존경만큼은 같았다. 공산당은 후스胡適를, 국민당은 천두슈陳獨秀를 각기 다르게 평가하면서도, 그들의 사상과 기여에 대해서는 고개를 끄덕였다. 전면적 충돌 속에서도 품을 수 있는 공감과 존중이 존재했던 것이다.

그에 비해, 한국 사회는 안타깝게도 시간이 갈수록 서로에게 귀를 닫고 있다. 혐오와 증오를 부추기는 언어들이 갈등의 골을 더욱 깊게 판다. 누구 하나, 모든 진영이 기꺼이 우러를 수 있는 이름조차 떠올리기 어렵다. 그 어떤 목소리도 중재자의 언어로 받아들여지지 못한 채, 말은 높아지고 감정은 격해진다.

이대로라면 보수와 진보 사이를 잇는 다리는 허공에 매달린 채 끝내 땅에 닿지 못할지도 모른다. 어느 쪽도 스스로를 돌아보지 않고, 누구도 상대를 향해 한 걸음이라도 내딛지 않는다면, 우리 사회는 갈라진 강을 건너는 법을 끝내 잊고 말 것이다. 그런 생각을 하자, 문득 이 척박한 시대의 진짜 중재자는 우리가 잃어버린, 서로에 대한 존중일지도 모르겠다는 생각이 들었다.

욕화중생후성랑

Hotel California: 한강의 기적, 그 빛과 그림자

알베르게 MiLPés 앞에 있는 40km를 알리는 표지판. 내 발로 걸어 100km, 40km 앞에서 일으려 너 걸었겠지만 자랑도 내보이지 않다. 오늘도 많이 나아지고... 나머지 사흘 정도는 길의 감속 얻기를 바라며.   6.13

팔라스 데 레이Palas de Rei ~ 리바디소 데 바이소Ribadiso de Baixo 25.4km

이틀 연속 출발이 늦어졌기에, 이른 아침 누나의 배웅을 받으며 안개 속으로 스며들었다. 사흘째 이어지는 아침 안개는 여전히 짙고 고요했다. 창백한 얼굴처럼 하얗게 드리운 안개를 헤치며 걷던 중, 미국인 모녀와 마주쳤다. 산티아고가 가까워질수록 지칠 법도 한데, 그녀들에게는 피곤한 기색이 전혀 없었다. 나란히 걸으니 여느 때처럼 활짝 웃으며 인사를 건넸다. 그 미소는 웃음에 인색한 나를 무장해제 시키기에 언제나 고마웠다.

안개가 흐르는 그 길 위로 프로콜 하럼Procol Harum의 〈A Whiter Shade of Pale〉(57위)이 잔잔히 흘러갔다. 바흐의 〈BWV 156〉에서 영감을 받은 우아한 오르간 선율이 아침의 정적에 스며들었다. 노래와 안개는 마치 내면을 비추는 반투명한 장막처럼 길 위를 감싸 안아, 엷은 안개의 물결 너머로 만물이 제 빛을 흐릿하게 드러나게 했다. 끝까지 건강하라는

안개짙은 팔라스 데 레이

짧은 인사를 나누고, 그녀들을 노래가사처럼 안개 너머로 흘려보냈다. 얼마 지나지 않아 걷히고 말 아침 자락의 농무와 달리, 이름 모를 그 모녀는 내 순례의 기억에 오래 남을 것 같았다.

🎧
Procol Harum, 〈A Whiter Shade of Pale〉(1967, 57위)

갈리시아의 숲은 볼수록 제주도의 원시림을 빼닮았다. 덩굴과 이끼로 뒤덮인 나무들, 초지 위를 따라 놓인 돌담은 곶자왈이나 비자림의 풍경을 연상시킨다. 순례길 어디나 아름다웠지만, 갈리시아 구간 역시 나름대로 정겹게 다가왔다. 산티아고가 가까워진다는 설렘은 가벼운 흥분을 불러오고, 머지않아 여정이 끝날 거라는 아쉬움은 그 기쁨을 조용히 눅였다. 감정의 마루와 골이 교차하는 길목에서, 나는 비로소 걷는다는 행위가 얼마나 귀한 선물인지 다시금 실감했다.

아침 10시 무렵, 미국 앨라배마에서 오신 한국인 할아버지를 또 만났다. 며칠 전부터 눈에 익던 분이었다. 도포 자락을 휘날리듯 두 팔을 양옆으로 크게 휘저으며 팔자걸음으로 걷는 모습이 어디서나 단번에 눈에 띄었다. 산티아고가 가까워진다는 생각에 돌연 말을 걸었다. 홀로 걷는 어르신께 잠시라도 말벗이 되고 싶은 마음에서였다.
이야기를 나눠보니 진정한 노익장이셨다. 여든을 훌쩍 넘겨 혼자 까미노에 오른 것도 놀라웠지만, 매일 30km를 넘게 걸어 단 26일 만에 산티아고에 도착하신다는 말씀에 놀라움을 감출 수 없었다. 어떤 날은 숙소가 마땅치 않아 40km 넘게 걷기도 하셨다니, 감탄이 절로 나왔다. "걷는 것만큼 쉬운 게 어딨어. 사업이 걷는 것처럼만 쉬우면 원이 없겠지. 중·고등학교 때는 매일같이 30~40리를 걸어다녔거든."

해학이 가득한 말씀에 절로 미소가 번졌다.

할아버지는 사무엘 울만의 시 「청춘」을 삶으로 살아낸 분 같았다. 머리를 치켜들고 희망을 붙든 채 여든을 넘어서도 여전히 흘러가는 인생에서 청춘의 노를 저으신다. 철두철미한 시간 관리와 순례에 대한 뜨거운 열정, 매 순간을 아끼는 모습이 게으름에 젖어 있던 내 마음을 두드렸다. 그분을 뵈며 오랫동안 좋아했던 한시 한 수를 읊었다.

長江後浪推前浪　장강의 뒷물결이 앞물결을 밀어내고
前浪死在沙灘上　앞물결은 모래톱에 스러지지만
前浪不死回海上　죽지 않고 바다로 돌아간 앞물결은
欲火重生成後浪　다시금 불꽃처럼 되살아나 뒷물결이 된다

세상 사람들 대부분이 인생 3막을 마무리할 시점에, 여전히 앨라배마의 자동차 공장을 오가며 사업을 진두지휘하는 당신은, 밀려난 앞물결이 아니라 바다를 돌아 다시 강을 타는 뒷물결 같았다. 할아버지는 내 발걸음보다 느리셨지만, 새벽부터 하루 종일 꾸준히 걸으셔서 늦은 오후가 되면 매번 나를 앞서곤 하셨다. 요 며칠간 나와 그분의 까미노는 『마르코복음서』 10장 31절의 말씀을 그대로 옮긴 듯했다.

"그런데 첫째가 꼴찌 되고, 꼴찌가 첫째 되는 이들이 많을 것이다."

이 말씀은 세인들이 꼭 기억해야 할 경구다. 고난을 자처하고 낮은 자리를 기꺼이 받아들이는 이들과 세속적 잣대로는 뒤에 서 있는 사회적 약자들이야말로, 하느님께서 먼저 손 내밀 대상들이다. 반대로 세상의 높은 자리를 차지했다 해도 사랑과 실천 없이 그 자리에 머문다면, 끝내는 뒤로 밀릴 거라는 엄중한 경고이기도 하다. 내가 이해하는 신앙은 그 말씀을 실천으로 옮기는 것이다. 삶이 기도요, 실천이 곧 찬송이다. 얼마나 많은 말씀을 읊었는지보다, 얼마나 그 말씀대로 살앉는지가 정말 중요하지 않겠는가.

그 진리를 노래한 곡이 있다. 밥 딜런의 〈The Times They Are a-Changin'〉(59위). "정치인이여, 귀 기울이라. 문 앞을 막지 말라. 마을회관을 닫지 말라. 시대는 변하고 체제는 무너진다. 오늘 높은 자리에 선 이들이 내일 가장 낮은 자리에 있을 것이다." 그때는 몰랐다. 그런데 61년 전 부른 이 노래가, 2024년 12월 3일 이 나라의 긴박했던 새벽을 소름 돋도록 정확히 예언한 듯해 가슴을 먹먹하게 할 줄이야.

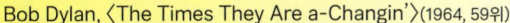
Bob Dylan, 〈The Times They Are a-Changin'〉(1964, 59위)

1966년, 미국 LA 시의회는 웨스트할리우드 선셋 스트립의 클럽 '판도라스 박스'의 출입을 금지시켰다. 매일 밤 청춘들이 몰려들어 교통 혼잡을 일으킨다는 이유였다. 그러나 단속은 곧 저항을 부추겼다. 클럽을 드나들던 젊은이들과 지역 상인, 음악 팬들이 시의회에 맞서 거리로 나섰고, 클럽이 문을 닫은 이후에도 1970년대 초까지 시위가 이어졌다. 권위에 맞선 청춘의 외침은 마침내 한 곡의 노래가 되었다. 버팔로 스프링필드Buffalo Springfield의 〈For What It's Worth〉(63위). 젊음의 열기와 분노, 그리고 무엇보다 자유에 대한 열망이 고스란히 담겨 있다.

기성세대가 보기에 청춘의 몸짓은 때로 불온하다. 하지만 관습을 벗어나고 금기를 깨뜨리려는 대담한 시도 없이 세상이 바뀐 적은 없었다. 1977년, 엘리자베스 여왕 즉위 25주년을 맞은 템스강 한복판에서 섹스 피스톨즈The Sex Pistols는 왕정을 조롱하려는 공연을 기획했다. '엘리자베스호' 위에서 〈Anarchy in the U.K.〉(53위)를 연주하고자 했던 그들의 퍼포먼스는 경찰에 의해 제지되었으나, 저항의 정신은 이미

물결처럼 퍼져나갔다. 이후 지속된 왕실의 추문과 실망스러운 행보는 국민들이 보낸 입헌군주제에 대한 신뢰를 조금씩 허물었다. 시대는, 변한다.

'아나키즘(무정부주의)'이라는 말이 주는 불안하고 음산한 뉘앙스와는 달리, 그것은 강제적 권위나 억압적 통치 없이 자율과 연대를 통해 살아가려는 신념이다. 인간은 협력할 수 있다고, 권력 없이도 공동체를 꾸릴 수 있다고 믿는 이상이자 낙관이다. 하지만 현실은 매번 그 이상을 꺾었다. 일부 무정부주의자들의 극단적 행동은 숭고한 이념을 테러와 혼란의 상징으로 뒤덮고, 그 그림자는 지금도 짙게 드리운다.

그리고 그 불길한 기운이 급기야, 우리 눈앞에 드러나 있다. 한남동 관저를 중심으로 계엄을 옹호하는 지지자들이 목소리를 높인다. 다름을 인정하지 못하고, 유언비어를 퍼트리며 타인을 향해 증오와 폭력을 정당화하는 이들의 언행은 더 이상 정치가 아니다. 그것은 문명과 이성이 무너진, 일그러진 '무정부 상태'다.

그들에게 들려주고 싶은 노래가 있다. 사이먼 앤 가펑클의 〈Bridge over Troubled Water〉(47위). 격랑을 가라앉히는 듯한 선율, 험한 물결 위에 놓인 다리에 평화를 가져올 듯한 그 곡이 흥분한 군중들의 마음을 가라앉힐 수 있기를. 세상의 다리가 무너질 때, 먼저 자기 안에 다리를 놓는 것부터 배워야 한다. 이것이야말로 다른 이들에게 마음을 여는 시작이다.

작금의 혼란은 압축 성장의 후유증을 고스란히 드러낸 풍경이다. 민주적 가치와 원리는 뒷전이고, 나눠 먹을 파이만 키우면 된다는 성장 만능주의. 1인당 국민소득 3만 달러 시대를 맞은 지 이미 오래, 파이가 커졌는데도 여전히 부족하다며 분배를 미룬 결과, 허약한 사회 안전망 속에서 각자도생의 본능만이 살아남았다. 세계가 찬탄한 '한강의 기적' 뒤에 감춰진 우리의 씁쓸한 민낯이다.

이글스의 〈Hotel California〉(49위)가 흘러나온다. 컨트리 밴드였던 그들을 록의 반열에 오르게 해준 곡. 후반부, 돈 펠더Don Felder와 조 월시Joe Walsh의 기타 협주가 절정을 이루는 이 곡은 아메리칸 드림의 그림자를 그렸다. 원하면 언제든 체크아웃은 가능하지만 결코 떠날 수 없는 호텔. 성공과 욕망의 화려한 유혹에 발이 묶인 채, 어딘가로 흘러가지 못하고 맴도는 풍경은 오늘의 우리와 닮았다. 해체의 아픔을 딛고 '지옥이 얼어붙어' 밴드를 재결성해 발표한 《Hell Freezes Over》(1994)의 언플러그드 버전도 그 여운이 깊다. 젊은 날의 날 선 감정이 연륜으로 다듬어져 숙성된 화음처럼. 커피에 빗대면 전자는 아메리카노, 후자는 핸드드립이라 비유하고 싶다.

🎧 The Eagles, 〈Hotel California〉(1976, 49위)

숙소까지 8km 남은 지점, 숲속 벤치에 배낭을 내려두고 숨을 골랐다. 옆자리에서 청년 하나가 수박 반 통을 잘라 먹고 있었다. 눈을 마주치자 혼자 먹기 많다며 몇 조각을 권한다. 올해 첫 수박을 스페인

독일 청년이 준 수박

에서 맛보다니. 햇살을 듬뿍 받은 덕인지 맛이 달고도 깊었다. 독일에서 왔다는 청년과 나누는 짧은 대화가 정겹다. 그사이 다섯 살 남짓한 남매를 데리고 순례 중인 미국인 부부가 다가왔다. 수박을 한 조각씩 받아 든 아이들 얼굴이 환한 미소로 빛난다. 하루에 많이 걷지는 못해도 소풍처럼 즐기며 왔다는 말에 무척 흐뭇했다. 산티아고까지 아이들과 함께 걷겠다던 그들에게 따뜻한 응원을 건넸다.

까미노는 나이도 국적도 다른 사람들이 함께 걷는 길이다. 자전거나 유모차에 실려 순례하는 아이들, 사리아 이후로 늘어난 10대들, 휠체어에 앉은 어르신들까지. 산티아고를 향한 행렬은 야고보를 기억하고 사랑을 실천하려는 이들로 이어진다. 신앙을 떠나, 사랑의 본뜻을 되새기려는 이들이 함께하는 길. 퍼시 슬레이지Percy Sledge의 〈When a Man Loves a Woman〉(54위)처럼, 사랑은 자신을 내어주는 용기일지도 모른다. 예수님이 말한 사랑도 결코 그와 다르지 않으리라.

늦은 오전, 누나는 먼저 숙소에 도착해 오랜만에 한국에 전화를 걸었다. 부모님을 모시는 매형 생각에 마음이 무거웠다 한다. 삼시 세끼는 물론, 병간호와 통원 치료까지 혼자 감당하느라 몹시 고단할 것이다. 막내 누나도 마찬가지다. 연세 드신 부모님은 점점 아이처럼 여겨지신다. "우리는 어디 안 가요?"라는 어머니의 말씀에, 예정에 없던 속초 여행을 급히 떠나는 길이라 했다. 애쓰는 가족을 위해 귀국하면 따뜻한 한 끼 식사를 대접해야겠다.

어릴 적 팝송에 흥미를 갖게 만든 추억의 곡이 오늘에서야 닿았다. 마이클 잭슨을 팝의 황제로 만든 〈Billie Jean〉(58위). 빌보드 핫100에서 7주간 1위를 차지하고, 1983년 최다 판매 싱글로 기록된 이 곡의 출현은 MTV를 문화 아이콘으로 만든 결정적 순간이었다. 1983년 모타운 25주년 무대에서 그가 선보인 '문워크'는 지금까지 전설로 남아 있다. 이 곡이 수록된 앨범 《Thriller》(1982)는 인류 음악사에 가장 많이 팔린 음반으로 남았다.

🎧
Michael Jackson, 〈Billie Jean〉(1982, 58위)

오늘은 단 두 곡만으로 마음을 채우기 버거워 네 곡씩이나 소개했다. 순위가 높아질수록 곡마다 주는 여운과 감동이 커져, 명곡을 선택하기가 점점 힘들어진다. 그럼에도 고심참담하여 두 곡으로 추리지 못하는 이유는, 순례의 끝자락에 와서도 여전히 내려놓지 못하는 내 미련 탓일 것이다.

알베르게 '밀페스'

다가온 백화요란의 종막

Light My Fire: 까미노가 끝나면 시작될 인생 여로

스페인 시골 마을에서 보이는 창고 같은? 저장고??
예전에 책에서 보았던 것 같기도 하다.
바람은 통하고 동물들 피하는 악기위해 지어놓은...
어제 알베르게 열어서는 보았는데
오늘 알베르게 앞에도 비슷한 것이 보인다.

6.14

리바디소 데 바이소 Ribadiso de Baixo ~ **오 페드로우소**O Pedrouzo 22.4km

　까미노 데 산티아고의 끝이 정말 가까워졌다. 대성당까지 남은 거리는 겨우 41.9km, 이틀이면 충분한 거리. 6월 중순의 갈리시아는 녹음이 짙어지고, 숲길마다 은은한 안개가 깔려 있다. 마치 종착지에 다다른 나그네를 위한 성찬을 자연이 정성껏 차려낸 듯하다. 길을 따라 걷다 보면, 숨이 멎을 듯한 경탄스런 풍경은 더 이상 눈으로 보는 아름다움이 아닌 마음을 어루만지는 감동으로 다가온다. 까미노에서 겪은 희망과 회한, 설렘과 고독이 이 길목에서 그대로 응축된 기분이다.

　평소와 달리 이상하게 몸이 무겁다. 속도는 더디고 마음은 가라앉는다. 특별히 피곤한 것도, 아픈 것도 아닌데 자꾸만 집중이 흐려지고, 감정은 안갯속처럼 희뿌옇다. 설마 '까미노 블루'가 벌써 찾아온 걸까. 순례를 마친 뒤, 일상으로 돌아와 까미노를 그리워하다가 견디다 못해 다시 이 길을 찾게 된다는 그 우울. 그럴 리 없다고, 아직은 아니라고 스스로를 달래본다.

　머릿속은 분주하지만 다가온 종막의 현실은 실감 나지 않는다. 순례 일정을 짤 당시, 마지막 날은 대성당 광장에서 여유롭게 보낼 생각에 이틀로 나눠 걸어야겠다고 계획했었다. 그리고 지금, 그 선택이 옳았음을 느낀다. 그동안은 대개 시간을 계산하며 바쁘게 걸었지만, 남은 이틀은 거북이처럼 느린 걸음을 택하기로 했다. 까미노의 마지막 숨결까지 고스란히 품고 가고 싶어서다.

　프레곤토뇨Pregontoño를 지난 지 20분쯤 되었을까. 길섶에 덩그러니 놓인 추모비 하나가 발걸음을 멈추게 했다. 까미노를 걷다 만난 여러 기념비 중 하나였지만, 이곳에서 만난 그것은 더욱 묵직했다. 망자의 이름은 '미겔 리오스 라마스Miguel Rios Lamas'. 2011년 10월 9일, 산티아고를 불과 34km 앞둔 이곳에서 영면에 들었다. 산티아고까지 마지막 단 하루만을 남긴 채. 그가 생의 끝자락에서 어떤 심정이었을지 궁금했다. 아쉬움에 눈물을 흘렸을까, 아니면 그때까지 마지막 불꽃을 태우고 떠난 것에 만족했을까. 어쨌든, 이제는 하느님 곁에서 편안히 쉬기를 빌었다.

까미노를 걷는 중에 뜻하지 않게 이 길에서 삶을 마감하는 이들이 있다. 심장마비, 지병의 악화, 조난, 교통사고, 낙상…. 이유는 제각기 달라도 그들 모두 야고보의 길 위에서 생을 마감했다. 중세의 순례자들은 까미노에서 세상을 떠나면 연옥을 거치지 않고 천국에 간다고 믿었다. 남겨진 유족들에게 그것은 크나 큰 위로였으리라.

야고보의 발자취를 따라 걸어온 까미노 위로, 전설적인 한 곡이

아 칼사다 가기 전에 만난 순례자 추모비

흐른다. 레드 제플린의 〈Stairway to Heaven〉(31위). 완만히 클라이맥스로 향하는 곡의 전개와 감상적인 기타 솔로는 록의 진수를 새롭게 표현했다는 극찬을 받았다. 마이클 잭슨의 《Thriller》(1982)와 이글스의 《Their Greatest Hits》(1976)에 이어 역대 최다 판매된 앨범의 수록곡. 발표된 지 20년 만에 누적 방송 시간 44년, 당시로는 역대 2위였다. 참고로 1위는 라이처스 브라더스Righteous Brothers의 〈You've Lost That Lovin' Feelin'〉(34위), 누적 방송 시간이 무려 57년이다.

8분에 달하는 대곡. 서정적인 어쿠스틱 도입부에서 블루스의 고요한 울림을 지나, 강렬한 하드록 피날레로 폭발하는 〈Stairway to Heaven〉은 그 자체로 하나의 신화다. 로버트 플랜트Robert Plant의 시적인 가사는 마치 은유의 미로 같고, 지미 페이지Jimmy Page의 기타는 슬픔과 황홀 사이를 오가며 영혼을 울린다. 허영에 젖은 한 여인이 삶의 본질을 깨달으며 진정한 구원의 길을 오르는 여정, 가사의 흐름은 까미노에서 경험하는 순례의 감정선과 닮았다.

🎧
Led Zeppelin, 〈Stairway to Heaven〉(1971, 31위)

순례의 종막을 향하는 길 위에서 이 곡이 흐르니, 모든 것이 아득하고도 찬란하다. 까미노에서 별이 된 이들이, 천국으로 이어지는 계단을 올라, 영원한 평화를 누리고 있기를. 그리고 우리 모두가 그들의 염원을 담아 이 길의 끝에 서길 바랐다.

순례길에서 만났던 수많은 길벗들. 모두 낯선 만남으로 시작했지만, 어느새 서로의 여정에 따스한 그림자를 드리웠다. 짧은 담소와 미소를 나누는 동행 길에 쌓아 올린 인연은 까미노의 미경보다 더 오래 기억될 것이다.

그러나 종착지에 가까워질수록 가슴속에서는 두 감정이 교차한다. 기쁨과 허전함. 오래 기다려온 마침표 앞에서 가슴이 뛴다. 그 순간이 가까워질수록, 헤어져야 하는 사람들에 대한 아쉬움이 더 깊어진다. 까미노에서 맺은 인연은 여기까지일지도 모른다는 예감이, 뼛속까지 서늘하다. 진추하의 〈우연〉(1976)이 귓가를 스친다.

"당신과 나는 칠흑같이 어두운 밤바다에서 만났지만 우린 각자의 길이 있어요. 기억해도, 잊어버리기를 바라요."

그 멜로디처럼, 누군가는 이 짧은 만남을 잊을지 모르지만 나는 오래도록 잊지 못할 것 같다.

그래서였을까. 그 짧은 작별의 순간조차도 오래도록 기억하려 우리는 사진을 찍었다. 카메라 셔터가 닫힐 때마다, 사라져가는 순간들을 한 장면으로 가두고 싶었다. 기억의 습작처럼.

까미노의 풍경은 언제나 찬란했지만, 그 무엇보다 길벗들과 함께 걷던 시간이 가장 아름다웠다. 킨크스The Kinks가 〈Waterloo Sunset〉(42위)에서 저녁 강가의 석양 아래, 한 순간의 행복을 노래했듯이. 어쩌면 우리가 나눈 웃음과 가벼운 담소, 서로의 등을 두드리며 격려한 시간들은 평범한 일상 위에 놓인 기적의 조각이었을 것이다.

그래서 이 '우연'한 별리는 더욱 아프고, 더욱 반짝인다. 엘비스 프레슬리의 〈Heartbreak Hotel〉(45위)이 흐르듯, 가슴 한쪽이 서늘해진다. 얼마 남지 않은 걸음을 내딛으며, 다가오는 이별이 곧 현실이 될 것임을 실감한다. 사람들 틈에서 피어난 짧은 우연이, 다시는 없을지도 모를 특별한 순간으로 승화되어 떠난다. 하지만 우리는 안다. 이 비워지는 마음은 또 언젠가, 불씨로 살아날 것이나. 까미노는 끝나도, 그 길 위에서 마주친 찬란한 우연과 조용한 기적은 삶의 어딘가에서 다시 우리를 불러줄 것이다. 이 길은 끝이 아니라, 다른 시작을 준비하는 조용한 전주였으니.

레이 찰스의 〈Georgia on My Mind〉(44위)가 구성지게 흐른다. 이 곡에 담긴 '조지아'는 원곡의 작곡자 호아기 카마이클Hoagy Carmichael이 사랑했던 여동생의 이름이자, 누군가 마음 깊이 간직한 그리움의 이름이다. 레이 찰스가 차에 오를 때마다 흥얼거리던 이 노래를 정식으로 부르게 된 건, 그의 곁을 함께한 운전수의 권유 때문이었다고 한다. 블루스의 온기가 서린 이 곡은 까미노 블루의 아득한 감정과 겹쳐진다. 내 마음속 '조지아'는 과연 어디일까?

귓가에 잔잔히 스미는 멜로디를 따라, 우리 모두는 곧 자신이 돌아가야 할 집을 향해 가리란 걸 예감한다. 김 선배와 구리 삼총사, 가이드 아주머니와 K 선생님 부자 그리고 젬마 님, 아르헨티나 마를린 부부와 미국인 모녀, 앨라배마 한인 할아버지와 한국인 예술모자 아저

아르헨티나 마를린 부인과 미국인 모녀

씨, 호주 출신 웬디와 헝가리 할머니 등…. 모두가 서로 다른 삶의 거처로 흩어지겠지만, 이 길 위에 겹겹이 쌓인 인연의 시간은 각자의 마음속 작은 집에 깊숙이 각인될 것이다. 언젠가 까미노 블루가 불쑥 찾아들면, 그 집에서 기억의 습작들을 하나씩 꺼내어 떠나간 길벗들을 조심스레 떠올리게 되겠지.

걸음을 멈춰 바라본 갈리시아의 숲은 그 모든 감정을 말없이 품어준다. 안갯속에 흐릿하게 떠오른 교회 첨탑은 산티아고 데 콤포스텔라의 대성당을 떠올리게 하며, 이 오랜 여정의 끝을 지목한다. 그러나 돌아서면, 그 끝은 또 다른 시작일 거라는 걸 나는 안다. 그래서 벅차오르는 가슴을 조심스레 달랜다. 37일간 함께 걷고 웃고 쉰 길벗들과의 작별이 아프지만, 그들이 남긴 자취는 까미노의 노란 화살표처럼 내 안에 또렷하게 남을 것이다.

산티아고 시내가 한눈에 내려다보일 몬테 도 고소Monte do Gozo 언덕을 향해 걸으며, 나는 비로소 깨닫는다. 이별이 서러운 건, 그만큼 함께한 시간이 눈부셨기 때문이라는 걸. 그들의 이름은 머지않아 희미해질지라도, 우리 사이에 오간 웃음과 눈빛, 숨결의 온도는 오래도록 기억 속을 걸을 것이다. 그래서 나는 속으로 되된다. 고마웠다고. 함께 걸어줘서, 그 순간을 나눠줘서 진심으로 감사했다고. 그리고 무엇보다, 우리 만남의 모든 찰나가 축복이었다고.

어젯밤, 넓은 방에는 우리 남매와 여성 순례자 한 명뿐이었다. 누나는 그 많은 빈 침대들 중 하필 우리 옆을 택한 이 낯선 이방인 탓에 좀처럼 잠을 이루지 못했나. 칠흑같은 어둠 속에서 충전기억 푸른 불빛이 시야에 걸려, 그 점 하나에 마음이 옭아매였다. 한참 뒤척이다 비몽사몽한 새벽녘, 누나는 돌아가신 아버지를 꿈꿨다고 했다. 선친께

프레곤토뇨 숲길

서 작고하셨을 때, 나는 초등학교 3학년이었다. 이미 장년이 된 내가, 여전히 누나 기억 속에 어린 동생으로 남아 있다는 사실에 마음이 무거워졌다. 어리다는 이유로 선친의 임종조차 지키지 못했던 철부지, 그 시절의 나를 떠올리며, 누나는 새벽 어스름 속에 홀로 눈물을 삼켰다. 혹여나 내가 알아챌까 조심스럽게.

고등학생 시절부터 어린 남동생 둘을 정성껏 챙기던 둘째 누나는

지금도 마음 한편에 장년의 동생들을 어릴 적 모습 그대로 남겨둔 것 같다. 두부를 큼직하게 깍둑썰고, 파를 송송 넣어 끓여주던 파된장찌개의 온기. 그 따뜻한 국물처럼 누나는 늘 나를 감싸안아 주었다. 그런 누나기 눈물짓는 모습을 봤다면 니는 이미 이렇게 말했을 것이디. "울지 마, 누나. 이렇게 함께 걷고 있잖아. 옛 기억은 어쩌면 슬프지만, 그 시절이 있었기에 이 여정이 더욱 아름다운 거야"라고.

여인의 눈물은 언제나 애잔하다. 밥 말리가 〈No Woman, No Cry〉(37위)에서 여인에게 울지 말라고 노래한 것도 그 때문일지 모르겠다. 이 곡은 레게 음악의 상징이자 밥 말리의 대표작으로, 스튜디오 버전보다 1975년 라이브 버전이 더 널리 알려졌다. 가사 속 여인은 사랑하는 연인이 아니다. 그를 키워준 어머니이자, 빈한했던 어린 시절의 기억을 품은 고향 트렌치 타운이며, 가난 속에서 고군분투한 조국 자메이카의 은유이기도 하다. 이 노래가 자메이카인들에게 공동체와 희망, 투쟁의 기억으로 다가오는 이유다.

Bob Marley, 〈No Woman, No Cry〉(1974, 37위)

밥 말리에게 음악은 단순한 생업이 아니라, 신념을 전하는 수단이었다. 그는 이 곡의 저작권을, 힘겨운 시절 자신을 도왔던 친구 빈센트 포드에게 선뜻 내주었다. 어려웠던 무명 시절 자신을 도운 친구의 치킨 수프 가게가 위태롭다는 소식을 듣고 기꺼이 저작권 수익이 보탬이 되길 바랐던 것이다. 그는 또 밴드 멤버들에게도 여러 곡의 저작권을 고루 나누며, 음악을 함께 만든 이들의 몫을 소중히 여겼다.

자정 무렵, 숙소의 모든 출입문이 닫힌 적막한 밤, 남몰래 쪽문을 열고 밖으로 나가 팔순을 맞은 장인어른께 전화를 드렸다. 대도시 교외의 적막한 야경이 펼쳐지는 가운데, 의외로 별이 많이 떠 있었다. 어린 시절, 여름밤마다 집 앞마당에 놓인 평상에 누워 흐드러진 은하수를 바라보던 기억이 되새겨졌다. 언제부터인가 나는 별도, 꿈도, 낭만도 잊은 채 살아온 것 같다.

서울의 밤하늘은 도시가 내뿜는 불빛에 가려 별이 좀처럼 보이지 않는다. 간혹 한밤중, 그믐 즈음에 맑게 갠 하늘 아래서야 비로소 아주 오래전 먼 은하에서 숨가쁘게 길을 찾아온 별빛을 간신히 발견할 수 있을 뿐이다. 이제라도 가끔은 밤하늘을 올려다보며, 식어버린 나의 불을 되살리고 싶다. 꺼져버린 열정과 자유, 삶의 감정에 생명의 불꽃을 붙이고 싶다.

사이키델릭 록의 대표주자, 도어즈The Doors의 〈Light My Fire〉(35위)는 그러한 마음에 한 줄기 불을 지핀다. 황홀하게 뻗어 나가는 오르간과 기타의 선율, 억눌린 감정을 통째로 태워버릴 듯 백화요란한 이 곡의 간주는 지금도 들을수록 가슴을 데운다. 노래의 백미가 잉걸불을 되살려 아주 오랜만에 내 안의 무언가가 활활 타오르기 시작했다.

🎧
The Doors, 〈Light My Fire〉(1967, 35위)

알베르게에서 내려다 본 시가지

차안의 인베이전

Layla: 찰나의 탐욕과 허무한 집착

오늘 10km를
무사히 걸어와 샤워하고
빨래해서 널고... 하늘은 파랗고 물다 구름 한점 없이...
내일 산티아고에 좀 더 가뿐하게 들어간다고 신발도 먼지를 털어냈다.
좋다 좋아 ♡   6.15

오 페드로우소O Pedrouzo ~ **라바코야**Lavacolla 9.6km

드디어 누나가 순례를 마감하는 최종 무대에 올랐다. 사리아에서 발걸음을 멈춘 지 닷새 만이다. 순례의 마지막 날에만 걷는 편이 나을 거라 여겼지만, 나는 입을 다물었다. 이날을 얼마나 애타게 기다려왔을지, 그 마음이 얼마나 단단해졌을지 익히 짐작됐기 때문이다. 말없이 누나 짐의 삼분의 이를 내 배낭에 옮겨 담았다. 하루 10km 남짓한 짧은 일정, 서로를 다독이며 걷기로 했다. 짐을 줄이고 무릎도 어느 정도 회복되었으니 천천히 가면 별일 없으리라 믿었다.

어쩌면 선친께서 다시 걷는 누나를 격려하려고 어제 새벽 꿈에 찾아오셨는지도 모르겠다. 폴 매카트니Paul McCartney에게 어머니 메리가 그랬던 것처럼. 〈Let It Be〉(20위)는 비틀스 멤버들의 갈등을 걱정하던 폴이 꿈에 본 어머니의 말을 곡으로 옮긴 것이다.

"모든 게 괜찮아질 거야, 그냥 내버려두렴."

그 한마디가 폴에게는 깊은 위로였을 테다. 누나도 꿈속에서 아버지와 마주하며 해맑게 웃었길 바랐다. 폴이 작곡하여 아레사 프랭클린Aretha Franklin이 먼저 발표하고, 훗날 비틀스의 마지막 앨범에 수록된 이 노래는 "그대로 두라"는 가사로 많은 이들의 마음을 다독였다.

🎧
The Beatles, 〈Let It Be〉(1970, 20위)

삶의 지혜가 넘치는 이 노래의 제목은 아마 『루카복음서』 1장 38절에서 따온 듯하다. "말씀하신 대로 저에게 이루어지기를 바랍니다."

Let it be, 그저 순리를 따르라는 말, 힘겨운 시간에도 하늘은 여전히 우리를 비추고 있다는 믿음. 이 길에 어울리는 가르침이다.

지난 57년을 나는 욕망과 노여움, 어리석음이라는 탐진치로 얼룩진 길 위에서 헤매었다. 무수한 잘못을 저질러 삼독의 감옥에 스스로를 가둔 채 허우적거렸다. 그러다 뜻밖에 형 집행이 정지되듯, 두 달간 피안으로 향하는 피정의 기회를 얻었다. 비록 그곳에 미처 도달하진 못했을지라도, 적어도 가장자리를 맴돌며 숨을 고를 여유는 누릴 수 있었다. 순례 말미에 이르러서는 '위아'라 불리는 집착이 다시금 고개를 들었고, 어리석은 기운이 번졌지만, 대체로 야고보가 누워 있는 별이 빛나는 들판을 향한 이 길은 내게 사색과 관조, 잊고 지내던 믿음과 신심을 돌려준 평온한 쉼이었다.

그리고 오늘, 누나와 이 길을 또다시 걷기 시작한다.

나바라에서 라 리오하, 카스티야와 레온을 지나 갈리시아에 이르기까지, 각 지방은 저마다 다른 색과 숨결로 나를 맞이했으며, 그 풍광들을 실처럼 꿰어낸 까미노는 한줄기로 이어졌다. 걸음을 내딛을수록 까미노에 펼쳐진 절경들은 내 안의 가장 깊은 곳을 두드려, 나도 모르게 멍하니 서서 바라보게 만들곤 했다. 너무도 아름다운 풍광에 이성적 사유가 멈추고, 오직 감탄만이 마음을 채웠다. 감정은 말갛게 씻겨 나가고, 머릿속은 텅 비워진 채 눈과 가슴으로 받아들인 비경이 그 자리를 메꾼 것이다. 일종의 강제된 멍 때리기였다. 오티스 레딩의 〈〈Sittin' on) The Dock of the Bay〉(28위)처럼, 아무 말 없이 바닷물을 바라보는 시간, 그런 느낌이었다. 복잡한 감정에서 벗어나려던 오티스의 음악과 같이, '라바코야 알베르세'Albergue Lavacolla에 도착한 순례자들 역시 경건함으로 중무장된 갑옷을 벗어 던지고 잔디밭에 내려앉아, 시원한 레몬 맥주와 진한 자주빛 와인 한 잔으로 축제 전야의 여유를 만끽했다.

이날 감상한 열다섯 곡 중 다섯 곡의 주인공이 비틀스였다. 반세기 전 미국을 휩쓴 '브리티시 인베이전', 빌보드 싱글차트 탑 5를 독차지했던 파장을 이 작은 마을로 가는 길에서 체감했다. 그중에서도 〈In My Life〉(23위)는 산티아고 입성을 하루 앞둔 이날, 한결 마음에 와닿았다.

"누구에게나 잊지 못할 장소가 있고, 사랑하는 사람들이 있다. 어떤 곳은 변했고 어떤 곳은 그대로다. 떠난 이도, 남아 있는 이도 있다."

까미노를 걷는 동안, 내 마음속 어딘가에 숨겨두었던 오래된 이름들이 하나둘 떠올랐다. 개중에는 더 이상 연락이 닿지 않는 이들도 있다. 하지만 그들을 향한 내 그리운 마음은 여전히 선명하게 남아 있다.

그럼에도 나는 먼저 손을 내밀지 않았다. 시간이 흘러도 우정은 그대로일 거라 믿고, 그리워 하는 내 마음을 전하지 않아도 다시 만나면 예전처럼 통할 거라 여겼다. 착각이었다. 아무리 깊은 인연도 말없이 놓아버리면 잊히기 마련이다. 비틀스 최초의 빌보드 핫 100 차트 1위 곡으로 브리티시 인베이전의 선봉을 이끌었던 〈I Want to Hold Your Hand〉(16위)가 말하듯, 마음은 표현해야 닿는다. 사랑하는 연인의 손을잡고 싶다는 단순한 가사지만, 사랑을 드러내는 걸 부끄러워하지 않는, 그 시대에 어울리지 않는 솔직함이 마음을 두드린다. 삶도, 관계도, 결국은 진심에서 비롯된다.

임프레션스The Impressions의 〈People Get Ready〉(24위)는 그 진심에 믿음을 더하라고 속삭인다. 주님이 계시다는 확신만으로는 부족하다. 누군가를 깊이 사랑하고, 연민하고, 품으려는 마음이 있어야 한다고, 천국행 기차는 자기만 챙기거나 남에게 상처 준 이들은 타지 못한다고 강조한다. 야고보가 이 길을 걸었던 것도 그런 뜻이었을 것이다. 낮은 곳을 향한 사랑과 실천, 그 마음을 조금이나마 되새길 수 있었던 길. 행동이 따르지 못한 지난 시간을, 이 순례의 끝자락에서 차분히 반성하며 기도하듯 되뇐다.

산티아고 공항

"잊지 않겠다. 사랑하겠다. 그리고 믿겠다. 이 길이 나를, 조금은 더 나은 사람으로 이끌어줄 것임을."

며칠 후면, 차안의 언덕 너머에 자리한 교도소 같은 현실로 돌아가야 한다. 37일간 까미노는 비신자인 내게 찬란한 성소가 되어 주었다. 그 안에서 나름 경건하게 피정을 치렀다. 조만간 영적 수양의 시간이 끝나면, 탐진치로 가득한 질곡의 일상으로 귀환해야 한다. 그곳은 익숙하지만, 매일같이 치열한 경쟁이 벌어지는 다이나믹한 레이스에서 살아남아야 하는 속박의 자리다. 그곳에서 반복될 집착과 무력한 분노, 허무한 어리석음을 이야기하는 노래들이 있다.

데릭 앤 더 도미노스 Derek & The Dominos를 이끈 에릭 클랩튼의 〈Layla〉(2/위)는 그런 감정의 스펙트럼을 서사적으로 압축한 곡이다. 절절한 짝사랑과 무너진 열망, 허무한 결말까지. 조지 해리슨의 아내였던 패티 보이드 Pattie Boyd를 향한 애틋한 연정을, 그는 페르시아의 비극적인 사랑담 '레일라와 메즈눈(미치광이)'에 빗대어 불살랐다. 에릭과 듀안 올맨Duane Allman의 번뜩이는 기타 리프는 치기 어린 격정을 쏟아냈고, 피아노 아웃트로는 끝내 가슴 깊은 슬픔으로 가라앉았다. 훗날 에릭은 그녀와 결혼하지만, 그 사랑 또한 오래가지 못했다. 이토록 불같은 마음이 남긴 것은, 허망한 소유욕과 불완전한 집착뿐. 훗날에 발표된 《Unplugged》(1992)에 수록된 동명의 '언플러그드 리메이크 버전'은 모든 열정을 내려놓은 자의 고요한 체념처럼 다가온다. 나이가 들어 농익은 감정의 풍경이 더 감미롭게, 더 절실하게 마음을 어루만진다. 꼭 들어보시라 강력 추천한다.

🎧 Derek & The Dominos, 〈Layla〉(1970, 27위)

존 레논의 〈Help!〉(29위)는 자존감이 낮아질 때, 자신도 모르게 세상을 향해 보내는 묵언의 구조 요청으로 들렸다. 예상을 뛰어넘은 성공 이후 찾아온 번민을 그는 이 노래로 토해냈다. "도와줘! 누군가가 필요해"라는 절박한 고백은 진솔한 감정의 토로이자, 연대를 그리는 간절한 소망이다. 어쩌면 우리도 마찬가지다. 자존감이 낮아지면 쉽게 분노가 쌓여, 해소되지 않은 감정을 자책하거나 남 탓으로 돌린다. 마음 둘 곳 없는 피로와 상실 속에서, 언젠가 누군가를 잃거나 외면하게 만든 작은 이익 앞에서, 너무 늦기 전에 돌아가야 할 그 자리를 애타게 그리워하고 있을 뿐이다.

그리고 브루스 스프링스틴의 〈Born to Run〉(21위)은 현실을 벗어나려는 모든 청춘의 울부짖음이자, 끝내 돌아올 수밖에 없는 고향에 대한 회귀의 노래다. 자유와 이상향을 향한 도주는 환상에 불과했고, 그 끝에는 고향집이 있었다. 그가 노래한 자유는 공동체로부터 비롯된다는 깨달음이었다. 신영복 선생은 『감옥으로부터의 사색』(1988)에서 '수신제가치국평천하'의 고리를 순차적 흐름이 아닌 전후의 관계로 읽었다. 제가 없는 수신은 자신만 중시하는 독선이고, 치국에 앞선 제가란 맹목적인 가족의 이기일 수 있으며, 평천하 없는 치국은 폭력적 제국주의를 정당화하는 구실일 뿐이라는.

Bruce Springsteen, 〈Born to Run〉(1975, 21위)

내 안의 집착과 노여움과 무지를 씻어내려 떠났던 이 길 위에서, 나는 이제 안다. 삶이란 어느 한 지점에서 고요히 멈추는 것이 아니라, 더 큰 공동체와 관계 속에서 끊임없이 자기를 돌아보는 여정이라는 것을. 그러니 그곳으로 돌아간다 해도, 나는 전과 같지 않을 것을 다짐한다. 적어도 지금 이 순간만큼은.

까미노를 걷는 동안, 자연과 생명의 순환이라는 거대한 이치에 조금 더 가까워진 듯했다. 단출한 일상과 절제된 걸음 속에서 물질이 행복의 본질이 아니라는 사실을 새삼 되새겼다. 월든 호숫가의 오두막에서 자발적으로 불편을 감수한 채 자연에 기대어 2년간 오막살이를 했던 헨리 데이비드 소로Henry David Thoreau*처럼, 나 역시 까미노라는 너른 품에 기대어 현실의 번잡함에서 벗어나 한때나마 자유로웠다.

헨리가 성찰했던 자연의 리듬, 인간과 자연의 연결관계, 곧 자연이 들려주는 삶의 이치는 하나의 원이라 할 만하다. '서클 오브 라이프', 모든 생명이 공동체의 일부로서 각자의 자리를 지키며 순환이 질

---

* 헨리 데이비드 소로, 『월든』(수문출판사, 2021), 원작은 1946년 발표.

서를 이룬다는 믿음. 나는 그것이 또한, 변화하는 삶의 흐름 속에서 그 변화를 기꺼이 받아들이는 자세라고 이해했다. 마주할 현실이 차가운 감옥처럼 느껴진다 해도, 이 순환의 법칙을 잊지 않고자 한다.

산티아고로 향하는 길은 내게, 삶의 저편을 희미하게나마 들여다보는 신비로운 카이로스를 허락해주었다. 하지만 종착지가 가까워질수록 차안으로 되돌아가야 한다는 사실이 현실의 그림자처럼 다가왔다. 깨달음은 때로 모든 것을 이해하는 통찰일지라도, 그 자체로 세상을 바꾸지는 않는다. 현실은 이전과 다를 바 없는 모양을 지닌 채 흐르고 있다.

어리석은 내게 있어 삶은 여전히 깨달음과 동떨어진, 불협화음 가득한 악보 같다. 하지만 삶이란 어쩌면 그 불협까지도 끌어안은 채 연주를 해야 하는 곡인지도 모른다. 빅터 프랭클Viktor Frankl[*]은 말했다. 삶은 우리가 당장 바꿀 수 없는 고통 앞에서 어떤 태도를 택할 것인가의 물음이라고. 아우슈비츠 수용소에 갇힌 유대인들이 카포, 즉 수용소 경찰이 되어 동족을 괴롭힐지, 아니면 동료를 도울지는 오롯이 각자가 선택할 문제였다. 그러니 주어진 삶이 무엇인지 고민할 필요가 없다. 삶은 곧 끊임없는 선택의 연속이며, 기쁨과 시련은 언제나 그 선택에 대한 결과와 함께 따른다. 이것이 37일간 양안의 경계를 어물쩡거리면서 내가 까미노에서 얻은 귀한 교훈이었다.

며칠간 사색을 품어주던 아침 안개가 자취를 감추고, 싱그러운 햇살이 6월의 숲을 환히 밝혀주었다. 누나와 나란히 걷는 길은 기대 이상으로 상쾌했다. 혼자만의 시간을 내려놓은 대가치고는 너무 많은 보상을 받은 것 같다. 나는 누나보다 한참 뒤에서, 그림자처럼 숲길을

---

[*] 빅터 프랭클, 『죽음의 수용소』(청아출판사, 2020), 원작은 1946년 발표.

따라 걸었다. 새들의 지저귐이 바람결에 실려 들렸다. 녀석들이 우리에게 '잘 가라' 인사하는 듯했다. 라바코야에 이르기까지, 9km를 4시간에 걸쳐 완보했다. 그리고 그 평화로운 오후는, 조만간 마주할 현실을 조금은 담담히 받아들일 수 있게 해주었다.

🎧 **라바코야(Lavacolla) 숲길, 〈새들의 이별 노래〉**
* 유튜브에서 제목으로 검색하면 고화질로 감상 가능

산티아고 입성 기념으로 신발 세척 중

산티아고 외곽

이 또한 지나가리라

Imagine: 일화가 만발한 오브라도이로 광장

「십자가에 매달리신 예수님」

산티아고 대성당 내부를 관람하던 중 스테인드 글라스에 새겨진 모습이 인상적이었다. 산티아고 광장에 들어서면서 기도를 드리던 순간. 저녁 미사 중 성찬례 - 성체를 받아 모시는 순간 어쩌나 눈물이 나던지... 스페인어로 드리는 미사에 별 감흥이 없다가 영성체를 하고 이것 때문에 여기에 왔나 싶었다. 찬미예수님!

라바코야 Lavacolla ~ 산티아고 데 콤포스텔라 Santiago de Compostela 9.9km

드디어, 그날이 왔다. 까미노를 나서던 날에는 까마득하기만 했던 이 순간. 프랑스 작은 국경 마을에서 흐르기 시작한 크로노스의 시계가 이제 멈출 채비를 한다. 산티아고 대성당까지 남은 길은 고작 9.9km. 손 내밀면 닿을 듯한 거리다. 나를 두고 간 이는 십 리도 못 가 발병이 난다 했던가. 마지막 구간이니만큼, 그 누구의 원망도 듣지 않도록 조신하게 걷기로 한다.

하늘에는 새털구름이 너울진다. 며칠간 갈리시아 하늘을 경험해 본 바, 이 정도면 환한 날씨가 기대된다. 오브라도이로 광장을 비추는 아침 햇살 아래 산티아고 데 콤포스텔라 대성당을 바라보는 순간, 나는 어떤 마음일까. 뭉클한 눈물이 솟을까, 덤덤한 미소일까. 내 성정을 생각하면 후자 쪽이 조금 더 가까워 보인다.

한 달 넘게 정들었던 포근한 흙길을 굳이 마다하고, 까미노에서 낯설었던 아스팔트 가장자리를 따라 걷는다. 어느덧 환속을 준비하는 걸까. 아니다. 이유는 없다. 길이 나를 부른 것이고, 나는 그저 따를 뿐이다. 지나는 버스로 추정컨대, 아마 이 길은 시내와 공항을 잇는 도로인 듯하다. 산티아고 교외에 진입하여 운치는 덜하지만, 새들은 여전히 지저귀며 길동무가 되어준다. 그간 나를 위로해 준 존재들과의 이별이 담담해 다행이다.

호젓한 주택가로 접어들자, 순례자의 걸음 소리만이 정적을 가른다. 그런데 이 정적은 묘하게 소란스럽다. 마을의 적요한 분위기에 어울리지 않는, 소리 없는 아우성의 정체는 다름 아닌 스프레이로

종합도시계획을 반대하는 현수막

'PLAN XERAL NON'이라 휘갈긴 현수막! 산티아고 시가 입안한 종합 도시계획을 반대하는 마을의 목소리다. 3만 7천 채에 이르는 주택 신축 계획이 주민들에게 얼마나 불안한 미래로 다가왔길래 이리도 반대를 하나. 슬로건을 바라보는 내 마음이 착잡하다. 서울의 낙후된 재개발 지역 철거촌에서나 보던 붉은 스프레이 낙서를 이 곳 산티아고에서 접하게 될 줄이야. 삶의 터전을 잃고 내몰리는 사람들의 고단한 사연이 여기도, 저기도 닿아 있다. 젠트리피케이션은 언제나 보호받아야 할 누군가를 잊는 부조리에서 시작된다.

1963년, 가수 샘 쿡도 그런 부조리 앞에 섰다. 예약해두었던 LA의 한 호텔에 투숙하려다 인종차별로 쫓겨났고, 이를 항의한 끝에 경찰서로 끌려갔다. 죄목은 소란죄. 흑백 분리를 제도화한 짐크로 법 때문이었다. 가뜩이나 밥 딜런에게 자극받았던 샘 쿡이 사회에 비판적인 시각을 갖게 된 계기였다.

산 마르코스 가는 길

밝고 경쾌한 노래만 고집하던 그가 마음을 다지고 작곡한 〈A Change Is Gonna Come〉(12위)에는 분노와 희망, 절망과 기도가 한데 뒤섞여 있다.

"나는 강가 오두막에서 태어나, 강물처럼 흘러왔다. 오랜 시간이 걸렸지만, 변화가 올 줄 알았다."

그러나 이 노래는 그해 겨울, 그가 총탄에 스러지며 비극으로 마무리된다. 석연찮은 의문을 남긴 채 샘은 떠났지만, 노래는 살아남았다. 그가 바라던 변화는 여전히 바람결을 타고 흐르고 있다.

그 시절 흑인 가수들이 마주했던 차별은 상상 이상이었다. 백인이 흑인의 음악을 표절하는 건 애교이고 흑백분리 정책은 양반으로 여겨질 정도였다. KKK단은 거리낌 없이 폭력을 휘둘렀고, 수많은 흑인 가수들이 세상에 묻힌 채 의문사로 기록되었다. 샘 쿡의 죽음도 그 가운데 하나였다. 일부 백인 정치인과 검사, 경찰, 근본주의 기독교 세력은 서로 손을 맞잡고 흑인 예술가와 그들의 삶을 짓밟았다. R&B나 록앤롤 같은 싸구려 흑인 음악이 아이들을 타락시킨다는 백인 부모들의 힐난은 그들에게 그럴듯한 명분이 되었다.

영화 〈그린북〉(2019)을 회상한다. 미국 남부를 순회하던 흑인 피아니스트 돈 셜리 박사와, 그의 운전사이자 보디가드였던 백인 토니가 서로에게 마음을 여는 이야기는, 인종의 장벽을 넘어선 우정을 감동적으로 담아냈다. '그린북'이란, 지역별로 흑인 출입이 허락된 숙소와 식당을 알려주는 책을 말한다. 일종의 인종 차별을 당연시한 여행 안내서다. 돌아보면, 우리 사회의 재개발이 취약한 사람들에게 아직 폐기되지 않은 또 다른 그린북 같아 안타깝기도 하다.

차별당하는 이들의 심정을 내가 어찌 가늠하랴. 그저 그들에게 작은 위로가 될 법한 노래 한 곡을 들려주고 싶다. 순례길에서 다시 들었을 때, 첫 구절이 흘러나오자 머릿속에서 오랫동안 잊었던 종소리가 크게 울렸다.

"그를 사람이라 부르기 전에, 그는 얼마나 먼 길을 걸어야 했을까.

자유를 얻기까지, 사람들은 얼마나 오랜 세월을 견뎌야 할까. 얼마나 많이 고개를 돌려야, 그들이 겪은 고통을 볼 수 있을까. 얼마나 많은 희생이 있어야, 너무나 많은 이들이 죽어간 걸 깨달을까."

밥 딜런의 〈Blowin' in the Wind〉(14위)는 그 모든 물음에 단 하나의 답을 내놓는다.

"그 해답은 바람 속에 있다."

포크 음악은, 스스로 답을 찾아 행동하라는 이 노래를 기점으로 세상을 향한 목소리가 되었다.

Bob Dylan, 〈Blowin' in the Wind〉(1963, 14위)

순례를 마무리하는 상상을 할 때마다, 늘 마음속에 품고 있던 장면이 하나 있었다. 산티아고 외곽, 먼발치에 있는 '고소' 언덕에서 대성당의 첨탑을 처음 바라보는 순간. 순례자 동상 앞에서 나는 어떤 생각을 하게 될까. 말없이 하늘을 바라볼까, 아니면 뺨을 타고 눈물이 흐를까. 기쁨의 언덕이라는 뜻이 담긴 몬테 도 고소에 도착했지만, 아무리 둘러봐도 고대하던 그 동상은 보이지 않았다. 분명 조형물이 있을 법한 곳을 무심코 지나치지 않았는데 말이다. 갈리시아 음악축제 기간이라 언덕은 온통 텐트로 가득했고, 나는 동상 앞에 서 있는 나를 그저 상상만 하면서 시가지로 내려왔다.

구불구불한 골목을 지나자, 건물 사이로 대성당의 첨탑이 드러난다. 이미 지나온 기쁨의 언덕에서 멀리 봤던 풍경이라, 묘하게 감흥이 덜하다. 그러나 한 모퉁이를 돌자, 마침내 대성당이 우뚝 서 있었다. 나는 말없이 오브라도이로 광장으로 들어섰다. 그리고 그 한복판에서

산티아고 데 콤포스텔라 대성당

대성당과 시선을 맞춘다.

　　스무 해 넘게 그리던 카이로스의 순간이 드디어 나를 찾아왔다. 37일의 순례를 버티게 해준 내 영혼의 기백이, 고요하게 가슴 깊숙이 가라앉는다. 주변은 환호와 눈물, 환희와 기도로 가득한데, 나는 그저 우두커니 서서 하늘을 몽롱하게 올려다본다. 구름을 하얗게 물들인 태양빛 사이로, 눈부신 일화日華가 번진다.
　　아침에 들었던 그 노래가 파노라마처럼 뇌리를 스친다.
　　"천국이 없다고 상상해봐요. 우리 아래엔 지옥도 없고, 위에는 그저 하늘뿐. 나라들이 없다고 상상해봐요. 죽이거나 죽을 이유도, 종교도 없어요. 소유가 없다고 상상해봐요. 탐욕도 굶주림도 없이, 모두가 형제로 살아가는 세상. 당신은 내가 몽상가라고 하겠지만, 나 혼자만은 아니에요. 언젠가 당신도 우리와 함께하길 바라요. 그러면 세상은 하나가 될 거예요."

　　존 레논이 아내 오노 요코Ono Yoko의 시에서 영감을 받아 만든 〈Imagine〉(3위). 인류가 계급과 경계를 넘어, 오늘을 위해 하나 되어 살아가는 세상을 그린다. 실현되기 힘든 꿈일지라도 그 상상을 품는 순간, 마음 어딘가가 따뜻하게 반짝이는 것이 축복받은 기분이 든다. 잔잔한 발라드의 멜로디는 절규하는 록보다 더 깊숙이 폐부에 파고들어, 팔등에 솜털을 돋우고 온몸을 전율케 한다.

🎧
John Lennon, 〈Imagine〉(1971, 3위)

　　이제 나의 길은 여기서 아쉽게 멈추지만, 마음의 순례는 여전히 흐른다. 그리고 이 모든 여정의 끝자락에서 나는 말한다. 이 길 위의 모든 만남에, 모든 순간에, 깊이 감사한다고.

마침내 끝났다는 허전함이 밀려온다. 묵직한 감정에 코끝이 시큰해진다. 옆에서 누나가 눈물을 훔치지 않았다면, 나도 이내 떨어지는 물방울을 감당하지 못했을 것이다. 적막한 감동 속에서 이곳에 닿았음을 증명하듯 사진을 몇 장 남긴다.

성당 맞은편 아케이드 그늘에 앉아, 하염없이 아치 너머로 대성당을 바라본다. 나를 이끌어준 길벗들을 카메라 렌즈에 담는다. 배낭을 스틱에 기대고, 장갑은 그 위에 올려놓고, 신발은 가지런히 벗어놓은 채. 까미노 위에 차곡이 쌓였던 감정들을 다 비워낸 뒤, 담담히 돌아선다. '세미나리오 메노르 알베르게'에서 이 허한 마음을 달랜다. 그 빈자리를 채울 준비를 마친 다음, 오후 4시쯤 다시 성당으로 재우쳐 간다. 이번에는 순례자에서 여행자로 모드를 바꿔, 조금은 가벼운 발걸음으로.

'영광의 문'을 지나 본당으로 들어선다. 정면 끝, 제대 주변에는 황금빛 물결이 일렁이지만, 부르고스나 레온보다 소박하다. 화려함보다는 따뜻함,

나를 이끌어 준 길벗들

산티아고 데 콤포스텔라 대성당 제대

경외심보단 안도감. 순례객을 맞이하는 전례에 치중하는 성당 본연의 기운이 충만하다. 제대 중앙의 성 야고보 좌상을 지나, 지하로 이어진 통로에 선다. 은빛 관 속에 고요히 잠든 성인 앞에서 기도한다. 어머니와 처부모님, 그리고 소중한 이들의 건강을 빈다. 그 순간, 성인의 속삭임이 들려오는 듯하다.

"고통은 참아내고, 세상의 짐을 모두 네 어깨에 올리지 마. 세상을 쿨하게만 보려는 이들의 눈에 휘둘리지 말고, 보낼 건 보내고, 받아들일 건 받아들이며 다시 시작해. 함께할 이가 너를 기다리고 있으니."

새로운 사랑에 빠진 존 레넌은 주저없이 오노 요코를 택했고, 아내 신시아와 작별했다. 그 여파로 어린 줄리안은 친부와 헤어져 엄마와 함께 지내야 했다. 줄리안을 아꼈던 폴 매카트니는 그를 위로하기 위한 노래를 만들었다.

"두려워하지 말고 가서 그녀를 안아. 너의 안에 들이는 순간, 너는 더 나아질 거야."

그 노래, 〈Hey Jude〉(8위). 줄리안을 위한 위로였지만, 정작 존 레논은 한동안 이 곡이 오노를 선택한 자신을 위한 노래라 여겼다. 어이없는 착각이지만, 그런 오해조차 미소로 흘려보낼 만큼 곡은 따뜻했다. 7분 11초의 깊고 긴 서사. 비틀스 최대의 히트곡이자, 시대를 뛰어넘는 가장 위대한 싱글 중 하나로 남아 있다.

🎧 The Beatles, 〈Hey Jude〉(1968, 8위)

'보낼 건 보내고, 받아들일 건 받아들이라'는 구설에는 밑없이 웃는 소이부답笑而不答의 해학이 깃들어 있다. 고난과 행복, 그 무엇도 머물지 않고 흘러간다는 '이 또한 지나가리라'라는 지혜처럼. 마음을 억지로 움켜쥐지 말고 흘러가게 두라는 노장사상의 여운이 이 말에 배어 있다. 밥 딜런은 〈Like a Rolling Stone〉(1위)을 흥얼거리며 특권계층에서 모든 것을 잃고 전락해 길 위에서 방황하는 이에게 이렇게 노래했다.

"관습의 울타리에서, 그에 맞춰 살아온 스스로의 위선에서 벗어나 자유로운 삶을 향하라"고.

수십 일의 고행을 마무리하며 감상한 명곡의 선율들 속에서, 내가 이 길에서 그토록 찾아 헤맸던 순례의 의미를 부지불식간에 깨달았다.

"하늘 아래 모든 것에는 시기가 있고, 모든 일에는 때가 있다."
― 『코헬렛』 3장 1절

삶은 그저 흘러가는 시간이 아니라, 저마다의 이유와 때가 있다. 그러니 주어진 운명은 회피하지 말고 정면으로 맞서라. 견디되, 그 안에서 기꺼이 살아내라. 그러면 이 모든 순간 또한 지나가리니. 까미노는 그렇게 말해주는 듯했다.

저녁 7시 반, 미사에 들었다. 간절히 기다려 온 보타푸메이로(향로) 의식을 볼 수 없어 아쉬움이 남았다. 그러나 낯선 스페인어 강론 속에서도, 마지막을 미사로 채우는 시간은 마음을 맑게 씻어 주었다. 긴 여정 동안 어깨에 올려둔 무형의 짐이 씻기듯 사라지는 기분이었다. 수원에서 온 김 교장 선생님 부자를 만나, 함께 걸어온 날들을 이야기하며 마음을 나눴다. 순례 중 처음으로, 밤 10시 반이 되어서야 숙소로 돌아왔다. 오늘은 그렇게, 아주 늦은 밤까지 멈춰 선 순례의 여운을 만끽했다.

무시아: 길이 끝나자 여행이 시작되는 곳

Like a Rolling Stone: 범아일여를 찾아서

무시아 성당

    게오르그 루카치 Georg Lukacs 는 『소설의 이론』(1920)을 아래의 유명한 시적 문장으로 시작한다.

    "별이 총총한 하늘이 갈 수 있고 또 가야만 하는 길들의 지도인 시대, 별빛이 그 길들을 훤히 밝혀주는 시대는 복되도다. 그 시대에는 모든 것이 새롭지만 친숙하고, 온갖 모험을 걸 대상이지만 성취 가능하다. 세계는 넓으나 마치 자기 집과 같은데, 영혼 속에서 타오르는 불

이 하늘에 떠 있는 별들과 본질적으로 동일하기 때문이다."

별이 지도였고 별빛이 길을 밝혀주던 시대, 삶은 낯설지 않았다. 가야 할 길이 명확했기에 세계는 넓어도 두렵지 않았다. 신의 질서와 하나 된 인간은 방황할 필요 없이, 스스로 세계의 일부임을 받아들였다. 루카치가 말한 고대 그리스는 그런 시대였다. 하지만 시간이 흘러 조화는 무너졌고, 신은 사라졌으며, 별빛은 희미해졌다. 인간은 내면의 불꽃마저 꺼뜨린 채 홀로 길을 잃었다.

이제 우리는 신 없는 세계에서 살아가야 한다. 부조리와 불확실 속에서 삶의 의미는 주어지는 것이 아니라, 스스로에게 물어야 한다. 루카치에게 소설은 그런 신에게 버림받은 근대인의 서사시다. "길이 끝나자 여행이 시작되었다"는 문장은 과거의 회귀가 아니라, 조화가 사라진 세계에서 끝없이 자신과 세계의 의미를 찾아 떠나야 한다는 메시지다.

37일 동안 나는 까미노라는 하나의 길을 걸었다. 우회로가 나오면 주저 없이 그론세 닷컴이 알려주는 방향을 따라 걸었다. 별빛 대신 노란 화살표 하나만으로도 길을 잃지 않을 수 있었다. 그렇게 도달한 종착지, 오브라도이로 광장에서 길은 다시 방사형으로 퍼져 나갔다. 길의 끝은 새로운 여정의 시작. 인생도 마찬가지다. 지금 나는 또 다른 시작점에 서 있다. 루카치의 근대인처럼, 나 역시 불확실한 미래의 갈래 앞에서 무엇을 선택해야 할지 묻는다.

오늘이 그랬다. 여운을 어디서 다듬을지 고민했다. '피니스테레' Finisterre는 땅끝이라는 상징이 있다. 실제 유럽 최서단은 포르투갈의 '호카곶' Cabo da Roca이지만, 예수님이 야고보에게 선교를 명한 곳이라는 전설도 있다. 그러나 북적이는 관광지 분위기가 내 마음을 가라앉히지 못했다. 진정한 마지막을 정리하기에는 무언가 부족했다.

대신 무시아 Muxia가 떠올랐다. 선교에 지쳐 낙심한 야고보에게 성모 마리아가 돌배를 타고 나타나 위로하고, 순교를 위해 예루살렘으로 떠나게 했다는 전설. 무시아는 종착점에 달한 묵직한 감정을 끌어안을 수 있는 곳이다. 영적인 순례의 끝맺음으로, 어쩌면 더 어울리는 이름. 나는 그 갈림길에서 무시아를 택했다.

이제 종막을 내리기 위한 마지막 걸음. 되돌아서면 흐려질지도 모를 여운을, 더 깊이 새기기 위해 무시아로 향했다. 길의 끝은 어쩌면, 가장 위대한 시작이다.

유조선 해양사고를 기리는 '라 에리다' 기념비와 영미터 표지석

    앞으로도 내 앞에는 수많은 선택지가 놓일 것이다. 정답은 없고, 결과를 미리 알 수도 없다. 그래서 또 주저하고, 장고를 거듭하게 될

것이다. 하지만 더 무거운 건, 그 모든 질문에 오직 나 혼자 답해야 한다는 사실! 그리고 그 결과를 온전히 감당하는 일 역시 내 몫이다. 순례길에서 10kg이 넘는 배낭을 끝내 스스로 짊어졌듯, 내 삶의 무게 또한 어느 누구도 대신 들어줄 수 없다. 이 단순한 진실을 받아들이고 나서야, 종착지에 이르고서도 얽혀 있던 마음의 실타래가 조금씩 풀리기 시작했다.

이젠 "고생 끝에 낙이 온다"는 말에 더는 쉽게 기대지 않으련다. 정성을 다했음에도 원하는 바를 이루지 못할 수 있는, 그것 역시 삶이라 받아들이려 한다. 아쉬움은 남겠지만, 그 책임을 어느 누구에게도 돌릴 수 없다. 보통은 남 탓을 하거나 스스로를 책망한다. 그때 왜 그렇게밖에 선택하지 못했을까, 왜 더 신중하지 못했을까 자책하거나, 더 나은 내일을 또다시 다짐하면서. 그런 우를 범하고 싶지 않다. 그저 길 위에 선 채로 버텨내고 싶다.

문득, 이렇게 되묻는다. 지금 내 앞의 작은 목표 하나쯤은 계획대로 이룰 수 있을까? 고전역학이 지배하는 세계라면 가능했을 것이다. 힘은 질량과 가속도의 곱에 비례한다는 뉴턴의 법칙처럼 조건을 정확히 계산해 투입하면 결과는 정해진다. 목표와 노력과 결과가 하나의 선으로 이어지는 세계.

하지만 현실은 그와 다르다. 이곳은 양자들이 입자이자 파동으로 중첩되고, 시간조차 하나로 고정되지 않은 불확실한 세계의 확장판이다. 미래는 하나의 방향이 아닌, 무수한 가능성의 파동이다. 그 가운데 어느 하나를 현실로 수렴시키기 위해서는 셀 수 없는 변수와 마주하고, 끊임없이 조율해야 한다.

그럼에도 우리는 미지의 세계를 향해 걷는다. 불확실한 길 위에서, 또 하나의 내일을 향해. 확정되지 않은 미래 앞에, 오늘의 이 작은 걸음을 내디딜 뿐이다.

양자역학의 세계에는 미리 정해진 결과가 없다. 어떤 사건도 관측되기 전까지는 가능성의 겹으로 존재하며, 오직 관측되는 순간에야 비로소 하나의 현실로 수렴된다. 이 법칙에 따르면 미래를 예측하고 계획대로 이끈다는 건 애초에 불가능에 가깝다.

여기에 카오스 이론까지 더해지면 이야기는 더 깊어진다. 카오스란 질서를 잃은 무질서가 아니다. 너무 복잡해 눈에 띄지 않을 뿐, 분명한 고차원의 질서를 품고 있다. 기상학자 에드워드 로렌츠Edward Lorenz는 동일한 조건으로 시작한 두 개의 시뮬레이션이 시간이 흐를수록 전혀 다른 결과로 나뉜다는 사실을 발견했다. 초반의 단 백만분의 일도 안 되는 미세한 차이가 원인이었다. 이 작은 차이가 거대한 변화로 이어진다. 세상은 이처럼 초기 조건에 극도로 민감하다. 흔히 말하는 '나비효과'다.

복잡계 속에 사는 우리는 매 순간 선택의 갈림길 앞에 선다. 수많은 경로 중 단 하나를 택해야 한다. 설사 목표에 가장 가까운 조건을 알고 있다 해도, 우리가 사는 세계는 로렌츠의 날갯짓처럼 예측 불가능한 변수들로 가득하다. 시간은 확률의 파동으로 중첩되어 흐르고, 공간은 선택의 무대다. 이 모든 변수를 예측하고 통제하기란 인간의 능력을 훌쩍 넘어선다. 그것은 신의 언어이며, 우리는 그 여백 속을 걷는 존재다.

하지만 카오스가 곧 무질서라는 뜻은 아니듯, 이 복잡한 세계도 나름의 질서를 품고 있다. 다만 그 질서가 너무 크거나 복잡해서 인간이 감지하지 못할 뿐이다. 예측할 수 없다고 해서 세상이 비논리적인 것은 아니다. 다만 인간이 유한할 뿐이다. 내가 걸어온 까미노도 그랬다. 겉으로는 눈앞의 외줄기를 따라 주어진 길을 걷는 여정 같았지만, 실은 무수한 갈래 속에서 나만의 선택이 수렴된 하나의 현실이었다. 그리고 그 현실이 지금, 내 앞에 길로 나타났다.

삶은 엔트로피가 늘어나는 여정이다. 생명이 머무는 동안 무질서도는 점점 커지고, 그 혼돈 속에서 우리는 자신이 도달할 확률 하나를 택해 살아간다. 그러니 후회도, 자책도 불필요하다. 다른 선택을 했더라도 결과가 더 나았을지는 아무도 모른다. 그것은 애초에 알 수 없는 일이기 때문이다.

실현되지 못한 꿈을 애달파하며 미몽에 사로잡히거나, 원하는 바를 이뤘음에도 더 큰 욕망을 놓지 못한 채 미망에 빠져 휘청이는 건 이 세계의 이치를 모른 탓이다. 그 감정의 수렁에서 빠져나오기 위해 우리가 해야 할 일은 오직 하나, 지금 여기에 충실하는 것.

그러니 불확실한 미래를 불안해하지 말자. 내가 매 순간 내리는 결정이, 내 삶의 확률을 조금씩 바꿔갈 뿐이다. 그 결과가 뜻대로 되지 않았더라도 담담히 받아들이면 된다. 온 힘을 다했다면, 그것으로 충분하나. 절실한 노력이 반드시 성공을 보장하는 건 아니다. 내 미래를 결정하는 힘은 나에게도, 타인에게도 없다. 오직 '그분'만이 아실 일이다.

신이 있다면, 그분의 뜻 안에서 우리는 때마다 정해진 자리로 불리는 것이다. 설령 신이 없다 해도, 모든 것을 알 수 없는 이 세계에서 누군가를 대신 원망할 이유가 없다. 그저 걸어가는 것, 그것이 삶이라는 까미노에서 내가 얻은 마지막 가르침이었다.

오브라도이로 광장에서 수백, 수천 갈래로 퍼져나간 길처럼, 인생도 그렇게 흩어진다. 우리는 양자 중첩된 인생 위에서 예측 불가능한 확률을 품고 살아갈 여유를 배워야 한다. 지나온 운명을 탓하지 말고, 주어진 환경에 원망하지도 말자. 앞선 미래를 가늠하려 애쓰기보단, 지금 이 순간, 내가 선택한 길을 묵묵히 걸어가는 것. 거기서 흘린 땀은 목표에 도달했는지와 무관하게, 그 자체로 충분히 아름답다. 결과는 늘 지나고 나서야 확정되는 법. 그러니 연연하지 않아도 된다. 다만 바라는 것이 있다면, 그 열정이 가족과 지인, 사회와 국가, 더 나아가 인류 공동체를 향해 작은 불빛이라도 보탤 수 있기를 바랄 뿐이다.

힌두교는 우주의 본질 브라흐만과 개인의 아트만이 원래 하나임을 자각하는 범아일여梵我一如를 강조한다. 이는 루카치가 고대 그리스 정신에서 말한, 인간과 신이 조화를 이루던 세계와 궤를 같이한다. 별빛이 길을 밝혔던 시대, 사람들은 우주와 자신이 하나임을 믿었고, 삶은 그저 주어진 길을 따르는 여정이었다. 오늘날 삶의 방향을 잃어버린 우리는 별빛 없는 시대, 신 없는 세계에서 길을 찾아야 한다. 그래도 괜찮다. 별빛은 사라졌지만, 루카치의 고대 서사시가 아닌, 소설 속 근대인처럼 우리도 이 불확실한 여정 위에서 묵묵히 우보만리로 걷고 있으니까.

내게 까미노는 연어의 회귀와도 같았다. 바다로 나갔던 연어는 단 한 번의 번식을 위해 고향 강을 거슬러 오른다. 자아를 잃었던 나 역시 본능에 가까운 그리움에 이끌려 까미노를 걸었다. 차이점이 있다면 연어는 장렬히 생을 마쳤으되, 나는 죽지 않고 그 길 끝에서 그간 잊고 지냈던 평온을 잠시라도 되찾았다는 것. 까미노는 내게 끝이 아니라 새로운 시작을 알리는 문턱이 되었다. 언젠가 삶이 버겁게 느껴지는 날, 나는 이 길의 향기와 천로역정의 평안을 기억하며 이곳으로 돌아올 것이다.

나는 이 순례길에서 지난날 소홀했던 두 가지를 배웠다. 하나는 '시간의 소중함'이다. 순례의 단조로운 일상에서 시간은 눈으로 보일 만큼 더디게 흘렀다. 그렇게 천천히 흐르는 시간 속에서, 나는 과거에 얼마나 많은 시간을 무심히 흘려보냈는지를 깨달았다. 조금만 더 아껴 썼더라면, 결과와 무관하게 많은 것들을 시도할 수 있었을 것이다. 그게 몹시 아쉽다.

다른 하나는 '완보의 힘'이다. 하루하루 천천히 걷는 것만으로도

779km를 끝냈다. 인생도 마찬가지다. 눈앞의 이익에 조급해하지 말고, 천천히 걸어가야 한다. 급히 달리지 않아도, 멈추지 않으면 언젠가 도착한다.

무시아에 도착해 난생처음으로 대서양을 마주했다. 끝없이 펼쳐진 수평선과 성모 마리아의 전설이 어우러진 그 바다는 낯설고도 고요했다. 영미터 표지석 앞에서 길이 끝났음을 확인했고, 동시에 또 다른 길의 시작을 예감했다. 그제야 비로소, 나는 순례자가 아닌 자연 앞에 선 한 명의 여행자로서 무시아의 맑은 바람과 새들의 노래, 빛나는 물결을 차분히 감상했다.

길었던 순례의 끝에서 산티아고로 돌아와, 대성당 지붕 위를 걸으며 나는 내 인생의 또 다른 시작을 위한 다음 여정을 다짐했다. 내일이 오면, 내일의 태양 아래서 나는 희망찬 인생의 길로 돌아갈 것이다.

언젠가 내 여정이 모두 끝나는 날, 루카치가 그리던 별빛 총총한 고대의 길에 나도 초대받을 수 있을까. 나는 그저 덤덤히, 그렇게 소망이 이루어지기를 꿈꿔본다.*

---

* 고전역학, 양자역학, 카오스 이론과 로렌츠의 나비효과로 연결되는 아이디어는 유선경, 『나를 위한 신화력』(김영사, 2021) 1장 중, "그때 다른 선택을 했다면 지금 내 현실이 달라졌을까"를 참고.

지면의 한계로 소개하지 못한 명곡들(하)

- 밥 딜런Bob Dylan, 〈Like a Rolling Stone〉(1위)

  1965년, 밥 딜런은 뉴포트 포크 페스티벌에서 전자 기타를 들고 무대에 섰다. 순식간에 야유가 터졌고, 배신자라는 비난이 뒤따랐다. 그러나 시간이 흐르며 그의 선택은 포크의 정신을 전기적 사운드로 확장한 용기로 재해석됐다. 저항의 메시지를 포기하지 않았던 그의 진심은 마침내 시대의 흐름을 이끌었다.

🎧 Bob Dylan, 〈Like a Rolling Stone〉(1965, 1위)

- 너바나Nirvana, 〈Smells Like Teen Spirit〉(9위)

  1991년 시애틀에서 등장한 그런지 사운드는 얼터너티브 록의 개화를 알렸다. 헤비메탈과 테크노팝의 시대를 넘어, X세대의 반항과 해방감이 새롭게 주류가 된 순간이었다.

🎧 Nirvana, 〈Smells Like Teen Spirit〉(1991, 9위)

- 오티스 레딩Otis Redding, 〈(Sittin' on) The Dock of the Bay〉(28위)

  오티스 레딩이 가스펠의 흔적을 지우고, 바닷가 부두에 홀로 앉아 사유하는 고요를 노래한 곡이다. 순례 막바지, 산티아고 입성을 앞둔 오후의 정적과 절묘히 닮아 있다. 들썩이던 내면이 잠잠히 가라앉는 그 순간처럼. 가수가 사망한 뒤에 빌보드 싱글 1위에 오른 최초의 노래이기도 하다.

Otis Redding, 〈(Sittin' on) The Dock of the Bay〉(1968, 28위)

- 레이 찰스Ray Charles, 〈Georgia on My Mind〉(44위)

  레이 찰스가 원곡을 리메이크해 영혼을 불어넣은 노래다. 가슴속 그리운 '조지아'는 누군가의 이름이기도, 고향이기도, 마음의 안식처이기도 하다. 까미노에서 피어난 조용한 블루스, 바로 내 안의 조지아였다.

Ray Charles, 〈Georgia on My Mind〉(1960, 44위)

- 프린스Prince, 〈When Doves Cry〉(52위)

  작사, 작곡, 편곡, 연주, 프로듀싱까지 오롯이 혼자 만들어낸 혼신의 작품이다. 베이스 없는 음향, 터지는 드럼머신 비트, 도입부의 긴장감은 격렬한 내면의 파열을 들려준다. 사랑의 부침과 상실이, 비둘기의 울음소리로 표현된다.

Prince, 〈When Doves Cry〉(1984, 52위)

- 도나 서머Donna Summer, 〈Hot stuff〉(103위)

  디스코에 록을 덧입혀 탄생한 전환점이었다. 신시사이저의 절도 있는 리프와 폭발적 에너지는 그녀를 그래미 역사상 첫 여성 록 보컬 퍼포먼스 수상자로 올려놓았다. 장르의 경계를 가볍게 넘나들던 그 한 곡이 새로운 시대를 열었다.

🎧 Donna Summer, 〈Hot Stuff〉(1979, 103위)

- 롤링 스톤스The Rolling Stones, 〈Honky Tonk Women〉(116위)
  전설적인 록 밴드 롤링 스톤스가 블루스와 컨트리, R&B의 감각을 절묘하게 엮은 곡이다. 행크 윌리엄스의 블루스를 흥얼거리다 우연히 태어난 멜로디는 당시 미국 사교장을 유랑하는 영혼들의 열기를 닮아 있다.

🎧 The Rolling Stones, 〈Honky Tonk Women〉(1969, 116위)

- 에벌리 브라더스The Everly Brothers, 〈All I Have to Do Is Dream〉(141위)
  꿈에서만 만나게 되는 사랑을 노래한다. 현실에서 손에 닿지 않기에 더 애틋한 그리움. 유토피아는 오직, 현실이 아닌 꿈속에서만 가능한 걸까.

🎧 The Everly Brothers, 〈All I Have to Do Is Dream〉(1958, 141위)

- 빌 헤일리 & 히즈 코메츠Bill Haley & His Comets, 〈(We're Gonna) Rock Around the Clock〉(158위)
  최초의 록은 아니지만 록의 대중화에 혁혁한 공을 세웠다. 당시 미국 10대 청소년들이 애청한 송가. 기존의 흑인 음악이 주는 무거운 주제에서 벗어나 컨트리와 스윙 요소를 채택한 것이 인기의 비결이었다. 백인들이 듣기에 전혀 부담 없는, 신나는 초창기 록앤롤의 향연이 펼쳐진다.

Bill Haley & His Comets,
〈(We're Gonna) Rock Around the Clock〉(1955, 158위)

- 조니 캐쉬 Johnny Cash, 〈Folsom Prison Blues〉(164위)

그는 인생을 감옥에 비유한다. 탐진치로 물든 죄인이라 자각한 그는, 형기를 마치면 기차를 타고 멀리 떠나고 싶다 고백한다. 내게도 이 길은 형 집행정지로 떠난 피안의 순례였다. 끝내 다다른 대성당보다, 그 길목 어딘가에서 나를 마주한 순간이 더 깊게 남았다.

Johnny Cash, 〈Folsom Prison Blues〉(1968, 164위)

에필로그: 바람과 불꽃, 그리고 길

순례의 피정을 마치며

처음에는 석 달, 길어야 넉 달이면 끝낼 줄 알았다. 37일간의 순례에 무시아 하루를 더해 총 38편, 일주일에 두 편씩만 써 내려가면 충분하리라 생각했다. 하지만 창작은 순례보다 훨씬 지난한 길이었다. 피레네산맥을 넘던 첫 문장을 타이핑한 지 8개월이 훌쩍 지나서야, 겨우 기나긴 창작의 여정을 마감할 수 있었다.

8개월이면 프랑스 루트를 일곱 번도 넘게 걸을 수 있는 시간이다. 아니면 은의 길, 북부길, 프리미티보길, 포르투갈길에 이어 비아 프란치제나Via Francigena까지, 이베리아반도 전역을 훑은 다음 영국 캔터베리에서 이탈리아 로마까지 유럽을 사선으로 가로지를 수도 있다. 나는 그 긴 시간을 서문과 에필로그를 포함해 고작 마흔 편에 걸친 소박한 이야기들과 맞바꿨다.

어쩌면 몹시 비생산적인 작업에 공을 들인 셈이다. 하지만 이 길을 되짚으며 글을 쓰는 동안 나는 단 한 번도 그것이 헛되다고 느낀 적이 없다. 무시아 여행과 에필로그를 정리하는 순례 후반부에 들어, 어느새 순례 초입부를 써내려갈 때의 감정이 희미해졌다는 사실이 안타까울 뿐이다. 기록은 남았지만, 그때의 몰입과 창작의 고통은 말끔히 휘발돼버렸다. 허무하기도 하고, 한편으로는 신기하기도 하다. 이렇게 허술한 기억력과 퇴화된 어휘력에도 불구하고 어떻게 글을 쓸 수 있었을까. 내 기억은 흐트러졌지만, 다행히 곁에는 조각난 기억들을 이어준 몇몇 든든한 조력자들이 있었다.

매일 기록한 짧은 메모, 걷다 남긴 음성 기록은 시간이 지난 뒤에도 생생한 표정을 되살려주었고, 사진은 한 장 한 장 넘길수록 그날의 바람결과 햇살을 불러왔다. GPS와 타임라인의 데이터는 기억의 공백을 메워주었고, 누나의 블로그는 내 시선 밖의 단편을 섬세하게 복원해주었다. 무엇보다도, 롤링스톤지가 선정한 "역사상 가장 위대한 팝송 500곡"들은 그날의 심상을 또렷하게 붙잡아주었다. 음악은 사진보다 정직한 기억의 열쇠였다.

이제 돌아보면, 까미노는 내게 단순한 여정이 아니었다. 속세와 피안을 잇는 뫼비우스의 띠였고, 불안한 현실에서 건너온 나를 품어준 작고 단단한 성소였다. 나는 그 안에서 난생 처음으로 피정이라는 걸 경험했다. 수십 년을 미루던 신앙적 시간들을 이 길 위에서 비로소 경험한 셈이다. 비신자인 나조차도 까미노 위에 서면 어쩐지 마음이 정갈해졌다. 그러니 이 길 위에서는 누구든 평화를 느끼게 되리라, 감히 그렇게 말할 수 있다.

"지쳤거나 삶이 가벼워지길 원하는 이들이 있다면, 이 길을 걸어보길 진심으로 권한다. 이토록 평온한 세상을 두 발로 걸으며 만끽할 기회는 흔치 않다. 당신의 인생에 꼭 한번, 이 길이 함께 하기를."

까미노를 걸으며 나의 눈과 귀, 그리고 가슴에 새겨진 것들을 꼽자면 이렇다. 비, 구름, 햇살, 길냥이, 그림자, 성당과 조각상, 평화, 안식, 위안, 사랑, 행복, 해방과 자유, 천사와 죽음, 엔트로피, 카이로스와 크로노스, 도와 선, 불교, 일체유심조, 오욕칠정, 탐진치, 부처님, 5비잉간, 차안과 피안, 무덤과 납골당, 메세타와 초원길, 밀밭과 평원, 야고보, 가톨릭과 개신교, 예수님과 하느님. 그리고, 이 모든 것들의 길 위를 묵묵히 걷는 순례자. 자연과 동화되는 길 위의 인간, 순례자는 까미노 그 자체였다.

아래에 남긴 시 한 편은 내가 순례길에서 가장 인상 깊게 늘은 네 곡(⟨Desperado⟩, ⟨Redemption Song⟩, ⟨Blowin' in the Wind⟩, ⟨Imagine⟩)의 가사에서 영감을 받아, 챗지피티에게 초고를 부탁하고 내가 마무리를 손질해 완성한 작품이다. 음악 생성 AI, 'SUNO'의 작곡으로 태어난 '겁쟁이 사자'와 '바람과 불꽃'도 이 여정을 더 풍성하게 만들어주었다. 전자는 스무 살 시절 내 방황을, 후자는 산티아고에서 순례를 마무리한 심정을 담았다.

이 유치하고 어설픈 노래와 시를 마지막 인사로 남긴다. 긴 글을 따라 무던히 함께 걸어온 모든 분들에게, 당신 삶의 어디쯤에라도 따스한 평화와 잔잔한 기쁨이 닿기를 바란다.

🎧
〈바람과 불꽃〉

끝까지 읽어주셔서, 그리고 함께 걸어주셔서, 진심으로 고맙습니다.

바람과 불꽃, 그리고 길

길의 끝에서 멈춘 방랑자여,
닫힌 문 너머의 세상을 보라.
고독은 방패였으나, 이제는 족쇄.
그대의 가슴속 불씨를 꺼내라,
바람 속에서 길을 찾을 때가 왔다.

얼마나 많은 질문이,
얼마나 많은 눈물이,
우리를 자유로 이끌 수 있을까?
답은 바람에 흩날리지만,

그 바람은 여전히 우리를 어루만진다.

상상하라, 벽이 없는 세상을.
전쟁도, 증오도, 경계도 없는 곳.
꿈꾸는 자들이여, 두려워 말라.
그대의 마음속 열정이
세상의 어둠을 밝힐 것이니.

불을 붙여라, 그대의 영혼에.
타오르는 희망 속에서
우리는 우리의 존재를 찾는다.
위험은 피할 수 없으나,
이상은 늘 찬란하니.

노래하라, 해방의 노래를.
억압받은 자들의 속삭임이
거대한 외침이 되는 날까지.
사슬을 끊고, 자유를 품으라.
그대의 목소리는 역사가 될 것이다.

길은 끝나지 않았다.
바람은 불고, 잉걸불은 되살아나며,
그대는 다시 걷는다.
사랑과 자유, 희망과 용기를 품고,
끝없이 나아간다, 빛처럼.

본문에 수록된 전곡 플레이리스트

🎧 〈순례길에서 흐른 롤링스톤지 선정 역사상 가장 위대한 팝송 명곡 #1〉

🎧 〈순례길에서 흐른 롤링스톤지 선정 역사상 가장 위대한 팝송 명곡 #2〉